UM/WELT
NR.1

MARIA KAPELLER

LOVELY PLANET

MIT DEM HERZEN REISEN
UND DIE WELT BEWAHREN

K&S

INHALT

Mein großer Dank geht an all jene Menschen,
die daran mitgewirkt haben,
dieses Buch zum Leben zu erwecken.

ZUM ANFANG

Wenn die verheißungsvolle Ferne ruft, können wir kaum widerstehen. Reisen, das ist das Rauschen des Meeres, die Wärme der Sonne, der Geschmack von Orangen. Beim Unterwegssein entfernen wir uns von unserem angestammten Ort und kommen zugleich ein Stück weit in uns selbst an. Zumeist werfen wir dabei jedoch routiniert alle ökologischen und sozialen Überzeugungen über Bord. Es scheint fast, als hätten unser Herz, unser Verstand, unsere Menschlichkeit und unser Umweltbewusstsein im Gepäck keinen Platz. Reisen, das ist folglich auch: Konsum, zugemüllte Strände, Vielfliegerei, Klischee-Erfüllung, das Heischen um Status. Die Erde als Lonely Planet[1], den wir einst auf der Suche nach Individualität und Erlebnissen abseits der Massen bereisten, ist längst nicht mehr „einsam". Sie ist überlastet, überfordert, überanstrengt. Was sie immer bleiben wird: unvergleichlich, großartig, entzückend, voller Wunder – ein wahrer Lovely Planet. Wenn wir diesen einzigartigen Lebensraum für uns und unsere Nachwelt bewahren wollen, ist es Zeit, genauer hinzuschauen und zu fragen: Reisen in Zukunft – wie wird das sein? Gewiss ist: Das Corona-Virus hat der vom Bereist-Werden erschöpften Welt eine Atempause gegönnt. Jetzt dürfen wir das dadurch freigesetzte Potenzial nutzen und in uns hineinhören: Was haben wir mit unserer bisherigen Art zu reisen erreicht? Was haben wir angerichtet? Hat es uns tatsächlich erfüllt? Und, vor allem: Was wollen und können wir künftig besser machen?

Das Reflektieren setzt meistens dann ein, wenn man merkt, dass man nicht stimmig handelt. Meine persönliche Reisegeschichte begann mit einem einmonatigen Aufenthalt in den USA und einem mehrmonatigen Trip nach Großbritannien, bei denen ich vor Ort arbeitete und ein Stück weit ins Alltagsleben eintauchte. Es folgten unzählige Reisen in Europa (ich erinnere mich an einen Billigflug um zehn Eurocent von Stockholm nach Riga), mehrere Fernreisen (nach Barbados gelangte ich per Flug-Lotterie) und eine halbe Weltreise, die mich bis nach Neuseeland führte. Schon während des Studiums begann ich, gelegentlich als Reisejournalistin zu arbeiten und gründete später ein kleines, alternatives Online-Reisemagazin. Ich gehörte zu jenen, die regelrecht süchtig nach der Ferne waren. Gleichzeitig vernahm ich tief in mir eine Erdung, etwas, das mich vor Ort stets dazu brachte, in Züge und Busse zu steigen, Rad zu fahren, viel zu Fuß zu gehen, den Kontakt zu Einheimischen zu suchen und zu probieren, einen winzigen Blick hinter die Kulissen zu werfen. Bei meinem fünfmonatigen Aufenthalt im konfessionell tief gespaltenen Nordirland hatte sich mir eingeprägt, dass es niemals Schwarz oder Weiß gibt, sondern stets unzählige Nuancen von Grau. Als aufmerksame Beobachterin tauchte ich beim Unterwegssein weiterhin in das „Buch der Welt" ein. Darin eröffnete sich mir nach und nach vieles, was mir zu denken gab. Von der „Langhals-Frau" in Birma (Myanmar), die – als Fotomotiv drapiert – mit Stolz und zugleich Verachtung in ihren Augen in die Kameras der Touristinnen und Touristen schaute (auch in meine). Über die jungen Einheimischen in Vietnam, mit denen ich auf kleinen Stühlen in Freiluftbars Bier trank und englische Konversation übte. Sie erzählten mir mit traurigem Blick, dass sie auch gerne verreisen würden, aber die Verpflichtungen ihren Eltern gegenüber Vorrang hätten. Bis hin zu hitzebedingt knapp gefüllten Trinkwasserreservoirs in Andalusien, von denen ich in der lokalen Zeitung las, während meine Schwester und ich in unserem Ferienhaus am Pool lagen und durch bewässerungsintensive Avocado-Plantagen wanderten. Nach einigen Jahren des Vielreisens wurde mein eigenes Reiseverhalten mit der Zeit bewusster, langsamer und ökologisch verträglicher. Die zahlreichen Fragen blieben. So habe ich mich für die Entstehung dieses Buches auf den Weg gemacht, ja auf eine geistige Reise begeben, um mögliche Antworten zu finden. Gesucht habe ich sie bewusst nicht vorrangig in der Touristikbranche und Tourismusforschung, sondern da, wo man sie vielleicht weniger erwartet: in Disziplinen wie der Philosophie, der Psychologie oder der Zukunftsforschung. Die unterschiedlichen Erkenntnisse und Eindrücke meiner Gesprächspartnerinnen und Gesprächspartner bilden das Herzstück dieses Buches.

Jedes Kapitel startet mit einer kurzen Erzählung oder Reisegeschichte, es folgen kritische Betrachtungen, mögliche Erklärungen und Lösungsansätze. Jene mitunter paradoxen Verhaltensweisen, die uns selbst, anderen Menschen und der Umwelt schaden, werden dabei nicht selten überspitzt und stets aus eurozentrischer Sichtweise (denn als Mitteleuropäerin ist mir nichts anderes möglich) dargestellt. Kritik an unseren touristischen Strukturen und Verhaltensweisen ist übrigens keine neue Erscheinung, auch wenn sie erst in Zeiten des Übertourismus wieder publikumstauglich wurde: Viele Reiseziele werden heute von Menschen aus aller Welt regelrecht gestürmt, was Probleme wie Umweltzerstörung, Lärmbelästigung oder überteuerte Preise mit sich bringt. Laut dem Sozialwissenschaftler Christoph Hennig setzte die Verachtung von „Massentouristen" bereits vor mehr als 200 Jahren ein, als das Reisen plötzlich nicht mehr nur den oberen Schichten vorbehalten war. Der Ferienmensch, schreibt er, sei der Watschenmann der „besseren Reisenden".[2] Kritik, wie sie in diesem Buch gehandhabt wird, ist jedoch nicht als Herabwürdigung zu verstehen, sondern als prüfende Betrachtung und Beurteilung. Sie soll uns nicht zu besseren oder schlechteren Reisenden machen, uns nicht gegeneinander aufhetzen oder gar lähmen, aber sie könnte uns voranbringen.

Gewiss: Reisen ist eine höchst emotionale Angelegenheit. Niemand will sich etwas vorschreiben lassen und nicht alle haben die gleichen Möglichkeiten. Ein Vorschlag für den Anfang: Erkennen wir, wie privilegiert wir sind und welche Werte wir in uns tragen. Machen wir uns auf die Suche, das zu finden, wonach wir uns beim Reisen insgeheim sehnen. Wer ist mit „wir" gemeint? Grob gesagt: Die vielreisende Weltgesellschaft. „Wir" steht für jenen Teil der Bevölkerung, der sich das Reisen überhaupt leisten kann. Das in diesem Buch verwendete „Wir" unterscheidet dabei nicht, wie es die traditionelle Tourismuskritik gerne tut, zwischen Touristinnen und Touristen einerseits sowie Reisenden andererseits[3]. „Wir" meint uns Menschen, die wir uns zum Vergnügen fortbewegen. Egal, ob Cluburlaub, Studienreise oder Rucksack-Trip: Wir alle nutzen dieselben Infrastrukturen und wollen uns erholen, Spaß haben, Neues entdecken, eine innere Leere füllen oder Freiheit spüren. „Wir", das vereint alle, die gerne und häufig in die Ferne schweifen, und zu anderen Zeitpunkten womöglich selbst zu Bereisten werden. Zusammengefasst: „Wir" ist die Summe aller reisenden Menschen, mit all dem, was sie tun und unterlassen, wie sie sich verhalten und geben, wie sie selbst handeln und zugleich über ihresgleichen den Kopf schütteln. „Wir", das schließt mich als reisende Autorin mit ein, die weder alles richtig macht noch weiß, wie das denn ginge. Letztendlich meint dieses „Wir", dass wir alle miteinander verbunden sind – und mit der Welt, die wir „bereisen". Die Gehirnforschung zeigt, dass unsere Gehirne nur überleben und sich entwickeln können, wenn sie mit den Gehirnen unserer Mitmenschen vernetzt sind. Dafür brauchen wir Beziehungserfahrungen. Kein Mensch kann allein überleben.[4] Wir sind voneinander abhängig und wachsen aneinander. Wir haben dieselben Bedürfnisse, Ängste und Hoffnungen.[5]

Zu diesen Bedürfnissen zählt auch das Unterwegssein, das Sich-Ausdehnen, das Dem-eigenen-Leben-Entkommen. Das Dilemma dabei: Reisen ist meistens auch mit großem Ressourcenverbrauch und sozialen Ungerechtigkeiten verbunden. Ist uns das bewusst? Verdrängen wir es? Oder haben wir bisher schlichtweg noch keinen Weg gefunden, zufriedenstellend damit umzugehen? Dieses Buch ist eine Einladung zu erkennen: Wir zerreißen die Welt, indem wir sie „zer-reisen". Wir können entweder weitermachen wie bisher, sobald (oder solange) die Grenzen offen sind und die Flieger im Minutentakt abheben. Oder wir blicken ehrlich auf dieses große Sehnsuchtsthema und übernehmen Verantwortung. Das gelingt, indem wir Fragen stellen und nach Antworten suchen. Wir müssen das Reisen nicht abschaffen, aber uns bewusst machen, wie es anders gehen könnte – und uns Schritt für Schritt auf diesem neuen Weg bewegen. „Wenn wir das Reisen gänzlich aus dem Leben herausnehmen, dann bleibt uns nicht dasselbe Leben zurück", formuliert es der Philosoph Peter Vollbrecht. Immer nur zu Hause zu bleiben ist demnach keine Lösung. Aber: Wir können zum Reisen einen anderen Zugang entwickeln, weg von „Traumdestinationen", Statuswünschen, Klischees und Exotismen. Und hin zum Reisen als Gespräch auf Augenhöhe, Reisen als interessiertes Eintauchen in andere Lebensrealitäten, Reisen in die Stille der Meditation oder Reisen als Begegnung mit uns selbst. Natürlich auch als Unterwegssein, aber nicht nur. Reisen muss nicht sozial und ökologisch schädlich sein. Es kann achtsam, reduziert, langsam, bewusst, genussvoll, dankbar, begegnend, sinnstiftend, ethisch, respektvoll, regenerativ und sehr intensiv sein. Dem Reisen eine neue Qualität zu verleihen, die weniger vom Konsum- und Wachstumsgedanken getrieben ist und mehr von Zufriedenheit, Genügsamkeit und Entschleunigung geleitet, ist kein Verzicht, sondern ein Gewinn für uns alle und die Welt, in der wir leben (und die wir künftig noch bereisen möchten). Alles, was es dafür braucht, tragen wir bereits in unseren Herzen – wir müssen es nur erkennen.

Als Ausgangspunkt für diesen neuen Reiseweg bietet sich das Wort „Reisen" selbst an. Es stammt vom althochdeutschen Wort

„risan". Und es hat dieselbe Bedeutung wie das englische Verb „to rise": „sich von unten nach oben bewegen", „aufsteigen", „sich erheben". Eine Reise zu machen heißt, aufzubrechen.[6] Reisen bedeutet: die eigene Position verändern, neue Wege erkunden, offen sein für andere Einflüsse, den eigenen Horizont erweitern. Wenn wir uns in diesem Sinne als Reisende betrachten, lade ich uns alle gemeinsam dazu ein, die Werkzeuge der Reisenden – Neugierde, Offenheit, Einfühlsamkeit und Lernfähigkeit – zu nutzen. Brechen wir gemeinsam zu einer geistigen Reise auf, setzen wir unsere Köpfe in Bewegung, um unsere eigenen Gewohnheiten zu hinterfragen, neue Denkräume zu öffnen und uns auf diese Weise zu Neuem aufzumachen.

1

WARUM REISEN WIR SO MASSLOS?

„Die Kunst der Weisheit besteht darin, zu wissen, was man übersehen muss."
William James

Das denkmalgeschützte Haus mit der zartrosa Fassade muss unbedingt mit aufs Foto! Der farbenfroh leuchtende Blumenstock vor dem Fensterbankerl! Der urige Holzbalkon! Die anmutig über den See gleitenden Schwäne! Und jetzt schnell noch rauf aufs Boot und ein Selfie machen, mit dem kitschig-schönen Ortsbild im Hintergrund! Jubel, Trubel und Begeisterung. Ich war da! Ich war in Hallstatt! Schaut doch her, ich habe Urlaub in einer zur Realität gewordenen Traumkulisse gemacht!

Die 800-Seelen-Gemeinde Hallstatt ist in Österreich zum Synonym für Übertourismus geworden. Vor der Corona-Pandemie erkundeten täglich bis zu 10.000 Besucherinnen und Besucher aus Fernost den in einen Berghang gebauten Ort am Hallstätter See, der zur UNESCO-Welterberegion Dachstein-Salzkammergut gehört. Schwer bepackt mit Kameras und Selfie-Sticks waren sie quasi schon Teil des Ortsbilds. Sie knipsten, was das Zeug hielt. Die Frauen lächelten lieblich in die Kameras. Die Freunde und Ehemänner hatten den Fotoapparat stets griffbereit, wenn die Liebste sich in eine neue Pose warf.

Ganze Fernsehsendungen und unzählige Zeitungsartikel widmeten sich der Frage, wie die touristischen Auswüchse in den Griff zu bekommen seien, ohne auf zu viele Einnahmen zu verzichten. Von Österreicherinnen und Österreichern wurde der Wahn um Hallstatt meist belächelt. Viele mieden einen Ausflug dorthin – zu überlaufen, zu überteuert. Man mochte sich denken: Warum bloß klappern asiatische Touristinnen und Touristen das ab, was ohnehin tausendfach in Reiseführern gezeigt wird? Muss immer alles fotografisch festgehalten werden? Ist Sightseeing in Ländern wie China wirklich ein derart wichtiges Statussymbol? Und wo, bitte schön, bleibt die Individualität?

Dann kam Corona. Die Grenzen waren plötzlich dicht, die internationalen Flüge wurden gestrichen. Hallstatt wurde wieder zu dem menschenleeren, idyllischen Ort, der vorher nur noch in alten

Bildbänden zu finden gewesen war. Und dann? Dann kamen die Österreicherinnen und Österreicher selbst angereist. In Scharen. Sie erkundeten, sie posierten, sie knipsten und posteten; jahrhundertealte Hausfassaden, Blumenstöcke, Fensterbankerl, Holzbalkone, den See, die Schwäne. Sie mieteten sich Boote und schipperten raus, ein Selfie schießen, das ästhetische Ortsbild im Rücken. Jubel, Trubel und Begeisterung. Die Österreicherinnen und Österreicher spielten jetzt Touristinnen und Touristen im eigenen Land. Endlich hatten sie „ihr" Hallstatt zurück.

* * *

An vielen Orten der Welt ging es vor Ausbruch der Corona-Pandemie ähnlich zu wie in Hallstatt: Menschenmassen und Selfiesticks schwingende Touristinnen und Touristen fand man in der Inka-Ruinenstadt Machu Picchu in Peru genauso wie am Times Square in New York oder rund um die Tempelanlagen von Angkor in Kambodscha. Und auch wenn die Corona-Krise das internationale Reisegeschehen vorübergehend auf ein Minimum reduziert hat: Das Werben um Besucherinnen und Besucher wird rasch wieder angekurbelt, Flugverbindungen werden aufgenommen und Grenzen geöffnet. Das Reiseleben mag vielleicht noch für längere Zeit auf den Kopf gestellt sein. Trotzdem steht fest: Millionen Menschen wollen und werden wieder reisen. Was wir dabei liebend gern vergessen: Nicht selten sind auch wir ein Teil dieser fast hysterisch wirkenden Touristenmassen, von denen wir uns so gerne abgrenzen. Das Beispiel Hallstatt aus dem eigenen Land zeigt: Wenn andere bei uns „einfallen" und unsere Sehenswürdigkeiten stürmen, finden wir das im harmlosesten Fall lustig oder leicht befremdlich. Im schlimmsten Fall nehmen wir es sogar als derart nervig und schädigend wahr, dass wir gegensteuern – Stichwort: Übertourismus. Andersherum, wenn wir selbst die

Reisenden sind, fällt uns vielleicht gar nicht auf, wie ähnlich wir uns verhalten. Wann immer uns die Reiselust ergreift, packen wir unsere Koffer, steigen ins Auto oder in ein Flugzeug – und tun es denen gleich, die wir zuvor schief angeschaut oder gar kritisiert haben. Wir erfüllen uns unsere Urlaubsträume, wir reisen eine, zwei oder drei Wochen durch ein fremdes Land, wir grasen ab, was uns die Tourismusindustrie vorgibt und wir knipsen, was das Zeug hält. Zurück in der Heimat schwärmen wir von den „netten Menschen", der „authentischen Küche" und zeigen stolz und braun gebrannt her, was wir alles gesehen haben. Frei nach dem Motto „Ich reise, also bin ich" jetten wir um die Welt und beamen uns von Wien nach Paris, von New York nach Tokio, als gäbe es kein Morgen. Erst wenn die Reisewelt virusbedingt nahezu auf unser kleines Land schrumpft, bemerken wir, dass auch die eigene Heimat das Potenzial für herzeigbare Bilder hat – und knipsen eben hierzulande drauflos.

VOM „GEREIST-WERDEN"

Weil das Reisen heute so einfach geworden ist, schlichten wir die Destinationen wie Waren in den Urlaubs-Einkaufswagen, ohne die Produktbeschreibung zu lesen. Wenn es sein muss, machen wir uns mit Schutzmaske, Desinfektionsspray und Sicherheitsabstand auf, um in die verheißungsvolle Ferne zu schweifen. Oft wissen wir gar nicht, worauf wir uns da einlassen. Sich genauer zu informieren ist nicht nötig. Aber auch das stört nicht. Die Klischees, für deren Erfüllung wir bezahlen, kennen wir ohnehin schon aus der Werbung oder von Instagram. Wir surfen auf einer Welle von Oberflächlichkeiten; was darunter liegt, ist uns egal. Wir lassen uns den Urlaub auf einem Silbertablett servieren, alles ist vorgebucht, vorgeplant, vorbestellt. Dieses „Gereist-Werden" beanstandete ein österreichischer Schriftsteller schon im Jahr

1926. Als der leidenschaftliche Zugfahrer Stefan Zweig in Paris auf Reisebusse („große Gesellschaftsautomobile") stieß, war ihm klar: Das Reisen würde sich verändern. Er beobachtete, was vor sich ging und beschrieb detailliert, wie das Reisen in der Masse damals ablief (und bis heute abläuft): Man braucht sich um nichts zu kümmern, sich nicht vorzubereiten, alles ist bis ins kleinste Detail vorberechnet, in der fremden Stadt steht das Mittagessen schon auf dem Tisch und die Museumstür ist bei Ankunft geöffnet. Jeder erlebe bei so einer organisierten Gruppenreise das Gleiche, in die Tiefe würden solche Reisen aber nicht gehen.[7] Zweig formulierte das mit folgenden Worten: „Jene aber, die so gereist werden, fahren nur an vielem Neuen vorbei und nicht ins Neue hinein, alles Sonderbare und Persönliche eines Landes muß ihnen notwendig entgehen, solange sie geführt werden und nicht der wahre Gott der Wanderer, der Zufall, ihre Schritte lenkt." Schon damals bemerkte er, dass bei solchen Reisen eher Rekorde aufgestellt würden, als dass eine innere Bereicherung stattfände. Was Menschen von solchen Reisen heimbrächten, sei „nichts als der sachliche Stolz, diese Kirche, jenes Bild tatsächlich vor Augen gehabt zu haben".[8]

SEHT NUR HER, WO ICH VERWEILE!

Auch einst als alternativ angesehene Reiseformen wie der Backpacking-Trip nach Thailand oder der Nationalpark-Besuch in Kenia sind zu Konsumgütern verkommen. Denn im Endeffekt geben wir Geld aus und bekommen dafür eine Leistung. Egal, ob eine Woche Pauschalurlaub auf Mallorca oder eine Safari in Südafrika. Egal, ob wir nun fotowütige Asiatinnen und Asiaten sind oder um Anerkennung heischende Europäerinnen und Europäer: Wir wählen die Reisen wie Waren aus einem Regal, gehen damit zur Kassa und bezahlen. So einfach ist das. Wir kaufen uns

Ansehen, Status und Prestige. Und auch wenn Reisen auf viele Arten bilden, Selbstfindung ermöglichen und den eigenen Horizont erweitern kann, ist der Ausbruch aus dem Alltag heute doch derart einfach geworden, dass keinerlei Hingabe, Neugierde oder Anstrengung mehr dafür nötig sind. Wer verreist, kann sagen: Ich war da. Und das schindet Eindruck (bei sich selbst und bei anderen). Natürlich würde wohl kaum jemand zugeben, dass er oder sie ausschließlich oder mitunter deshalb reist, um vor sich selbst und anderen gut dazustehen. Lieber behaupten wir, uns für andere Kulturen zu interessieren oder Zeit in der Natur verbringen zu wollen. Insgeheim geht es aber offensichtlich nicht wenigen Reisenden auch darum, möglichst viele Länder und Orte abzuhaken, um damit möglichst viel Eindruck zu schinden. Das lässt sich besonders gut an den Personenbeschreibungen von Accounts in den „sozialen" Netzwerken erkennen. Die Gänsefüßchen deshalb, weil Instagram, Facebook und Co., was das Reisen betrifft, zu Augen und Verstand gleichermaßen blendenden Prahlinstrumenten geworden sind: Likes werden oft nur mit dem Hintergedanken vergeben, im Gegenzug selbst ein „Daumen hoch"-Symbol für das eigene Urlaubsfoto zu erhalten. Unter Reisefreudigen haben „soziale" Medien einen enorm hohen Stellenwert, frei nach dem Motto „Sehen und gesehen werden" gibt es eine Flut von unzähligen, stets neuen Bildern und Videos. In Profilen von Vielreisenden ist häufig gleich auf den ersten Blick zu lesen, mit welchem Reisekaliber man es zu tun hat: „world traveller", „visited 101 countries" oder „going to travel every country in the world" steht da zum Beispiel. Man bekommt den Eindruck: Die Anzahl der besuchten Länder ist wichtiger als das, was vor Ort erlebt wird. Anders gesagt: Wer viel reist, hält viel von sich (oder wünscht sich zumindest, dass andere viel von ihm oder ihr halten).

Instagram eignet sich wie kein anderes Medium dafür, Sehnsüchte zu schüren und einzigartige Reiseerlebnisse vorzutäuschen. Es wird geshootet und gepostet, was das Zeug hält. Um möglichst idyllische Fotos ohne andere Touristinnen und Touristen im Bild herzustellen, nehmen Instagrammerinnen, Instagrammer & Co. viel auf sich. Sie takten ihre Fotosessions akribisch durch oder schleppen in Modelmanier Kleidung zum Wechseln mit. Sie werfen sich in Yogaposen, blicken anmutig in die Ferne oder räkeln sich wie bei einem professionellen Fotoshooting. Ein typisches, aber weniger bekanntes Beispiel für diesen Hype ist Chefchaouen, die „blaue Stadt" im marokkanischen Rif-Gebirge. Die Häuser sind blau angestrichen, um vor dem „bösen Blick" zu schützen. Unter dem Hashtag #chefchaouen sind mehr als 800.000 Beiträge auf Instagram zu finden. Das ist zwar weniger als bei weltbekannten Hotspots wie Santorin mit sieben Millionen Beiträgen. Trotzdem zeigt es: Selbst in den Bergen Marokkos ist der „Online-Kampf ums beste Bild" angekommen. Ein betagter Einheimischer, der Touristinnen und Touristen herumführt, erklärt mir vor Ort auf Englisch: „Für die chinesischen Instagrammer muss ich früh aufstehen. Sie wollen schon um sieben Uhr morgens hier an dieser blauen Treppe stehen, damit auf ihren Fotos keine anderen Menschen zu sehen sind." Weitere Auswüchse, die dem regelrechten Kult um Instagram zuzurechnen sind: Findige Touristikerinnen und Touristiker prüfen Orte heute auf ihre „Instagrammability" und preisen sie dann als besonders fotogen an. Der Anbieter eines kleinen, weiß getünchten Ferienhauses mit blauen Türen und Fensterläden auf der griechischen Kykladeninsel Folegandros bewirbt seine Unterkunft auf einer Online-Buchungsplattform etwa mit den Worten „most instagrammable seaview hideaway". Wirtschaftlich gesehen sicher ein schlauer Schachzug: Mittlerweile gibt es tatsächlich gar nicht wenige Menschen, die ihre Urlaubswahl von der „Instagramfähigkeit" der Destination abhängig machen. Eine im Jahr 2017 veröffentlichte Studie aus Großbritannien zeigt: Gerade für jüngere Menschen ist das sogar das Hauptkriterium. Eine Umfrage des Ferienhaus-Versicherers Schofields Insurance unter Reisenden im Alter von 18 bis 33 Jahren ergab, dass 40,1 Prozent die „Instagrammability" als größten Motivator bei der Urlaubsplanung sehen.[9]

BEEN THERE, DONE THAT

Ein weiteres Phänomen: Die *bucket list*. Dabei handelt es sich um eine geschriebene oder imaginäre Liste jener Reiseziele und Erlebnisse, die man unbedingt einmal im Leben sehen oder machen will. Auf der Online-Plattform www.bucketlist.org kann jede ihre eigene Wunschliste hochladen und mit der Welt teilen. Oder man lässt sich von knapp acht Millionen Vorschlägen inspirieren. Darunter finden sich viele Klassiker des Massentourismus: Einmal in einer Gondel durch Venedig fahren, das Nordlicht sehen oder am Times Square in New York stehen. Das Motto der Plattform lautet: „Your dreams, made possible". Bei jedem Erlebnis sieht man die Anzahl an Personen, die das „To-do" tatsächlich schon „erledigt" haben.[10] Auch in den „sozialen" Medien gehört der Begriff *bucket list* zum bevorzugten Sprachgebrauch von Reisebegeisterten: Jemand erfüllt sich einen Wunsch und lässt die Online-Community dann gleich wissen, dass er ein weiteres Häkchen auf seine Liste setzen konnte: „Taj Mahal – gesehen und abgehakt." Touristinnen und Touristen, vor allem jene, die sich als wahre Reisende betrachten, streichen gerne ihre Individualität hervor. Letztendlich scheint es aber oft nur darum zu gehen, zu tun, was alle tun und in möglichst kurzer Zeit möglichst viel aufzunehmen. Auf die Spitze treibt das Länder-Sammeln der weltweite „Travelers' Century Club" (www.travelerscenturyclub.org). Jeder, der mehr als 100 Länder der Welt bereist hat, ist willkommen. Auf der Website findet man eine laufend erweiterte Liste mit aktuell 330 Ländern und Territorien, die man besuchen sollte. Neben den offiziellen 193 von den Vereinten Nationen anerkannten Staaten sind weitere Regionen dabei.[11] Im Jahr 2019 neu hinzugekommen sind zum Beispiel Südossetien, das völkerrechtlich zu Georgien gehört, oder die Austral-Inseln, eine südpazifische Inselgruppe in Französisch-Polynesien.[12] Knapp 30 der rund 1500 Mitglieder haben alle Ziele der zum jeweiligen Zeitpunkt existierenden Länderliste besucht. Die damals aktuelle Zahl von 329 Reisezielen hat nach schriftlicher Auskunft des Europa-Verantwortlichen vom Frühjahr 2020 noch niemand geschafft. Wie lange man vor Ort war, ist Nebensache. Schon eine Zwischenlandung reicht. Hauptsache, man hat einmal den Fuß auf den Boden des Landes gesetzt. Noch mehr Abenteuerlust verlangt die Website „Most traveled people" (mtp. travel) ihren Besucherinnen und Besuchern ab. Der Club ist für Reisende, die „überall" hinwollen. Um die Tausend Reiseziele – von Ländern über Inseln bis hin zu Top-Restaurants und Stränden – stehen bisher auf der To-do-Liste. Wer mehr als 500 Orte beziehungsweise Sehenswürdigkeiten abgegrast hat, kommt in die virtuelle „Hall of Fame".[13]

PRAHLEND UM DIE WELT

Es scheint, als wäre es heute die normalste Sache der Welt, mit seinen Reisen zu beeindrucken. Natürlich nicht vordergründig, aber ein gewisses Prahlen auf der einen und Staunen auf der anderen Seite schwingt häufig mit. Wer nirgendwo hinfliegt, vermittelt den Eindruck, er oder sie könne sich keinen Urlaub leisten. Mit simplen Reisen im eigenen Heimatland oder an die kroatische Adriaküste kann man längst nicht mehr angeben. Auch einst als exotisch geltende Reiseziele wie Thailand oder Sri Lanka sind Teil des weltweiten Reise-Büfetts geworden. Nur bei weit entfernten Sehnsuchtsorten wie der Karibik, der Südsee oder der Antarktis macht das Gegenüber vielleicht noch große Augen. In Pandemiezeiten wird zwar wieder mehr auf Heimaturlaub und Ferien in den Nachbarländern gesetzt. Aber vermutlich nicht freiwillig, sondern gezwungenermaßen. Die gute alte Sommerfrische an österreichischen Seen ist mehr eine Notlösung als ein Zeichen für echtes Umdenken. Sobald internationale Reisen wieder möglich sind, werden sie auch gemacht. Ein Anzeichen dafür ist die Reaktion von Medien, Vielreisenden und Reisebloggern auf die virusbedingte Isolation. Man tauscht sich in den „sozialen" Medien aus: Wohin würdet ihr euch beamen, wenn ihr einen Reisewunsch frei hättet? Man schickt einander Bilder von tropischen Stränden, um die Sehnsucht ein kleines bisschen zu stillen. Man streamt „virtuelle Reisen ans Meer", um sich zumindest vom Sofa aus auf die Strandliege zu träumen. Und man erstellt Listen und Aufzählungen, welche Länder man schon bereist hat oder wo die „schönsten Orte" der Welt liegen. Auch die klassische Weltreise ist heute schon fast zum Must-Have geworden. Spätestens nach dem Abitur, der Matura oder dem Studienabschluss brechen junge Menschen auf, um die Welt da draußen zu erkunden. Die Routen sind immer dieselben, zum Beispiel Europa–Singapur–Auckland–Rarotonga–Los Angeles–Europa. So ein Rundum-Ticket ist ab 1500 Euro zu haben. Länger in Asien zu bleiben ist besonders beliebt, weil es sich dort am günstigsten leben lässt und die Region vergleichsweise sicher ist. Wird uns beim Reisen nicht ohnehin schon alles abgenommen, so muss man heute nicht einmal mehr für die Durchführung einer Weltreise den kleinen Finger rühren. Manche Reisebüros haben sich auf Weltreisende spezialisiert und bieten den Trip des Lebens sozusagen im All-Inclusive-Paket an. „Eine Weltreise bedeutet die

ultimative Freiheit. Ein Jahr lang reisen, für nur 15.000 Euro",
heißt es zum Beispiel auf der Plattform www.weltreise.jetzt der
Reiseagentur „Reiss aus".[14] Dass der Aufbruch in die große, weite
Welt in jungen Jahren als mutiges Verlassen der eigenen Komfortzone wahrgenommen wird, das zu Weitblick und innerem Wachstum führen mag, ist nur eine Seite der Medaille. Denn mit der
Kreditkarte in der Geldtasche und der damit gegebenen Möglichkeit, sich jederzeit in die Sicherheit eines Hotelzimmers, einer
Botschaft oder des nächsten Fliegers nach Hause begeben zu können, wird die Komfortzone doch nur so weit verlassen, wie es für
ein bequemes und sicheres Reisevergnügen notwendig erscheint.

VERFÜHRERISCHE WERBUNG

Neben Hochglanzmagazinen, Reiseblogs sowie Influencerin-
nen und Influencern trägt nach wie vor auch die Tourismuswerbung dazu bei, wie wir das Unterwegssein heute wahrnehmen
und was wir uns davon erträumen. Wer wünscht sich nicht an
diesen verheißungsvollen Palmenstrand auf dem Plakat in der
Auslage eines Reisebüros, während er oder sie bei Regenwetter
frustriert von der Arbeit heimmarschiert? Solche Sehnsuchtsorte
werden geschickt und lauthals angepriesen, gleichzeitig kauft
man das Versprechen: *Dort, an diesem wunderschönen, fernen
Ort ist alles besser. Dir ist nicht mehr kalt, sondern warm. Du
brauchst keinen Regenschirm, sondern genießt die Sonne auf deiner Haut. In deinem Kopf sind keine To-do-Listen mehr abgespei-
chert, sondern maximal die Cocktailkarte der Strandbar.* Die Werbung sagt uns, wo wir hinfahren sollen. Sie sagt uns, was wir dort
tun, essen und erleben sollen. Ja, sie vermittelt uns sogar, wie wir
uns zu fühlen haben, wenn wir im exklusiven Boutique-Hotel auf
Ibiza oder am filmbekannten Strand in Thailand unsere Ferien
verbringen. Die Werbung macht aus uns fremdbestimmte, fern-

gesteuerte Konsumentinnen und Konsumenten, die viel Geld auf den Tisch legen, um die vermeintlich kostbarste Zeit im Jahr als Statistinnen und Statisten in jenem Werbekatalog zu verbringen, den wir ein paar Wochen zuvor noch selbst durchgeblättert haben. In einer Zeit, in der so viel Wert auf Persönlichkeit und Individualität gelegt wird, besuchen wir die immer gleichen Orte, um die immer gleichen Dinge zu tun und alles auf den immer gleichen Erinnerungsfotos zu verewigen. Der italienische Fotograf Oliviero Toscani, bekannt für seine aufsehenerregenden Arbeiten für die Modemarke Benetton, setzte sich schon Mitte der Neunziger Jahre in seinem Buch mit dem plakativen Titel „Die Werbung ist ein lächelndes Aas" mit den Schattenseiten der Werbung auseinander. Seine Kritik lautete unter anderem, dass sie Unsummen an Geld verschwende, sozial nutzlos sei, lüge, heimlich verführe und eine „Verherrlichung der Dummheit" sei. Außerdem bezeichnete er Werbung als ein Verbrechen gegen die Intelligenz, den inneren Frieden und als „hemmungsloses Ausplündern".[15] Toscani schreibt: „Saftlos, kraftlos, sinnlos. Ohne irgendeine andere Botschaft als die der grotesken Verherrlichung eines Yuppie-Lebensstils, alles so schön bunt hier, lebenslängliche Party-Time."[16] Als Fotograf war Toscani zwar selbst Teil dieser Branche, aber er hatte eigenen Angaben zufolge das Ansinnen, das Werbesystem „von innen heraus" zu erschüttern.[17] Nun hat sich die Werbebranche in den vergangen 25 Jahren zwar ein Stück weit verändert und weiterentwickelt. Sie kann uns informieren, inspirieren und im Idealfall auch zu sozial und ökologisch verträglichen Reisen einladen. Aber wenn wir darüber nachdenken, wie Werbebotschaften unser eigenes Reiseverhalten prägen, sind Toscanis Ansätze nach wie vor eine genauere Betrachtung wert. Schon damals wunderte er sich, warum man in Zeiten knapper Ressourcen ständig dazu aufgefordert wird, noch mehr zu konsumieren.[18]

All diese Auswüchse und Paradoxien führen zu unzähligen Fragen: Was treibt uns dazu an, die Welt im Eiltempo besichtigen zu wollen? Warum ist es so wichtig, dass andere wissen, in wie vielen Ländern wir schon waren? Was sagt die Zahl der besuchten Orte über jemanden aus: Dass er ehrgeizig ist, dass sie es sich leisten kann herumzukommen, dass er wirklich was draufhat? Sollte es beim Reisen nicht um Qualität gehen statt um Quantität? Wäre es nicht erstrebenswerter, wenn das Erlebte zählt, und nicht das Beweisfoto? Wie kann es uns gelingen, unser Streben nach Ansehen und Status zu überwinden? Vor allem aber: Was hemmt uns, diese vorgefertigten Reiseerlebnisse links liegen zu lassen, und uns zu fragen: Was tut mir *wirklich* gut?

REISEN ALS MOBILE KONSUMKULTUR

Vielleicht hilft uns beim Reflektieren folgender Versuch: Lernen zu verstehen, warum wir so reisen, wie wir reisen und wieso das Fernwehstillen zur Supermarktware geworden ist (wortwörtlich, denn sogar Diskonter verticken mittlerweile „Traumreisen")[19]: Wir werden sozusagen in eine immer noch im Entstehen begriffene „Globalkultur" hineingeboren. Denn in den vergangenen Jahrhunderten sind räumlich begrenzte Kulturen durch die Schaffung von Straßen, durch Transfer und Handel in zunehmendem Maße aufgebrochen und miteinander verknüpft worden. Unsere gemeinsamen Rahmenbedingungen basieren im 21. Jahrhundert auf Verbindung und Austausch, aber immer mehr auch auf Beschleunigung, Digitalisierung und der Ökonomisierung aller Lebensbereiche. Wir leben in einem System von Waren, Dienstleistung und Produktion und gehen arbeiten, um als Konsumierende an diesem System teilhaben zu können. Das wirkt sich nicht nur auf unseren Alltag aus, sondern auch auf die Art und Weise, wie wir verreisen oder Urlaub machen. „Der Tourismus bietet eine ideale Struktur, um die räumliche Ausdehnung der Welt direkt mit dem Konsum zu verbinden", erklärt der Tourismusforscher und -ethiker Harald A. Friedl. Heute konsumieren wir nicht mehr nur daheim, sondern auch in anderen Ländern. Tourismus ist demnach eine „Universalisierung des Konsums". Wie immer gibt es dabei auch den Versuch einer Gegenbewegung, etwa jener Menschen, die zu Fuß und mit dem Zelt die Welt erkunden. Im Prinzip ist Reisen aber eine „mobile Konsumkultur", sagt Friedl. Aus soziologischer und sozialpsychologischer Sicht handelt es sich dabei um ein kollektives Verhaltensmuster, das erlernt wird, weil es mit positiver Symbolik und Ansehen aufgeladen ist. „Wir tun diese Dinge, weil wir zutiefst davon überzeugt sind, dass sie richtig sind. Warum? Weil es alle tun", erläutert Friedl. Der Mensch könne gar nicht anders. Kultur sei immer ein kollektives Verhalten: Menschen, die ähnlichen Rahmenbedingungen unterliegen, spielen sich aufeinander ein und entwickeln ein gemeinsames Verhaltensmuster. Und so urlauben die Schweden traditionell in ihren rot gestrichenen Ferienhäuschen im Wald, während die Österreicher zu Pfingsten in langen Autokolonnen in Richtung Adria rollen. „Aus neurobiologischer Sicht geht das gar nicht anders", sagt Friedl. „Man nimmt immer das, was man schon kennt, als Bezugssystem." Unsere neuronalen Netzwerke, also die Verschaltungen im Gehirn, sind von Kindheit an geprägt. Deshalb folgen alle Urlauberinnen und Urlauber wie Roboter einem Programm, ganz unabhängig davon, ob sie kulturell interessiert sind, nur zum Einkaufen kommen, Berge erklimmen oder sich als „Massenware" durch Barcelona oder Venedig zwängen. Dieses Programm besteht aus Mustern, die jeder Mensch in seiner Bezugsgruppe erlernt und symbolisch als erstrebenswert erfahren hat. Das Gehirn reproduziert die meiste Zeit diese Muster, um möglichst energiesparend arbeiten zu können. „Außerdem garantiert das Befolgen von

Mustern auch ein Minimum an Berechenbarkeit und Gemeinsamkeit in einer zunehmend diversen, individualisierten Welt", ergänzt Harald Friedl.

DIGITALE SEHNSÜCHTE UND GESCHRUMPFTE ENTFERNUNGEN

Als Teil dieser globalisierten Medienkultur sind wir daran gewöhnt, uns eine Online-Präsenz zu verschaffen, mit anderen auszutauschen und zu netzwerken. Was wir dabei oft vergessen: Die Werbe- und die Tourismusindustrie profitieren davon, wenn wir als „gläserne Bürgerinnen und Bürger" genau verraten, welche Orte uns begehrlich erscheinen und wo unsere Reisesehnsüchte liegen. Wir sind verführbar und werden immer weiter verführt, weil die Tourismusindustrie in uns wie in einem offenen Buch liest. Wir posaunen unsere Träume in die Welt und die Werbung schnürt daraus Angebote, denen wir nicht widerstehen können. Bilder, Filme, Videos und Postings wirken sich auf unsere Reiseerwartungen aus. Informationen über Reiseziele sind quasi immer und überall verfügbar, wir tauschen uns digital mit anderen Reisenden aus und geben Bewertungen für Hotels und andere Services ab. Vor allem aber hat sich unser Raumgefühl durch das Nutzen von Tablet, Handy und Co. verändert. Distanzen von mehreren tausend Kilometern scheinen in jenem Moment, in dem uns eine Freundin oder ein Freund übers Smartphone ein Foto vom Palmenstrand in Thailand oder vom Eishotel in Norwegen schickt, wie aufgehoben. Entfernung verliere zunehmend an Bedeutung, konstatiert die Soziologin Kerstin Heuwinkel. Der Grund dafür seien zuerst Transportmittel gewesen, die uns schneller von A nach B brachten. Jetzt trage die digitale Erreichbarkeit ihren Teil dazu bei, dass wir Entfernungen anders wahrnehmen würden.[20]

ALS GLÜCKSJUNKIES DURCH DIE WELT

Eine weitere mögliche Erklärung für unseren ungebremsten Reisewahn: Wir Menschen suchen permanent nach Glück. Unser Gehirn gleicht neue Erfahrungen mit bisher Vertrautem ab. Wenn es sich gut anfühlt, wollen wir mehr davon. Und das Baden im Meer, das Schlürfen von Cocktails oder das Schlendern durch enge Altstadtgassen fühlen sich verdammt gut an. „Überspitzt formuliert sind wir eine Suchtgesellschaft. Wir machen Dinge nicht, weil wir sie brauchen oder sie uns weiterhelfen, sondern weil sie uns Glücksgefühle verschaffen", sagt Tourismusforscher Harald Friedl. Aus dieser Sicht betrachtet sei auch der Tourismus eine „globale Drogenmaschinerie". Der Wissenschaftler vergleicht das Glücksgefühl des Reisens mit jenem des Shoppings. Wir tun es immer wieder, weil es uns kurzfristig befriedigt. Hinzu kommt, dass wir soziale Wesen sind. Die Entwicklung des Gehirns und der Persönlichkeit basiert auf sozialem Austausch. Abwertung durch andere enttäuscht uns, Bestätigung durch andere macht uns glücklich. Wenn wir unsere Reisen zum Beispiel über „soziale" Medien mit anderen teilen, profitieren wir gleich zweimal von den sich ausbreitenden Glücksgefühlen: Beim Erleben selbst und beim Austausch mit anderen. Auch dem Neurobiologen Gerald Hüther zufolge bereitet dem Menschen nichts Spaß, wenn er es ganz alleine macht, ihm niemand zuschaut oder niemand zumindest in Gedanken bei dem mitfiebert, was er tut. Wir brauchen eine Gemeinschaft, die sich mit uns freut, um die Lust am eigenen Entdecken und Gestalten zu erhalten.[21] Soziologisch betrachtet sind wir Menschen ununterbrochen dabei, uns selbst zu kreieren. Und zwar, indem wir uns selbst und unserer Umgebung eine Geschichte davon erzählen, wer wir sind. Erfahrungen, die wir als Touristinnen und Touristen, Urlauberinnen und Urlauber oder Reisende machen, müssen Platz in unserer Geschichte des Selbst finden und darin aufgenommen werden. Wir benutzen das Reisen teilweise auch, um der Geschichte des Selbst eine andere Richtung zu geben. In diesem Fall ist die Reise eine Art Übergang, um die Geschichte des Selbst zu ergänzen oder abzuwandeln.[22]

REISEN ALS ALLTAGSFLUCHT

Wahrscheinlich sind wir aber nicht nur eine „Suchtgesellschaft", sondern auch eine „Fluchtgesellschaft". Das heißt: Wir fliehen beim Reisen kurzfristig aus unserer realen Welt in eine touristische Scheinwelt, die viel schöner ist als die alltägliche Realität. Damit erhoffen wir uns, als wenig befriedigend empfundene Bereiche im eigenen Leben zu kompensieren. So war das schon während und nach der Industrialisierung, die den Menschen viele Zwänge auferlegte. Der Philosoph Peter Vollbrecht ist der Meinung, dass Touristinnen und Touristen bis heute vor allem nach einem streben: „Freiheit auf Zeit. Das Reisen als Ventil für die Frustrationen eines Lebens, das man so nicht will", so seine Aussage in einem Interview.[23] Dieser Erklärungsansatz findet sich auch bei einer Rückschau ins Jahr 1958. Der deutsche Schriftsteller Hans Magnus Enzensberger war schon damals der Ansicht, dass Tourismus ein Fluchtversuch aus der Industriegesellschaft sei: Die Menschen wollten Freiheit, die sie aber nicht erlangen würden, weil das Reisen selbst industrialisiert sei. Denn Industrie sei von Normung, Montage und Serienfertigung gekennzeichnet. Der Tourismus funktioniere nach denselben Prinzipien. Reiseführer und Sehenswürdigkeiten seien Normen, denen sich der Tourist unterwerfe. Man fühle sich verpflichtet, das anzuschauen, was in der Reiseliteratur empfohlen wird.[24] „Sehenswürdig ist, was man gesehen haben muß. Mit der Erfüllung dieser Pflicht gilt der Tourist die Schuld ab, die er heimlich in seiner Flucht vor der Gesellschaft erblickt. Mit seinem Gehorsam bekennt er ein, daß er die Freiheit, auf die er aus zu sein vorgibt, gar nicht erträgt",[25] schreibt Enzensberger. In den vergangenen Jahrzehnten ist die Schnelllebigkeit der Welt geradezu explodiert. Wir müssen permanent etwas leisten, etwas darstellen oder etwas konsumieren. Wir „müssen" uns im Netz auf den neuesten Stand bringen, dauernd online sein, uns zig Pin-Codes merken, Updates durchführen. „Ich will einfach nur mal für eine Woche weg", oder „Ich brauche endlich Urlaub" denken wir dann entweder klammheimlich oder klagen unser Leid den anderen. Beim Reisen, so glauben wir, dürfen wir einfach nur mal sein. Der Urlaub soll uns Raum und Zeit geben, endlich zu verschnaufen. Enzensbergers Theorie folgend kann das aber nur danebengehen, weil unser heiß ersehnter Fluchtort eben auch ein Teil dessen ist, wovor wir fliehen. „Die Befreiung von der industriellen Welt hat sich selber als Industrie etabliert, die Reise aus der Warenwelt ist ihrerseits zur Ware geworden."[26] Aus neurobiologischer Sicht kann das Reisen bei manchen Menschen durchaus eine Art Ersatzbefriedigung sein. Nämlich dann, wenn in der Kindheit eines der zwei wichtigsten Grundbedürfnisse nicht entwickelt werden konnte: sich einerseits verbunden, andererseits frei zu fühlen. Dieser Mangel führt im Erwachsenenleben dazu, dass der betroffene Mensch in seinem Leben nicht das findet, was er braucht. So holt er sich eben das, was er kriegen kann. Er steckt all seine Offenheit, Beziehungsfähigkeit, Neugier und Gestaltungslust dort hinein. Eigentlich nebensächliche Dinge erlangen dann eine immense Bedeutung, etwa Shoppen – oder der nächste Strandurlaub in möglichst exotischer Umgebung.[27]

WIE UNS DAS STATUSSYMBOL REISEN STRESST

Es gibt viele Motive, warum wir reisen. Eines davon ist unser Status. „Eine der Funktionen von Urlaub ist das Vorzeigen beziehungsweise das Mithalten-Können", erklärt der Gesundheitspsychologe Gerhard Blasche. „Es ist beeindruckender zu verkünden, ich war auf dem Mount Everest oder in Hawaii, als zu sagen, ich war im Waldviertel", sagt der Autor des Buches „Erholung 4.0 – Warum sie wichtiger ist denn je". Status zu erlangen ist für jeden Menschen wichtig. Wir alle haben das Bedürfnis nach Anerkennung und Wertschätzung. Jede und jeder begründet seinen Status anders: Die eine über die soziale Ebene, indem sie stets freundlich und hilfsbereit ist, um gemocht zu werden. Der andere über die materielle Ebene, indem er ein teures Auto besitzt oder sich luxuriöse Urlaube gönnt. Wer sich über seinen Job ausreichend identifiziert und soziales Ansehen verschafft, muss vielleicht nicht extra betonen, wo er oder sie den Urlaub verbringt. Und andersherum: Wer beruflich nichts Prestigeträchtiges vorzuweisen hat, möchte möglicherweise indirekt mit dem Strandurlaub auf den Malediven zeigen, was für ein beneidenswertes Leben er oder sie führt. „Irgendwie muss jeder Mensch seinen Status begründen", fasst es Blasche zusammen. Hinzu kommt: Weil wir heute in einer globalisierten Gesellschaft leben, müssen wir uns nicht mehr nur vor unserer Nachbarschaft beweisen, sondern vor der ganzen Welt. „Früher stellte sich mehr im familiären, dörflichen Kontext die Frage: Wer bin ich? Heute konkurrieren wir quasi mit der gesamten Gesellschaft", erklärt Blasche. Diese stellt ein anonymes Gegenüber dar, vor dem wir uns möglichst gut präsentieren möchten. Konsum- und Leistungsdenken drillen uns darauf, das Geld, das wir uns so hart erarbeiten, auch auszugeben. Wir „leisten" im Job viel, damit wir uns in der Freizeit eine Auszeit „leisten" können, so die kapitalistische Logik. Das Problem daran: Das Gefühl, mit anderen mithalten zu müssen, kann uns Menschen unter Druck setzen. Das gilt auch für den Urlaub. „Es löst indirekt Stress aus, wenn man Dinge unternimmt, weil sie toller klingen – auch wenn man sie vielleicht nicht unbedingt machen will", meint Blasche. Wer im Urlaub nur um Status heischt, befriedigt womöglich nicht einmal seine eigenen Bedürfnisse. Dann kommt auch die herbeigesehnte Erholung zu kurz: Denn wenn wir Menschen uns erholen möchten, sollten wir aus psychologischer Sicht immer das in den Vordergrund stellen, was unseren inneren Bedürfnissen entspricht. Status ist zwar ebenfalls ein Bedürfnis, aber auf lange Sicht eher zweitrangig. Wichtiger ist uns dann: Haben wir etwas gemacht, das wir wirklich wollten? „Wenn Sie sich auf den Mount Everest hinaufschleppen, damit Sie ein Bild davon posten können, dann werden Sie nicht wahnsinnig erholt nach Hause kommen", verdeutlicht es Blasche mit diesem überspitzten Beispiel. „Vielleicht wären Sie viel lieber irgendwo gesessen und hätten gemütlich Kaffee getrunken."

AUF SICH SELBST HÖREN STATT AUF DIE ANDEREN

Aus psychologischer Sicht ist es viel sinnvoller, sich vor dem Urlaub zu überlegen: Was brauche ich in diesem Moment wirklich? Welches Bedürfnis habe ich? Was fördert meine Lebensqualität? „Dabei geht es um universelle Dinge wie Abwechslung, Muße oder Raum für sich zu haben", erklärt der Psychotherapeut Christoph Köck. Um die eigenen Bedürfnisse überhaupt wahrnehmen zu können, helfen Abstand und Ruhe. „Arbeit und Information überdecken vielfach unsere Bedürfnislage", so der Psychologe Gerhard Blasche. Wer sich Zeit nimmt, den Kopf auslüftet und sich von äußeren Zwängen befreit, findet wieder „Zugang zu seinen vorbewussten Anteilen – zu dem, was seinen Wünschen entspricht." Danach kann man sich fragen: Was hat mir in der Vergangenheit gutgetan? Was täte mir im Moment gut? Was würde mir entsprechen? Man kann sich auch bildlich ausmalen, wie dieser oder jener Urlaub sich anfühlen würde.

Auch der Umweltpsychologe Sebastian Seebauer empfiehlt, bei der Urlaubsplanung zuerst vom Bedürfnis auszugehen und nicht von der Destination. Ganz nach dem Gedankengang: „Ich fahre nicht in den Urlaub, weil ich auf die Malediven will, sondern weil ich eine Woche am Strand verbringen möchte." Das führt dazu, sich zu überlegen: Gibt es vielleicht einen Strand, der näher ist und den ich einfacher erreichen kann? Spare ich beim Urlaub am Mittelmeer womöglich nicht nur Zeit (die für die Erholung verwendet werden kann), sondern auch Geld? Ewig lang im Flugzeug zu sitzen und einen Jetlag in Kauf zu nehmen, um einfach nur am Strand zu relaxen, ist der Erholungswirkung jedenfalls nicht gerade dienlich.

Wenn wir wieder mehr das tun, was die Stimme in uns sagt und weniger das, was allgemein als erstrebenswert gilt, produzieren wir zwar nicht so viele instagramtaugliche Bilder, aber wir erfüllen unser Herz mit innerer Glückseligkeit. Dann gewinnen wir statt kurzzeitiger Befriedigung langfristiges Wohlergehen. Der Tourismusforscher Harald Friedl nennt diesen Prozess „das eigene Reiseverhalten emanzipieren". Wie kann das gelingen? „Indem wir Widerstand gegen diejenigen leisten, die uns von außen sagen: Du musst, du musst, du musst", ist er überzeugt. Dafür sei die Rückkehr zu Selbstberechtigung, Autonomie und Selbstbestimmung maßgeblich. Wenn wir unseren eigenen Reiseweg gehen wollen, müssen wir darüber nachdenken, was uns eingeredet wird – und was wir wirklich wollen. Wir müssen unsere eigenen Reisegewohnheiten hinterfragen. Nicht, weil es von außen verlangt wird, sondern letztendlich uns selbst zuliebe. Und wir müssen bereit sein, auszuprobieren. Uns zu überlegen, was uns wirklich besser tue, habe auch etwas mit Lebenskultur zu tun, findet Friedl. „Was gönne ich mir? Muss ich mich wirklich dem Idiotismus der Konsumindustrie unterwerfen, die mir maximalen Konsum in minimaler Zeit einredet?"

2

WELCHE FOLGEN HAT UNSERE REISELUST?

„*Der Tourist zerstört, was er sucht, indem er es findet.*"
Hans Magnus Enzensberger

Die ganze Nacht lang ist der Zug durch schwarzes Niemandsland gerattert. Jetzt, in den frühen Morgenstunden, zeigt sich langsam die Umgebung. Bananensträucher, meterhoher Bambus, Trampelpfade, dazwischen kleine Hütten. Wer sich noch den Schlaf aus den Augen reibt, der hat schlechte Karten: Am Bahnsteig drängen sich bereits die Minibus-Fahrer und bieten ihre Dienste an, um die Ankömmlinge ins Bergstädtchen Sa Pa zu fahren. Mindestens das Doppelte des üblichen Preises zahlen alle, die noch zu verschlafen oder zu perplex sind, um zu feilschen. Im Bus sitzen bereits einige Einheimische. Sie werden hinausgescheucht, um Platz für die hellhäutigen Touristinnen und Touristen zu machen – immerhin die besser zahlende Kundschaft. Erst wenn alle Europäerinnen und Europäer Platz genommen haben, dürfen sich die Dorfbewohnerinnen und Dorfbewohner wieder in den Wagen quetschen.

Sa Pa liegt auf 1600 Meter Seehöhe im Norden Vietnams, nicht weit von der Grenze zu China. Die Region ist für die kunstvoll angelegten Reisterrassen berühmt. Außerdem leben hier verschiedene Minderheiten-Gruppen, verteilt auf mehrere Dörfer. In vielen Unterkünften und Hotels in Sa Pa können Touristinnen und Touristen ein- oder mehrtägige Wandertouren inklusive Übernachtung in den Dörfern buchen, in sogenannten Homestays. Begleitet werden die Trecks von lokalen Guides. Den Wanderinnen und Wanderern schließt sich meist schnell ein Grüppchen einheimischer Frauen an. Die Schwarzen Hmong, die roten Dao und die weißen Thais könnten einer Fotostrecke im National-Geographic-Magazin entstammen: traditionelle Tracht mit bunten Stickereien, von der Sonne gegerbte Gesichter, Körbe aus Bambus geschultert und stets ein Lächeln parat. Weil es geregnet hat, ist der Weg rutschig. Kein Problem, es ist stets eine helfende Hand zur Seite, um die Fremden sicher über heikle Passagen zu geleiten.

Und um bei der nächsten Gelegenheit ein Geschäft zu machen. „You buy from me!" heißt es dann, oder „shopping, shopping" – und wieder wird das schönste Sonntagslächeln aufgesetzt, die Goldzähne glänzen. Jetzt heißt es resistent bleiben und immer wiederholen: „no money". Das finden die Frauen nur minder lustig. „No money, no honey" hört man dann. Oder: „No money, you better go home", begleitet von schallendem Gelächter. Ein paar Brocken Englisch haben die Frauen mit den Jahren von den Besucherinnen und Besuchern gelernt. Die Homestays, die Übernachtungsmöglichkeiten bei Familien im Dorf, sind ähnlich touristisch aufgezogen wie diese „Einkaufserlebnisse" mitten in den Reisfeldern. Die meisten Häuser sind auf größere Gruppen ausgerichtet, den Betreiberinnen und Betreibern ist die Routine anzumerken. Wer tatsächlich geglaubt hat, auf diese Weise in einen für beide Seiten erfüllenden Austausch mit Einheimischen zu treten, beginnt sich unweigerlich zu fragen: Was hat der Massentourismus mit diesen Dörfern und den sie bewohnenden ethnischen Minderheiten angerichtet?

Eine Antwort darauf könnte der Niederländer Eddie haben. Er hat viele Jahre lang als Reiseleiter in Südostasien gearbeitet, bevor er sich gemeinsam mit seiner vietnamesischen Frau im Dorf Ta Van niederließ. Dort betreibt er eine Bar und ein Ferienhaus. An den Einheimischen und deren Arbeitsweise im Tourismus lässt er kein gutes Haar. „Die Frauen hier verdienen mit dem Verkauf von Taschen und Röcken drei- bis sechsmal mehr als der durchschnittliche vietnamesische Arbeitnehmer", erzählt er. Das sei langfristig sehr schlecht. „Denn wenn es den Tourismus einmal nicht mehr gibt, dann haben sie gar nichts – weder eine Ausbildung, noch wollen sie einer anderen, viel schlechter bezahlten Arbeit nachgehen." Die Art und Weise, wie der Tourismus in Sa Pa gelebt wird, bezeichnet er sogar als „kleine Mafia". Lokale Guides würden Familien und Freunde zusammentrommeln, sobald eine neue Tour gebucht ist. Diese begleiten die Wanderinnen und Wanderer dann so lange, bis sie – aus Mitleid oder weil sie genervt sind – etwas von den angebotenen Waren kaufen. Es gehe nur ums Geld, und die

Dorfbewohnerinnen seien zu gegenseitigen Konkurrentinnen geworden. Was passiert mit den Einnahmen? „Viele Leute kaufen Motorräder oder das neueste iPhone. Die Männer verzocken und versaufen das Geld, manche sind auch opiumsüchtig", kritisiert Eddie. Eine Verallgemeinerung? Natürlich. Aber sie basiert immerhin auf der Beobachtung eines Außenstehenden, der seit mehreren Jahren in Vietnam lebt. Freilich hat der Tourismus der Region auch Gutes gebracht. Strom zum Beispiel, oder Straßen. Früher gingen die Dorfbewohnerinnen und Dorfbewohner ins Bett, sobald es dunkel war. Heute nutzen sie elektrisches Licht und haben über ihren Fernseher einen Zugang zur Welt. Längere Wege müssen sie nun nicht mehr mit dem Fahrrad oder zu Fuß zurücklegen, sondern schwingen sich aufs Moped. In Sa Pa lässt sich die Tourismus-Maschinerie jedenfalls nicht mehr aufhalten. „Man kann das jetzt nicht mehr ändern. Wir haben zumindest damit angefangen, unsere eigenen Tourguides besser zu bezahlen – dann gibt es auch keine Nebengeschäfte mehr", sagt Eddie. Das gilt aber für die wenigsten Reiseführerinnen und Reiseführer. Ein bitterer Nachgeschmack bleibt.

* * *

So einen bitteren Nachgeschmack haben vermutlich viele Menschen beim Reisen schon einmal erlebt. Da träumt man sich in ein idyllisches, kleines Bergdorf wie Sa Pa – und findet sich in einem massentouristischen Spektakel wieder. Da freut man sich auf ein authentisches Übernachtungserlebnis bei Einheimischen – und wird wie eine Nummer abgespeist. Da glaubt man, Zeuge von jahrhundertealten, gelebten Bräuchen und Traditionen zu sein – und wird zum Publikum einer inszenierten Bühnenshow. Werden Reisende jemals das finden, wonach viele von ihnen suchen? Das „echte" Abenteuer? Das „authentische" Dorf? Die „naturbelassene" Landschaft? Werden uns nicht fast überall heile, touristische Scheinwelten vorgegaukelt? Inwiefern tragen wir selbst dazu bei? Verändern wir die Wirklichkeit nicht allein schon durch unsere Präsenz? Und: Wie wirkt sich unsere unbändige Reiselust auf uns selbst, das Leben anderer Menschen, Umwelt und Klima aus? Bei diesen Überlegungen taucht unweigerlich die Frage auf: Was verstehen wir überhaupt unter dem Begriff „authentisch"? Suchen wir das „Echte", weil es in uns selbst verloren gegangen ist? Und was genau erwarten wir uns davon? Gerade Individualreisende erwecken häufig den Eindruck, als seien sie auf einer wagemutigen Expedition in Richtung Ursprünglichkeit. Sie halten Ausschau nach etwas, das in der Welt daheim längst nicht mehr zu existieren scheint: das kleine Dorf, in dem jeder jeden kennt, in dem noch rauschende Feste gefeiert, mystische Zeremonien abgehalten und einfache Speisen über dem offenen Feuer gekocht werden. Der deutsche Sozialwissenschaftler Christoph Hennig findet dafür folgende Worte: „Da unser Leben uns kompliziert erscheint, so soll wenigstens dasjenige der griechischen Fischer einfach sein. Da wir die Partner, die Freunde und die Wohnsitze wechseln, sollen immerhin die toskanischen Bauern in stabilen Gemeinschaften leben. Da wir umgeben sind von Fernsehen und Publicity, stören uns Antennen und Reklametafeln in den Dörfern der Indios."[28] Nicht selten landen wir dann doch in Inszenierungen wie jener in Sa Pa. Manche Reisende schreien auf und sind empört über das, was ihnen vorgesetzt wird. Andere nehmen es hin oder halten es für genau das, wonach sie gesucht haben. Was dabei auffällt: Das Echte und Authentische, das in unserem Geist als Natürlichkeit, Einfachheit oder gelebte Werte in Erscheinung tritt, suchen wir zumeist nur in der Ferne. Zu Hause, in der eigenen Stadt, im eigenen Dorf mögen wir die Musikkapelle als altmodisch, die sonntägliche Messe als verstaubt und das dörfliche Leben, das Miteinander auf kleinstem Raum als einengend oder langweilig empfinden.

„ECHT" SOLL ES SEIN – UND BEQUEM

Reisende auf der Suche nach Authentizität sind in gewisser Weise sehr ambivalent: Einerseits ist da die bereits beschriebene Suche nach dem Echten, dem Einfachen, dem Glaubhaften. Andererseits soll der Weg dorthin nicht zu beschwerlich sein, die Strapazen vor Ort sollen möglichst gering gehalten werden und die Unannehmlichkeiten dürfen nicht überhandnehmen. Das Problem daran: Das eine schließt das andere oft automatisch aus. Will man nun das Echte, das mitunter auch anstrengend, überwältigend oder verstörend sein kann? Oder will man nur einer Illusion von etwas hinterherrennen, das man als das Echte bezeichnet? Ein bisschen Erlebnis, ein paar Stunden die Exotinnen und Exoten in ihrer vermeintlich ursprünglichen Lebenswelt betrachten, bevor es zurück geht ins gemütliche Hotel mit den strahlenden Bettlaken, dem sauberen Geschirr und den Bediensteten mit dem immerwährenden Lächeln im Gesicht? Gerne lassen wir uns auch täuschen, indem wir vermeintlich lokal handgefertigte Keramiken oder Stoffarbeiten bewundern, die tatsächlich nichts als billige Kopien aus China sind. Wenn wir diese kitschigen Nachahmungen in kleinen Geschäften oder auf Marktständen betrachten, wirken sie wie kunterbunte Placebos auf uns – sie unterstreichen unser Urlaubsgefühl und täuschen uns über die Wirklichkeit hinweg.

Nicht selten wird das „Authentische" auch in Verbindung mit Rückstand, Armut und Abgehängtsein gebracht. Zynisch formuliert: Diejenigen, die etwas haben, wollen diejenigen, die nichts haben, wie Ausstellungsobjekte betrachten. Ein Beispiel dafür ist der Slumtourismus in Nairobi, der einerseits als Voyeurismus kritisiert wird, andererseits eine Annäherung an die Lebensrealität der Einheimischen sowie Spendenbereitschaft bewirken kann. Ein weiteres Beispiel sind klassische Rundreisen nach

Indien, nach denen Heimkehrer Sätze aussprechen wie: „Die Leute sind so arm und doch so glücklich", oder: „Am meisten erschüttert haben mich die Armut und der Schmutz in diesem Land." Werden Klischees von Armut und Hilfsbedürftigkeit nicht erfüllt, kann das für perplexe Momente sorgen. So wie in der Geschichte über Sa Pa zu Beginn dieses Kapitels, wenn die Einheimischen neue Mopeds und Handys besitzen und sich mit dem Geld der Touristinnen und Touristen Rauschmittel besorgen. Aber was ist daran schlimm? Soll die Welt stillstehen, damit die von der Moderne geplagte Weltenbummlerin das Gefühl hat, im Urlaub endlich ein wenig (ärmliche) Authentizität gefunden zu haben? Sollen andere auf Wohlstand verzichten, damit westliche Reisende in ihrem Urlaub in Nostalgie schwelgen können? Hat nicht jeder das Recht auf Bequemlichkeit und wirtschaftliches Wachstum? Auf ein Stück vom großen Kapitalismuskuchen, egal wie bitter der Nachgeschmack sein mag?

TOURISMUS ALS THEATERSTÜCK

Eine mögliche Erklärung für die vielen Widersprüche im Tourismus liefert die Soziologie. Hier hat sich das Bild der Vorder- und Hinterbühne etabliert. Die Grundlagen dafür stammen vom amerikanischen Soziologen Erving Goffman. In seinem Klassiker „Wir alle spielen Theater" geht er davon aus, dass wir in Begegnungen mit anderen Menschen immer eine Rolle spielen – wie im Theater. Auf der „Vorderbühne" wird diese Rolle öffentlich aufgeführt, die „Hinterbühne" bleibt der Öffentlichkeit verwehrt. Dieses Modell zieht auch die Tourismusforschung heran, um die Beziehung zwischen Reisenden und Einheimischen zu beschreiben. Stellen wir uns dazu metaphorisch ein Theater vor: Die Touristinnen und Touristen sitzen auf ihren Stühlen und bekommen als Publikum nur das mit, was auf der touristischen Bühne von den Darstellern aufgeführt wird. Auf dieser Vorderbühne präsentieren sich die Akteurinnen und Akteure – vom Rezeptionisten bis zur Skilehrerin – als freundliche Gastgeberinnen und Gastgeber. Wie sie wirklich sind, zeigen sie nur auf der Hinterbühne. Diese Abgrenzung ist wichtig. Denn einerseits bleibt so das idyllische Bild der touristischen Inszenierung intakt. Andererseits schafft die Hinterbühne einen geschützten Raum, in den sich die touristisch Mitwirkenden zurückziehen können.[29] Könnte man einen Blick hinter den Vorhang werfen, so würde von der Urlaubsidylle vermutlich nicht mehr viel übrigbleiben. Denn da, wo wir uns im Paradies glauben, ist am selben Ort, im selben Moment, für andere nichts als Alltag. Aber es ist eben nicht unser Alltag, sondern jener von lokalen Köchinnen, Bediensteten, Souvenirverkäufern und Statistinnen in Form von zur Arbeit eilenden Menschen. Und den wollen wir uns schönmalen, damit unser Urlaubsbild bloß keine Kratzer abbekommt. Denken wir nur an das kleine, familiengeführte Strandlokal, in dem die meisten von uns sicherlich schon einmal gespeist haben – irgendwo auf dieser Welt: Der Kellner, bekleidet mit einem weißen Hemd, serviert das Essen mit einem breiten Lächeln an den Tisch direkt am Strand. Das Meer schlägt sanfte Wellen, das Rauschen erzeugt ein angenehmes Hintergrundgeräusch. Der Fisch (ob frischer Wildfang, gezüchtet oder aus der Tiefkühltruhe sei dahingestellt) schmeckt in diesem Ambiente besonders zart. Sobald sich der Kellner umdreht, bricht er in Richtung Hinterbühne auf: in die Küche, wo er vielleicht eine Auseinandersetzung mit der Köchin hat oder sich über die Hitze ärgert und verschwitzt den obersten Hemdknopf aufreißt.

GASTFREUNDSCHAFT, EIN WIDERSPRUCH IN SICH

In diesem Zusammenhang ist es spannend, den Begriff der „Gastfreundschaft" näher zu beleuchten. Laut Ursula Oehy Bubel,

Rektorin der Höheren Fachschule für Tourismus Graubünden in der Schweiz, braucht es eine Unterscheidung: Einerseits gibt es die traditionelle Gastfreundschaft, die man einst schon Handelsreisenden oder Pilgernden entgegenbrachte. Andererseits ist in der Tourismusindustrie eine professionelle Gastfreundschaft entstanden. Außerdem sei allein der Begriff „Gastfreundschaft" ein Widerspruch in sich, schrieb Oehy Bubel 2016 in einem Gastbeitrag im theologischen Feuilleton www.feinschwarz.net. Denn das Wort „Gast" gehe auf das indoeuropäische „ghostis" zurück. Und das bedeute so viel wie „Fremdling", „Feind" oder „feindlicher Krieger". Das Wort „Freund" stehe in der ursprünglichen Verwendung für einen Blutsverwandten oder Stammesgenossen. Der Ausdruck „Gastfreundschaft" sei deshalb ein Paradoxon. Er bezeichne einen Menschen, dem man einerseits kritisch und abwehrend gegenüberstehe, der einem andererseits sehr nahe sei. Das Fremde und das Verwandte würden in ein und demselben Begriff verschmelzen.[30] „Es scheint, als sei es Ausdruck eines Bestrebens, eines kulturellen Aktes, sich bewusst darin zu üben, dem Fremden wie einem Verwandten zu begegnen. Diesem Anspruch und der Überwindung dieses überaus deutlichen Paradoxons hat sich die Tourismusindustrie jeden Tag von Neuem zu stellen", befindet Oehy Bubel.[31] Der Reisephilosoph Klaus Kufeld verweist in Anlehnung an den Soziologen und Philosophen Georg Simmel auf die Tatsache, dass die beiden Wörter „Gast" und „Fremder" demselben lateinischen Ursprung entstammen. Im Lateinischen stehen sowohl „hospes" als auch „hostis" für den Fremden. Während sich „hospes" zur heutigen Bedeutung „Gast" und „Gastgeber" entwickelte (siehe etwa „hospitality"), wurde die Bezeichnung „hostis" zum „Feind" (siehe etwa „hostility").[32] Die Frage „Freund oder Feind?" sei demnach noch unbeantwortet, wenn wir als Gast auf einen Gastgeber treffen. Eine freundschaftliche Begegnung könne schnell in eine feindselige Haltung kippen.

WELTOFFENHEIT – EINE EINSEITIGE FLOSKEL?

Vom kontroversen Begriff der Gastfreundschaft kommen wir zur gern betonten „Weltoffenheit" von Reisenden. Viele von uns machen sich in der Absicht auf den Weg, neugierig, vorurteilsfrei und wissbegierig auf andere Kulturen zuzugehen und in fremde Länder „einzutauchen". Reisen mache uns toleranter und offener, behaupten wir gerne über uns selbst. Dem Postwachstumsökonomen Niko Paech zufolge ist das eine sehr einseitige Sichtweise. Denn Weltoffenheit sei immer auch Konfrontation. „In einer Welt, in der alles mit allem verbunden ist, ist auch immer alles mit allem konfrontiert", erklärt er. „Das heißt: Kulturen, die vormals in einer gewissen Form von Genügsamkeit stabil waren, werden jetzt durch die Gegenüberstellung der Lebensstile derjenigen, die dort als Touristinnen und Touristen eindringen, aus den bis dahin als auskömmlich gehaltenen Lebenssituationen gerissen." Bereiste Menschen spüren demnach die Differenz ihres eigenen Lebens zum Leben der Reisenden durch ein unausgesprochenes „Du könntest es besser haben". Hinzu komme eine gewisse Entwürdigung: Manche der bereisten Kulturen sind, gemessen am Fortschrittswahn der westlichen Welt, rückständig. Sie verfügen über weniger Komfort, Konsummöglichkeiten, technische Bequemlichkeit und individuelle Freizügigkeit. „Gerade die Konfrontation solcher Kulturen mit dem Auftreten freizügiger Touristinnen und Touristen bedeutet auch, dass die eigene Kultur durch diesen Vergleich plötzlich in gewisser Weise abgewertet und als rückständig entlarvt wird. Das führt natürlich zu Spannungen." Wem es wirklich um Begegnungen gehe, sagt Paech, der müsse nicht in den Flieger nach Asien oder Afrika steigen. „Der kann auch im Rahmen eines ökologisch verträglichen Aktionsradius sehr viele Menschen treffen." Weltoffenheit, wie sie beim Reisen oft praktiziert werde, mache die Welt zudem überhaupt nicht besser oder friedlicher. Vielmehr würden Vielreisende die Welt in ein Konsumobjekt verwandeln und sie betrachten wie einen Supermarkt der Kulturen, der Reize, der Gerüche und der ästhetischen Unterschiede. „Sie bedienen sich frivol an dem, was Menschen anderswo über Jahrtausende hinweg aufgebaut haben. Das ist nicht Weltoffenheit, sondern arrogant und ausbeuterisch." Die Welt sei kein friedlicherer Ort, seit Billigairlines Touristenmassen schnell und kostengünstig über den Planeten transportieren. Dazu bietet sich ein kritischer Blick auf die oft erwähnte „persönliche Bereicherung" an, die Reisende gerne für sich beanspruchen. Denn „bereichern" kann laut Duden bedeuten, etwas reichhaltiger werden zu lassen, zu vergrößern, zu erweitern, oder jemanden innerlich reicher zu machen. Es kann aber auch heißen, sich – mitunter auf Kosten anderer – einen Gewinn oder Vorteile zu verschaffen.

TOURISMUS GIBT UND NIMMT

Inwiefern verändern wir Reisenden nun die Orte und Menschen, die wir besuchen? Einerseits bringt Tourismus auf den ersten Blick viel Positives: Infrastruktur, Jobs, Bildung, Ermächtigung, Weiterentwicklung, Geld für Umweltschutzprojekte und so weiter. Gerade der finanzielle Aspekt wird in diesem Zusammenhang gerne unterstrichen: Tourismus sei ein wichtiger Wirtschaftsfaktor, ein Entwicklungstreiber und die einzige Möglichkeit für viele Menschen, an Einnahmen zu kommen. Das ist aber nur die eine Seite der Medaille. Denn es kommt darauf an, wie ökologisch und sozial verträglich Tourismus umgesetzt wird und wie der Rest des Landes wirtschaftlich organisiert ist. Tourismus kann genauso Menschen ausbeuten und unterdrücken, die Umwelt zerstören und die Einheimischen ihrer Autonomie berauben. Beispiele dafür gibt es laut Cornelia Kühhas, Landschaftsökologin und Expertin für nachhaltigen Tourismus bei respect_NFI (Naturfreunde Internationale) in Österreich, zuhauf. Dazu gehören prekäre Arbeitsbedingungen ohne Arbeitsverträge, aber mit unkomfortabler Unterbringung ohne Privatsphäre und ungeregelter Arbeitszeit. Außerdem ist der Tourismus vielerorts mit dafür verantwortlich, dass die Rechte von Einheimischen beschnitten werden. Etwa dann, wenn große Hotelketten die Strände verbauen und die einheimischen Fischer dort keinen Zugang mehr zum Meer haben. Oder wenn in Ländern wie Äthiopien die Touristinnen und Touristen aus großen Hotelkomplexen in Dörfer gekarrt werden, um Einheimische abzulichten, die nur als Fotokulisse dienen, aber durch diese Art von Tourismus keine echten Perspektiven haben. Eine weitere Tatsache, die zum Nachdenken anregt: Aus Ländern, die wirtschaftlich sehr einseitig aufgestellt sind, fließen touristische Einnahmen zum allergrößten Teil wieder ab.[33] „Für jeden Euro, den ein Tourist für seinen Urlaub in einem Resort in Tunesien ausgibt, fließen 90 Cent wieder zurück – an den Vertreiber, die Fluglinie, die Baufirma des Hotels, die ausländischen Arbeitskräfte, das Gemüse aus der EU, die Kohle aus Australien, das Öl aus Saudi-Arabien, die Kunststoff-Souvenirs aus China ...", zeigt Tourismusforscher Harald Friedl beispielhaft auf.[34] Tourismus soll in Zukunft nicht einseitig sein, sondern für alle Beteiligten etwas Gutes mit sich bringen, fordert Cornelia Kühhas. Er habe durchaus das Potenzial, Armut zu bekämpfen. Aber es hänge davon ab, wie er organisiert sei und wie sehr ihn die lokalen Gemeinschaften tatsächlich mitgestalten könnten. Wichtig sei ebenso, dass Destinationen nicht vollständig vom internationalen Tourismus abhängig seien, dass sie auch den regionalen Markt und damit einheimische Gäste ansprächen und weitere wirtschaftliche Standbeine hätten.

DER TOURISTISCHE BLICK

Nicht nur Touristinnen und Touristen sind am System Tourismus beteiligt, sondern eben auch Einheimische – gewollt oder ungewollt. Wenn Einheimische in der Tourismusbranche arbeiten, übernehmen sie, wie weiter oben bereits beschrieben, eine Rolle. Das kann verhindern, dass ihre Identität beeinträchtigt wird. Oft werden aber Einheimische ungewollt zum Objekt von Reisenden, zum Beispiel, wenn sie ungefragt fotografiert werden. Das führt dazu, dass ihr Selbstbild und somit ihre Identität von den Vorstellungen der Touristinnen und Touristen mitgeprägt werden.[35] In diesem Zusammenhang verweist der Tourismusforscher Harald Friedl auf den „tourist gaze" – den „touristischen Blick": Wir beobachten alles, halten nach Spektakeln Ausschau und suchen danach, was uns stimuliert, spannend oder exotisch ist. „Dabei stellen die exotischen Bilder nicht die Fremde dar, sondern unsere Interpretation der Fremde – das sind aber reine Projektionen", erklärt er. Dieser touristische Blick sei zum Teil aus der Wissenschaft entstanden. Forscherinnen und Forscher waren oft die ersten Nicht-Einheimischen in bereisten Ländern. Sie sammelten Informationen, die wiederum als Grundlage für eventuell später erfolgende militärische Interventionen dienten. „Die Forschungsreisenden haben das Besondere und Bemerkenswerte notiert, sie haben Kulturen betrachtet wie Tiere", sagt Friedl. „Erst sehr viel später hat man begriffen, dass man Menschen nicht objektiv betrachten kann, sondern dass jede Beobachtung eine kommunikative Wirkung hat." Dieser Blick, alles von oben und als Objekt anzusehen, spiegle sich sowohl in den Medien als auch in der touristischen Kultur wider. „Wir suchen nach Attraktionen und verstecken uns hinter der Kamera", erklärt Friedl. Nehmen wir das Beispiel Fotografieren. Hier scheint unter vielen Reisenden die Haltung zu herrschen: Je weiter weg ich bin, desto ungenierter kann ich wildfremde Menschen mit meiner Kamera einfangen, ohne sie um Erlaubnis fragen zu müssen: Das bunte Treiben am Marktstand, den Händler, der lauthals Berge von Melonen anpreist oder die Kinder, die den Markt als Spielplatz nutzen. Welches Touristenherz kann da widerstehen? Viele von uns haben schon die Erfahrung gemacht, dass wir relativ unbedacht drauflosknipsen. Die Bilder von den exotisch wirkenden Gesichtern sind daheim schließlich gut herzeigbar und die Abgebildeten werden sie ohnehin nicht zu Gesicht bekommen. Die Tatsache, in der Ferne zu sein, entledigt uns der Hemmungen. Dabei ist die Kamera auch ein Bewältigungsinstrument. „Denn sobald die Kommunikation mit der Fremde zu intensiv wird, ziehen wir uns hinter sie zurück, machen einen Klick und haben das Gefühl: Jetzt ist alles dokumentiert, damit ist es erledigt und mir geht es wieder gut", erläutert der Tourismusforscher. Dieser Zugang zum Reisen sei eine Art Formalisierung und Schematisierung. Man meide das Risiko, indem man auf die Kamera als Distanzwahrer, den Reiseleiter als Vermittler, das Auto als Fluchthelfer setze. Aber: „Indem wir uns diesen Schutzpanzer um uns herum anlegen, unterwerfen wir die besuchte Region unserem eigenen, konsumistischen und wahrnehmungskulturellen Regime."

REISEN ALS FORTSETZUNG DES KOLONIALISMUS

Überlegungen wie diese verweisen auf die Hypothese, dass Reisen eine Fortsetzung des Kolonialismus sei. Was auf den ersten Blick abwegig oder übertrieben klingen mag, stimmt bei genauerem Hinsehen nachdenklich. In der Zeit der großen Entdeckungsfahrten wurde die Welt laut dem Vertrag von Tordesillas von 1494 in eine spanische und eine portugiesische Hälfte geteilt.[36] Das Erkunden ferner Gegenden ging freilich nicht immer friedlich zu. Herbert Butze berichtet in seinem Buch „Die Entdeckung der Erde" von der „Europäisierung der Erde". Denn dass wir heute alle Kontinente, Flüsse, Meere und Gebirge kennen, sei „ausschließlich eine europäische Leistung". „Seit dem ausgehenden fünfzehnten Jahrhundert zogen Jahr für Jahr europäische Seefahrer, Kaufleute, Soldaten, Missionare, Forscher und Wissenschaftler hinaus in die Welt, um sie materiell und geistig zu erobern."[37] Europäisch-abendländisches Gedankengut sei in alle menschlichen Gemeinschaften der Erde eingedrungen.[38] Das fängt schon bei den von den Kolonialisten eingeführten Namen für Regionen und Länder an, die wir noch heute für vermeintliche Sehnsuchtsorte verwenden – von Patagonien bis zu den Philippinen. Die Entdecker gaben den „entdeckten" Orten aber nicht nur Namen, die darauffolgenden Kolonien prägten Land und Leute auch in vielerlei anderer Hinsicht. Die Menschen wurden für minderwertig erklärt, militärisch unterdrückt und ausgebeutet. Die Kolonialmächte zwangen ihnen ihre Kultur und Sprache auf, die Kirche durch Missionare ihre Religion. Es wurde versucht, regionale Traditionen abzuschaffen und Wissenschaftler machten die Einheimischen zu Forschungsgegenständen.[39] „Kolonialismus ist die Unterwerfung von vorgefundenen Kulturen, Regionen und Ökosystemen unter die eigenen Bedürfnisse, ohne Berücksichtigung der Bedürfnisse der Betroffenen", fasst es Tourismusforscher Harald Friedl im Gespräch für dieses Buch zusammen.

Was hat das mit dem heutigen Tourismus zu tun? Kurz gesagt: Im Tourismus passiert etwas Ähnliches. Die Geschichte des Ferntourismus fußt sogar im Kolonialismus. Dazu muss man etwas weiter ausholen: Der Engländer Thomas Cook war sozusagen der Erfinder des Pauschaltourismus. Er organisierte 1841 eine erste Eisenbahnreise mit mehreren hundert Teilnehmenden von seiner Heimatstadt Leicester in die Nachbarstadt Loughborough. Später bot er Reisen inklusive Unterkunft und Verpflegung nach Schottland an. Ab 1861 ging es mit Thomas Cook auch nach Paris. 1865 lud er nach Ägypten ein, wo er Nilkreuzfahrten offerierte, 1872 folgte eine Weltreise in 222 Tagen.[40] „Thomas Cook bot seine Fernreisen in jene exotischen Gebiete an, in denen die Engländer bereits ihre kolonialen Strukturen aufgebaut und durchgesetzt hatten", erklärt Tourismusforscher Harald Friedl. Ein touristisches Produkt musste die Erwartungen der Kundschaft erfüllen. „Das war nur dort möglich, wo die Engländer bereits ihre Vorstellungen von Normalität, insbesondere von Sicherheit, Infrastruktur oder Mindeststandards etabliert hatten." Bis heute würden im Tourismus die eigenen Standards exportiert und die Menschen vor Ort sozialisiert, etwa durch die Errichtung von touristischen Ausbildungsstätten durch ausländische Firmen. Wenn wir unser heutiges Reiseverhalten nüchtern betrachten, dann lässt sich vielleicht von modernem Kolonialismus sprechen: Wir schlafen nicht selten in Hotels, die ausländischen Investoren gehören, wir bringen unsere Vorstellungen von Hygiene, Luxus oder Kultur in die besuchten Länder, wir kaufen in gesichtslosen Shoppingstraßen ein, die von internationalen Markenläden gesäumt sind. „Diese Art des Anti-Reisens, das die Orte zerstört, nach denen wir uns am meisten sehnen, bildet sich in großen Teilen der modernen Tourismusbranche ab", beklagt der britische Reiseliterat Dan Kieran in seinem noch jungen Klassiker „Slow Travel – Die Kunst des Reisens". Und weiter: „Ganze Landstriche sind von ihren indigenen Kulturen gesäubert und bereinigt worden, um Platz für die homogenen Handelsmarken zu schaffen, die sich zunehmend bis in die entlegensten Winkel der Erde verbreiten."[41]

WARUM UNS ÜBERTOURISMUS SCHADET

Es gibt noch heute zahlreiche Beispiele dafür, dass der reisende Mensch die Gastfreundschaft wieder und wieder überstrapaziert und in fast kolonialer Manier über fremde Orte und Länder herfällt. Das von der Corona-Pandemie vorübergehend lahmgelegte Phänomen des Übertourismus zeigt: Einheimische stöhnen zunehmend unter der Last, dem Fremden einst freundschaftlich begegnet zu sein. Überfüllte Plätze, Luftverschmutzung, überteuerte Mieten, Vermüllung und eine zunehmend feindliche Stimmung gegenüber Touristinnen und Touristen: Sind das die Sehnsuchtsorte, die wir uns wünschen? Wohl kaum. Gesundheitspsychologisch gesehen fühlen wir Menschen uns automatisch weniger wohl, wenn sich die Umgebungsbedingungen verschlechtern. Das gilt sowohl für Besucherinnen und Besucher als auch für Einheimische – zumeist sind wir ja beides, nur zu jeweils anderen Zeitpunkten. Hinzu kommt die sozialpsychologische Ebene: Wir werden gern als Individuen wahrgenommen – und nicht nur als eine Nummer unter vielen. „In großen Menschenmengen fehlt einem dieses Gefühl und man fühlt sich entfremdet", sagt der Gesundheitspsychologe Gerhard Blasche. Der persönliche Bezug geht verloren, der Wunsch, als einzigartige Person betrachtet zu werden, wird nicht erfüllt. Das kann den Urlaubsort abwerten. Denn dann geht es nur mehr ums Konsumieren und nicht mehr darum, Teil von „etwas Besonderem" zu sein. Auch die Einheimischen können sich fehl am Platz fühlen, wenn sich der Tourismus unverhältnismäßig stark entwickelt. Sie leiden möglicherweise an der Wahrnehmung, nicht mehr hierhin zu gehören und bekommen das Gefühl, in einer Kulisse zu leben. Sie möchten den Gästen nicht mehr einladend gegenübertreten, tun es vielleicht sogar eher abwertend. Das ist eine Wechselwirkung. Beide Seiten, Reisende und Einheimische, fühlen sich nicht wertgeschätzt und abgewertet. Das senkt die Stimmung. Für die Besucherinnen und Besucher schmälert das den Erholungswert, sie fühlen sich nicht willkommen und müssen noch dazu mit einer großer Touristenschar konkurrieren. Für die Einheimischen sinkt die Lebensqualität. Der Mensch ist aber ein soziales Wesen und reist auch, um Begegnungen mit anderen zu haben. „Wenn das nicht mehr möglich ist, dann fehlt ein wesentlicher Bestandteil einer erholsamen Reise", erklärt der Psychologe.

Reisen wird oft mit der Erweiterung des eigenen Horizonts verbunden. Wäre es nicht eine Bereicherung, wenn wir uns dabei auch kritisch selbst hinterfragen? Wenn wir uns überlegen, warum wir in Hanoi im noblen Hotelzimmer nächtigen, während das Personal auf einer Matratze in der Rezeption schläft? Oder wieso wir beim Strandurlaub auf Bali unbedingt in Hotelpools planschen müssen, während die Einheimischen an Wasserknappheit leiden? Das ist kein Versuch, Reisenden ein schlechtes Gewissen einzureden. Sondern vielmehr eine Einladung, einen etwas realistischeren Blick auf die Tourismusindustrie zu werfen. Was suchen wir beim Reisen – und was finden wir tatsächlich vor? Wer profitiert wirklich von unseren Urlauben? Wie viel von der Art des Tourismus, wie er heute praktiziert wird, verträgt die Welt noch? Und wie finden wir einen Weg, wieder mehr auf Augenhöhe mit den Menschen und der Natur vor Ort zu kommunizieren?

Vorweg: Dass wir reisen, ist per se nichts Verwerfliches. Es liegt uns Menschen quasi im Blut. Zu hinterfragen ist aber die Art und Weise, wie wir das mittlerweile tun. Der reisebewandte Philosoph Klaus Kufeld betrachtet die Mobilität des Menschen als „anthropologische Konstante": Der Mensch ist unterwegs, seit er Mensch ist. „Ihn hat es schon immer durch die Welt getrieben, von den traditionellen Nomaden angefangen bis zu den modernen Nomaden, den Globalisierern", sagt er. Aus philosophischer Sicht beschreibt er Reisende als Staunende – wir gehen staunend auf die Welt zu. Die Spuren, die Reisende heute weltweit hinterlassen, sind aber mit dem Ausmaß früherer Reisetätigkeiten in keiner Weise mehr vergleichbar. Den Hauptfaktor dafür sieht der

Philosoph in der Entstehung des Tourismus. „Der Tourismus als Reisebewegung in der globalen Welt hat das Reisen nicht nur demokratisiert, sondern es quasi zur Massenbewegung gemacht, sodass jetzt auch die Schäden sichtbar sind", erklärt er. Zum Bewusstsein, dass die Erde eine Kugel ist, die wir „er-fahren" können, habe sich parallel das touristische Angebot-Nachfrage-Schema aufgebaut. „Irgendwann haben wir dann gemerkt, dass das in einen Teufelskreis hineinführt, der uns die Leichtigkeit des Reisens nimmt." Auch moralisch gerecht ist das Reisen bei genauerem Hinsehen nicht, denn viele Menschen haben weder genügend arbeitsfreie Tage noch können sie sich eine Reise finanziell leisten (siehe Kapitel 3). „Vom Anspruch her ist das Reisen demokratisiert worden, aber in den Auswirkungen ist es geradezu pervertiert worden", attestiert der Philosoph. Es gibt einen weiteren Grund, warum wir unser ungehemmtes Unterwegssein nicht mit der mobilen, menschlichen Natur rechtfertigen können: Auch die Fähigkeit zu reflektieren ist uns Menschen angeboren. Wenn wir also beides zusammenbringen, die uns angeborene Mobilität und unseren menschlichen Verstand, dann kommen wir nicht umhin, dem Gleichklang in uns und in der Welt zuliebe etwas zu verändern.

KRITIK AM REISEVERHALTEN ANZUNEHMEN IST SCHWER

Erkenntnis ist bekanntlich der erste Schritt zur Besserung. Das Problem daran ist, dass wir nicht gerne hinschauen, wenn es um die Schattenseiten des eigenen Urlaubsverhaltens geht. Immerhin ist das Reisen mehr oder weniger die einzige Zeit im Jahr, in der wir uns endlich einmal frei und unbeschwert fühlen (könnten). Urlauben gleicht einem Ritual, ähnlich einer Pilgerreise. Das macht jede Urlaubsreise zu etwas Besonderem und hebt sie von der Normalität des Alltagslebens ab. Reisen wird wie ein Fest zelebriert. Im Urlaub schauen wir deshalb gern auch einmal nicht so genau auf die Kriterien, die uns im Alltag wichtig sind. Kommt Kritik, finden wir sie unpassend und tun uns schwer damit, sie anzunehmen.[42] Die aktuelle Mobilitätskultur schafft noch dazu die Illusion des Gemeinsamen. „Mobilität stiftet Identität", erklärt Tourismusforscher Harald Friedl. Wer heute schon während des Studiums am Erasmusprogramm teilnimmt, wird es auch später attraktiv finden, im Ausland zu urlauben oder zu arbeiten. „Reisen gilt als erstrebenswert und wird als ein sehr hohes Kultur- und Sozialkapital angesehen", erklärt er. Wer reist, hat sozusagen eine Art symbolisches Kapital vorzuweisen. „Diese Wahrnehmung ist vor allem bei den jüngeren Generationen systemisch bereits so tief in die Lebenskultur implementiert, dass es zu wirklich fundamentalen Konflikten kommen würde, müsste das Reiseverhalten langfristig eingeschränkt werden." Die Reaktionen auf die geschlossenen Grenzen und gestrichenen Flüge aufgrund der Corona-Pandemie untermauern diese Annahme: Der (vorübergehende) Verlust der Reisefreiheit wurde geradezu schockiert aufgenommen – als wüsste man nicht, wohin sonst mit der freien Zeit, wenn nicht jederzeit ab in den Flieger und gen Süden.

WIR BLENDEN VIELES AUS, DAMIT DAS GEHIRN ENERGIE SPART

Warum fällt es uns so schwer, unser Verhalten zu verändern, wenn wir doch genau wissen, wie schädlich es sein kann? Warum kaufen wir zuhause Becher aus Bambus statt Plastik und wedeln auf Klimademos mit Plakaten – und dann fliegen wir um die Welt? Warum spenden wir von daheim aus für alle möglichen Sozialprojekte im Ausland – und beim Reisen unterstützen wir nicht lokale Gastgeberfamilien, sondern geben unser Geld für anonyme Hotelketten und internationale Konzerne aus? Eine plausible Erklärung dafür liefert die Neurobiologie: Wir machen es uns gern einfach, weil wir unserem Gehirn damit Arbeit ersparen. Denn wenn in unserem Gehirn alles möglichst gut miteinander vereinbar ist, dann muss es nicht unnötig Energie aufbringen, um unsere innere Ordnung aufrechtzuerhalten. Deshalb besitzt das Gehirn die Fähigkeit, Komplexität zu reduzieren. Das hilft uns dabei, mit den vielen Gedanken, Wahrnehmungen und Möglichkeiten überhaupt zurechtzukommen. Je weniger wir also von der Außenwelt mitbekommen und je eingeschränkter wir im eigenen Handeln sind, desto seltener wird unsere innere Organisation gestört. Gleichzeitig schränkt uns das aber ein. Denn nur wenn unser Gehirn mit neuen Herausforderungen umgehen muss, können wir Neues lernen und uns weiterentwickeln.[43] Auf das Reiseverhalten umgelegt könnte man das so deuten: Wir fahren in den Urlaub und tun dabei, als wäre alles in bester Ordnung. Wir blenden alles Negative aus, damit wir unser Gehirn nicht überlasten und sich alles so anfühlt, als wäre es miteinander im Einklang. So können wir zwar einen schönen Urlaub verbringen, aber weiterentwickeln werden wir uns dabei nicht.

WIR SIND BEQUEM UND TUN DAS, WAS STANDARD IST

Es ist eben weitaus einfacher, den Ist-Zustand unverändert zu belassen, als Vor- und Nachteile abzuwägen und rationale Entscheidungen zu treffen. In der Verhaltensforschung wird dafür der Begriff „Status-quo-Verzerrung" (Status Quo Bias) verwendet. Vereinfacht gesagt geht es um die sicherlich jedem bekannte „Macht der Gewohnheit": Der Mensch ist bequem und träge. Anstatt sich aktiv für oder gegen etwas zu entscheiden, lässt er am liebsten alles so, wie es ist. Der Status quo beziehungsweise der Ist-Zustand wird behalten, weil das der einfachste Weg ist. Für die Abneigung gegenüber Veränderung gibt es verschiedene Erklärungen. Eine davon ist, dass uns Verluste doppelt so viel schmerzen, wie Gewinne uns glücklich machen würden. In der Fachsprache nennt man das Verlustaversion. Sie führt dazu, dass wir Dinge lieber beim Alten belassen. Sogar dann, wenn das Verharren im Ist-Zustand gegen die eigenen Interessen geht. Hinzu kommt, dass wir oft unaufmerksam sind, was uns träge und entscheidungsfaul macht. Müssen wir uns auf etwas festlegen, wählen wir der Einfachheit halber die Standardvorgabe aus.[44] Auch beim Reisen halten wir daran fest, mehrmals pro Jahr in die Ferne zu fliegen, immer schneller und immer weiter zu reisen und uns über mögliche Auswirkungen wenig Gedanken zu machen. Denn würden wir beginnen, uns ernsthaft mit diesem Verhalten und seinen Konsequenzen auseinanderzusetzen, müssten wir möglicherweise von unseren eingeübten Mustern abrücken. Konkrete Beispiele für diese Muster: Wir wählen den Flieger, weil es Standard ist, zu fliegen. Wir besuchen überlaufene Städte, weil es Standard ist, Paris oder London zu besichtigen. Gleichzeitig gehen wir auf Klimademos oder teilen den Ausruf des Klimanotstands auf Facebook – auch das scheint mittlerweile zum Standard geworden zu sein. Das Risiko und die Ungewissheit, uns über diesen Widerspruch Gedanken zu machen, scheuen wir aus Bequemlichkeit.

WIE VERÄNDERUNG TROTZDEM MÖGLICH IST

Nur wenn wir ehrlich zu uns selbst sind, bringen wir einen Prozess in Gang, der am Ende die gewünschte Umgestaltung schafft. Dafür müssen wir beginnen, nicht nur die Symptome zu bekämpfen, sondern vor allem die Ursachen. Auch im Tourismus ist es langfristig keine echte Lösung, Strände zu schließen oder

Eintrittspreise für Städte zu verlangen. Das ist oberflächliche Schönheitskosmetik. Für nachhaltige Umwälzungen müssen wir tiefer gehen. Damit eine Verhaltensänderung stattfinden kann, müssen die Probleme zuerst einmal wahrgenommen werden. Wir müssen den Grund erkennen, warum unser bisheriges Verhalten problematisch ist und wie lohnend es wäre, dieses zu adaptieren. Erst wenn erkannt wird, dass die Dinge falsch laufen, zeigen sie uns auf, wo Verbesserungs- und Entwicklungspotenzial ist. Die gute Nachricht: Veränderungen sind zwar schwierig und mühsam, aber möglich. Unser Gehirn ist formbar und neue Verhaltensweisen lassen sich antrainieren. Diese Plastizität des Gehirns sorgt dafür, dass wir unser ganzes Leben lang lernfähig bleiben.[45] Studien aus der Bildungspsychologie zeigen: Die Chance, dass Ziele und Vorhaben erfolgreich umgesetzt werden, steigen, wenn uns die Änderungen ein wirkliches Anliegen sind. Ebenfalls förderlich: An die Erreichbarkeit glauben, die Umsetzung konkret planen und die Ziele so stecken, dass wir uns immer wieder über kleine Teilerfolge freuen können.[46]

Auf das Reisen umgemünzt hieße das: Wer künftig aus innerem Antrieb heraus sozial und ökologisch verträglicher reisen will, wird das auch tun. Er muss nur daran glauben, dass es möglich ist und sich für die Umsetzung genügend Zeit nehmen. Hier hilft ein Zauberwort: die Selbstverpflichtung. Was sich recht streng anhört, ist nichts anderes als der Entschluss, eine Absicht nicht nur klar zu formulieren, sondern auch gleich zu planen, wie man sie erreichen möchte. Die Ziele sollten dabei so konkret wie möglich gesetzt werden. Es ist zum Beispiel wenig hilfreich zu sagen: „Ich reise ab jetzt umweltverträglicher", oder: „Ich werde nie wieder im Leben ein Flugzeug betreten." Das macht die Vorhaben sehr verschwommen, wenig greifbar und außerdem so gut wie unerreichbar. Viel erfolgversprechender ist der Vorsatz: „Im nächsten Sommerurlaub werde ich auf den Flieger verzichten", um sich in der Folge mit einer konkreten Reise zu beschäftigen: In welches Land soll es gehen? Italien? Kroatien? Portugal? Welche Zug- und Busverbindungen gibt es dorthin?

Ein weiterer möglicher Vorsatz: „Ich werde nächstes Mal so reisen, dass mein Geld verstärkt bei den Einheimischen ankommt." Das führt automatisch dazu, nach Lösungsmöglichkeiten zu suchen: Wo werde ich übernachten? In einem kleinen, familiengeführten Hotel oder einem Bauernhof? Was werde ich vor Ort einkaufen? Kitschige Souvenirs oder von Hand Gemachtes?

UNS IN DIE WELT EINBRINGEN

Das führt zu der nächsten Frage: Wie können wir nun die Begegnungen mit den Menschen vor Ort und mit der lokalen Kultur und Natur verbessern, damit alle davon profitieren? Zuerst einmal müssen wir verstehen, dass wir gewöhnlich mitsamt unserer eigenen Kultur unterwegs sind. Deshalb darf uns laut dem Tourismusforscher Harald Friedl klar werden, dass unser eigener Kulturraum nicht die Norm ist, der es international zu entsprechen gilt. „Reisende neigen ein bisschen dazu, zu denken: Ich bin der Bessere, ich bin sehr offen. Aber auch das ist eine Form der Kultur, eben eine sehr elitäre Kultur. Nicht alle Menschen auf dieser Welt hatten das Privileg, in dieser Offenheit gebildet und gefördert worden zu werden." Das Missverständnis ist in der interkulturellen Kommunikation eigentlich die Normalität. Wir Menschen können nur vor unserem eigenen Hintergrund aufnehmen, interpretieren und einordnen. „Das Ziel gelingender Kommunikation ist deshalb gerade nicht das Verständnis, sondern die Verhaltenskoordination", erklärt Harald Friedl. Schließlich können wir niemals überprüfen, was unser Gegenüber verstanden hat, wir bleiben immer nur auf der Ebene der ausgesprochenen Worte. Respektvoll zu reisen bedeutet seiner Ansicht nach, mit der Welt, die wir vorfinden, zu interagieren, uns auseinanderzusetzen, und vor allem, uns in unserer eigenen, ganzen Verletzlichkeit mit einzubringen. Wie weiter oben erwähnt, muss das Verhältnis zwischen Gast und Gastgeber erst einmal ausgehandelt werden. Reisende haben laut dem Philosophen Klaus Kufeld die Aufgabe, genau dieser Bewährung standzuhalten. „Man muss sie nicht nur herbeiführen, sondern auch aushalten, durchleben, auf das sogenannte Fremde zugehen und sich in dessen Rolle hineinversetzen." Wer sich vor diesem Hintergrund nicht als Tourist, Reisender oder Gast begreife, sondern ebenfalls die Rolle des Gastgebers einnehme, ändere seine Einstellung und sein Verhalten. Denn sich beim Unterwegssein selbst als Gastgeberin oder Gastgeber zu verstehen, bedeutet automatisch, sich zu fragen: Was kann ich geben? Was kann ich mitbringen? Und zwar im Sinne von: Wie trete ich mit den Menschen vor Ort in Kontakt? Wie interagiere ich? Wie verläuft die Kommunikation? Welchen Eindruck hinterlasse ich? Im Grunde geht es um zwischenmenschliche Begegnungen, wie wir sie von daheim gewöhnt sind. Nur erschweren die touristischen Strukturen oft ein Aufeinander-Zugehen auf Augenhöhe. Was wir in unserem „inneren Gepäck" mitbringen und vor Ort nach außen tragen, können wir aber immer und in jeder Situation selbst bestimmen. Laut Klaus Kufeld ist die Voraussetzung dafür, sich vom Tourismus zu emanzipieren und als Mensch bewusst unterwegs zu sein. Folgende Herangehensweise macht uns das vielleicht auch etwas einfacher: Wenn wir versuchen, die besuchten Orte und Menschen so zu behandeln, als würden wir selbst dort leben.

DEN TOURISMUS KULTIVIEREN, DAMIT ER UNS ERHALTEN BLEIBT

Wenn wir erkennen und verstehen, welch großen Schaden wir für andere und uns selbst mit unserem ausgearteten Reiseverhalten anrichten, dann werden wir hoffentlich zu dem Schluss kommen, dass wir das nicht verantworten wollen und mit den Auswirkungen nicht leben möchten. Der Leidensdruck äußert sich, anders als bei Rückenproblemen, zwar nicht als körperlicher Schmerz. Aber wir „leiden", wenn der Flug wieder einmal Verspätung hat, wenn wir uns inmitten von Touristenmassen nicht entspannen können, wenn wir uns auf zugemüllten Stränden bewegen oder von Einheimischen beschimpft statt willkommen geheißen werden. Zugegeben, das sind alles Luxusprobleme. Aber Reisen ist eben Luxus. Gerade deshalb sind wir dazu verpflichtet, umsichtig damit umzugehen. Der Tourismusforscher Harald Friedl ist davon überzeugt, dass sich die Problematik des Übertourismus irgendwann von selbst auflösen wird. „Immer mehr Regionen werden aus unterschiedlichen Gründen nicht mehr bereisbar sein", prognostiziert er. Wenn beispielsweise die lokale Bevölkerung ständig mit Massen vergleichsweise reicher Touristinnen und Touristen konfrontiert ist, werden Überfälle und gesellschaftliche Unruhen zunehmen. Mittlerweile versucht die Tourismusbranche selbst gegenzusteuern, indem Besucherströme umgeleitet und alternative Angebote geschnürt werden. Auch das Corona-Virus hat gezeigt, dass Tourismus ein fragiles Phänomen ist. Es hat sich über dieselben globalen Infrastrukturen verbreitet wie wir Reisende mit unseren Rollkoffern und Rucksäcken. Aus Sicherheitsgründen mussten wir der Ferne erst einmal fernbleiben. Der Tourismusforscher Harald Friedl betont in diesem Zusammenhang: „Es geht nicht darum, den Tourismus abzuschaffen. Wir brauchen Mobilität, und das Reisen hat zu viele positive Effekte. Wir müssen den Tourismus aber kultivieren, ihn als wertvolle Kulturkompetenz erhalten und fördern, um ihn langfristig überhaupt weiterhin zu ermöglichen." Er glaubt zwar nicht daran, dass Menschen aus Altruismus heraus ethisch handeln. Aber auch, wer aus blankem Egoismus verträglicher reist, erzeuge dieselbe Wirkung. Denn wenn wir mit anderen Ländern und Kulturen fair umgehen, bleiben sie sicher und bereisbar. Friedl setzt auf Ausgeglichenheit im Interesse aller: „Die verschiedenen Interessen im Tourismus müssen einigermaßen ausbalanciert werden, andernfalls eskalieren die bereits existierenden Konflikte, und Reisen ist überhaupt nicht mehr möglich."

SICH FRAGEN STELLEN UND DIE EIGENEN WERTE KENNEN

Das alles führt unweigerlich dazu, uns damit zu beschäftigen, wie wir künftig ethisch reisen können. Denn auch schöne, bereichernde Dinge (wie das Reisen) können negative Konsequenzen haben (wie Umweltverschmutzung) – frei nach Aristoteles. Genau hier kommt die Ethik ins Spiel. Sie hinterfragt das, was bisher selbstverständlich war oder von uns Menschen als richtig oder gut angesehen wurde. Und zwar dann, wenn wir darüber unsicher werden, was überhaupt richtig und gut ist.[47] Der Auslöser dafür können gesellschaftliche Veränderungen sein, etwa die zunehmende Mobilität, die Digitalisierung innerhalb der globalisierten Welt oder – aktuelles Beispiel – ein Virus, das die bisher gekannte Reisefreiheit vollkommen einschränkt. Die Unsicherheit setzt eine kritische Reflexion in Gang.[48] „Ethik beschränkt sich nicht auf das Reisen. Sie ist zu einer universellen Frage, zu einer Alltagsfrage geworden: Wie lange darf ich das Wasser laufen lassen? Wie behandle ich meine Kinder?", merkt Tourismusforscher Harald Friedl an. Alle unsere Handlungen haben Auswirkungen und immer wieder taucht dabei die Frage auf: Darf ich das? Er bezeichnet Ethik als „die Normalität des postmodernen Lebens". Eindeutige Antworten gebe es oft nicht mehr. Vielmehr mache sich häufig Frustration breit, eben weil die eine, ideale Lösung nicht existiert. Auch wenn es ums Reisen geht, sind wir mit ethischen Fragestellungen konfrontiert, allem voran: Welche Auswirkungen haben unsere Reisen? Und auch hier existiert kein Richtig und Falsch. „Es gibt nur Handlungen, die etwas mehr oder etwas weniger Schaden verursachen", verdeutlicht es Friedl. Als Tourismusforscher wird er oft gefragt: Darf man denn überhaupt auf die Malediven reisen? Oder in die Türkei? „Die Antwort ist eindeutig: Es kommt darauf an." Was bedeutet das? Jeder Mensch muss für sich selbst abwägen, sich über seine eigenen Wertigkeiten und seine Weltsicht klarwerden. Die eine richtige Weltsicht gibt es nicht. Für jede Entscheidung – für oder gegen eine Reise – lassen sich Argumente finden. Beispiel Türkei: Man kann sich gegen einen Urlaub dort entscheiden, weil man das Regime nicht unterstützten will. Ein mögliches Argument dafür wiederum: Wenn weniger Touristinnen und Touristen kommen, wird die Region wirtschaftlich geschwächt und eine politische Gegenbewegung ist weniger machtvoll. Auch der Philosoph Klaus Kufeld lädt dazu ein, sich die Tatsachen zu vergegenwärtigen, zu verinnerlichen und sich in der Folge auf seine eigene Autonomie zu beziehen. Mit diesem wachsenden Bewusstsein soll man dann seine Reise antreten. Nicht als Folge von Verzichten und Verboten, sondern von Geboten: Wie und wohin möchte ich mit meinem gewachsenen Bewusstsein reisen? Er spricht sich für ein „Ausjustieren der eigenen Wahrnehmung" und für eine Dialektik aus. „Man muss beide Teile sehen – Herz und Vernunft." Was er damit meint: Die Begeisterung und Emotionalität beim Reisen kann man dem Menschen nicht nehmen. Geben aber kann man ihm den Verstand, denn der müsse korrigierend eingreifen. Der Philosoph verweist auf den Schriftsteller Elias Canetti und dessen Ausspruch: „Reisende sind herzlos." Klaus Kufeld hat lange darüber nachgedacht, was dieser Satz bedeutet. Er interpretiert ihn so: „Wir müssen die Emotionalität aus dem Reisen herausnehmen, wir dürfen uns nicht allzu sehr von unserer Begeisterung tragen lassen, wenn wir der Welt gerecht werden wollen." Denn Reisen ist keine einseitige Angelegenheit. „Wir treffen auf eine Welt, die eine beidseitige Welt ist. Es sind nicht nur wir unterwegs, sondern wir treffen Gastgeberinnen und Gastgeber, die mit uns und unserem Verhalten zurechtkommen müssen. Insofern sehe ich die Zukunft des Reisens im reziproken Bereich: Ich kann nicht nur haben wollen, ich muss auch geben können."

Ein möglicher Weg, sich den eigenen Reiseentscheidungen anzunähern, ist das von Harald Friedl entwickelte Modell der globalen Reiseethik („kybernetische Reiseethik"). Man befolgt dabei drei Schritte.

1. Mit dem ersten Schritt verschafft man sich einen Überblick: Wann möchte ich verreisen? Wohin soll es gehen? Und worin liegen die Herausforderungen oder Bedenken bei den möglichen Reisezielen – etwa, was die politische Situation vor Ort oder die Sicherheitslage betrifft?

2. Beim zweiten Schritt geht es darum, in der dafür zur Verfügung stehenden Zeit herauszufinden, welche der gewählten Reiseoptionen praktisch überhaupt umsetzbar ist. Was ist machbar, was nicht? Wie lassen sich Anreise, Unterkunft und Aufenthalt organisieren? Welche annähernd gleichwertigen Möglichkeiten stehen unter diesen Gesichtspunkten zur Wahl?

3. Beim dritten Schritt kommen die Gefühle ins Spiel. Welches der ausgewählten Reiseziele ist das Richtige für mich, basierend auf meinen eigenen Bedürfnissen und Werten? Welche Entscheidung kann ich ethisch am besten vertreten? Lassen sich die sozialen oder ökologischen Auswirkungen der Reise mit meiner inneren Haltung vereinbaren?

„Man sollte sich für jene Reiseoption entscheiden, mit der man emotional am besten umgehen kann", empfiehlt Harald

Friedl. Denn zur eigenen Entscheidung stehen zu können, sei immens wichtig. Genau hier liegt aber die Schwierigkeit. Wer ethisch reisen möchte, braucht eine gesunde Entscheidungsfähigkeit, die auf seinen eigenen Werten basiert und von innen heraus getroffen wird. Die Verführungen der Werbung und das ständige Beschäftigen mit dem Außen machen es jedoch schwer, die eigene innere Stimme überhaupt zu hören. Dieses Buch möchte dazu ermutigen, es trotzdem zu versuchen und praktische Umsetzungsvorschläge an die Hand geben. Ganz im Sinne von Albert Einstein: „Die reinste Form des Wahnsinns ist es, alles beim Alten zu lassen und gleichzeitig zu hoffen, dass sich etwas ändert."

3

WARUM DÜRFEN WIR UNS IN DANKBARKEIT VERNEIGEN?

„Nicht die Glücklichen sind dankbar. Es sind die
Dankbaren, die glücklich sind."
Francis Bacon

Rohans Augen verraten ihn. Man sieht sofort, dass er es faustdick hinter den Ohren hat. Der Tourguide weiß, wie man mit Touristinnen und Touristen ins Geschäft kommt: Er quatscht sie direkt vor ihrem Strandhotel an. Sein Vorteil: Er spricht perfekt Deutsch und ist ein geübter und kundiger Autofahrer, was auf den mit Schlaglöchern gespickten Straßen Sri Lankas unabdingbar ist. Nach einer kurzen Preisverhandlung ist der Deal gemacht und wird per Handschlag besiegelt. Vier Tage in Rohans Kleinbus durch den Südwesten der Insel.

Sri Lanka hat sich wieder dem Tourismus geöffnet, seit im Jahr 2009 der Bürgerkrieg zwischen Aufständischen aus den Reihen der Tamilen und der Regierung beendet und knapp zwei Jahre später der Ausnahmezustand aufgehoben wurde. Die Zahl der Ankünfte ist kontinuierlich gestiegen. Im Jahr 2019 kürte der Reisebuchverlag „Lonely Planet" das Land zum „Reiseziel des Jahres". Trotz des Terroranschlags im April 2019 kamen in diesem Jahr knapp zwei Millionen Menschen.

Während Rohan seinen Kleinbus durch Palmenhaine lenkt, erzählt er, dass es in Sri Lanka vierzehn Sorten Bananen gibt und heimische Landwirte ihr Geld unter anderem mit dem Anbau von Tee, Kautschuk, Kokospalmen und Gewürzen verdienen. Aus dem Radio dröhnt Abba. Ungeplante Zwischenstopps kündigt der Touristenkenner nicht an, zum Beispiel den Halt beim Ananasbauern, der wie bestellt parat steht und geübt eine reife, süße Frucht aufschneidet. Danach unser obligatorischer Griff in die Tasche, um die Vorführung mit ein paar Rupien zu belohnen.

Weiter geht die Fahrt und weiterhin legt Rohan nicht vereinbarte Zwischenstopps an „besonders sehenswerten" Orten ein. Zum Beispiel in einem Gewürzgarten. Der Tourguide zündet sich eine Zigarette an und schickt seine Fahrgäste mit einem einheimischen Führer mit. Der Aha-Effekt folgt im angrenzenden Shop: 20, 30, 40 Euro oder mehr für diverse Mixturen aus Gewürzen und Kräutern, *das ist hier die Preisklasse. In einem Land, in dem das durchschnitt-liche Pro-Kopf-Einkommen wenige Tausend US-Dollar pro Jahr beträgt. Touristennepp oder von Hand hergestellte, hochwertige Ayurveda-Produkte? Das Nein der Besucherinnen kommt jeden-falls nicht gut an. Vom anfänglichen Verkaufsgeflüster in zarten Tönen ist bald nichts mehr zu hören. Kein gutes Geschäft für die Shopbetreiber heißt auch: kein Mitschneiden für Rohan. Die Stim-mung ist getrübt.*

Aber der Mittfünfziger ist ein zäher Bursche – und uns mittler-weile ans Herz gewachsen. Am Abend spendiert er eine Flasche Ar-rak, aus Palmzuckersaft und vergorener Reismaische gewonnener Alkohol.

Am nächsten Tag folgt abermals ein Stimmungstief: Wir be-sichtigen eine Diamantenfabrik – mit besonders viel Zeit im Ver-kaufsraum.

Tourguide Rohan redet viel und gerne über sein Land, niemals spricht er schlecht über seine Landsleute. Unsere Fragen zu den nicht vereinbarten Tourstopps oder zu den überhöhten Preisen für Touristinnen und Touristen lässt Rohan stets unbeantwortet. Als die vier Tage um sind, bringt er uns zurück zum Hotel. Dort haben inzwischen neue Gäste eingecheckt, potenzielle Kunden für Rohan. Der will aber jetzt erst einmal ein paar Tage mit seiner Familie ver-bringen, sagt er. Fernab von Gewürzgärten und Diamantwerken, denken wir.

* * *

Wenn man als reisender Mensch vor allem als Geldgeberin oder Geldgeber behandelt wird, sorgt das nicht selten für Unmut. Nicht nur in Sri Lanka, auch in vielen anderen Ländern des glo-balen Südens zahlt man automatisch mehr, sobald man ein Taxi besteigt, auf dem Markt Obst und Gemüse einkauft oder sich für lokales Handwerk interessiert. Das Gefühl, nur aus finanzieller Sicht interessant für sein Gegenüber zu sein, hat erfahrungsgemäß schon viele Reisende beschlichen. Andererseits tun die Menschen in den von uns besuchten Ländern nur ihre Arbeit – und das oft unter viel schwereren Bedingungen als wir hierzulande. Im Tourismus sehen sie oft eine Möglichkeit, entweder überhaupt an Geld zu kommen oder etwas mehr zu verdienen als in anderen Jobs. Wer sagt denn, dass Rohan große Freude daran hat, die Touristinnen aus Österreich durchs Land zu kutschieren, während daheim seine Frau und Kinder auf ihn warten?

Was wir bei unseren Beschwerden auf hohem Niveau allzu gern vergessen: Wer reist, zählt zu den Profiteuren der vorherrschenden sozialen Ungleichheit. Reisen ist purer Luxus. Egal, ob Rundreise durch Sri Lanka, Backpacking in Bolivien oder Wellnessaufenthalt in Südtirol. Egal, ob wir dabei das Gefühl haben, irgendwie ausgenommen zu werden, oder ob wir freiwillig 400 US-Dollar und mehr hinblättern, nur um im bekannten Marina Bay Sands-Hotel im Rooftop-Pool über Singapur zu planschen und uns in unserem Hochgefühl abzulichten: Allein die Tatsache, dass wir einen österreichischen, schweizerischen oder deutschen Reisepass besitzen, macht uns zu enorm privilegierten Menschen. Das zeigt das Ranking der Reisepässe, das die Beratungsfirma Henley & Partners jedes Jahr veröffentlicht, nur zu gut auf. Darin wird detailliert aufgelistet, wie viel Reisefreiheit die Pässe dieser Welt ihren Inhaberinnen und Inhabern bieten.

Die meisten Länder im oberen Teil der Rangliste sind EU-Staaten, außerdem Länder wie die Schweiz, Kanada, Neuseeland oder Australien. Menschen aus afrikanischen und asiatischen Staaten und hier insbesondere aus krisengebeutelten Ländern haben eine sehr eingeschränkte Reisefreiheit. An erster Stelle steht Japan mit Zugang zu weltweit 193 Reisezielen. Österreich nimmt gemeinsam mit Dänemark den fünften Rang ein. Auf dem letzten Platz des Index liegt Afghanistan, von wo aus man nur 26 andere Destinationen ohne vorheriges Visum bereisen kann.[49] Den „richtigen" Pass zu besitzen, ermöglicht nicht nur mehr Reisefreiheit, sondern hat weitere Vorteile: Laut Politikwissenschaftlerinnen aus den USA verfügen Länder mit „mächtigem" Pass zugleich über mehr Investitionsfreiheit und Gewerbefreiheit. Die Bürgerinnen und Bürger im Besitz solcher Pässe haben außerdem größere persönliche Freiheiten, etwa was Identität oder Ausdruck betrifft.[50]

KAMBODSCHA: BADEN IN WIDERSPRÜCHEN

Das südostasiatische Land Kambodscha liegt laut dem Henley Passport Index 2021 auf Platz 94 von 116. Wer in Kambodscha lebt, hat theoretisch Zutritt zu 54 anderen Destinationen, ohne ein Visum beantragen zu müssen.[51] Kambodscha ist mit rund 180.000 Quadratkilometern rund halb so groß wie Deutschland und hat eine Küstenlinie von 443 Kilometern. Touristinnen und Touristen besuchen mit Vorliebe die berühmten Tempelanlagen von Angkor in Siem Reap. Viele reisen nach ein paar Tagen weiter ans Meer, etwa auf Inseln wie Koh Rong Samloem, um dem Nichtstun zu frönen. Eilande wie dieses haben in der Backpacking-Community den Ruf, paradiesisch, ursprünglich und wenig touristisch zu sein. Als Touristin oder Tourist kann man es sich dort für wenig Geld ziemlich gutgehen lassen. Gleichzeitig zählt Kambodscha zu den ärmsten Ländern in Asien, was unter anderem seiner blutigen Geschichte geschuldet ist. Trotz des wirtschaftlichen Aufschwungs vor der Corona-Pandemie hat das Land mit Armut, Perspektivlosigkeit, Ungleichheit und Korruption zu kämpfen und ist zu einem Teil auf Entwicklungstransfers aus dem Ausland angewiesen.[52] Den Einheimischen ist nicht nur durch ihren Pass die Einreise in zahlreiche andere Länder verwehrt – viele könnten sich schlichtweg keinen Urlaub leisten. So wie der Tuk-Tuk-Fahrer Daral, den ich vor einigen Jahren in Siem Reap kennenlernte. Der damals 28-Jährige kutschierte tagein, tagaus Touristinnen und Touristen über das weitläufige Tempelareal von Angkor. Oft wartete er, so wie seine Konkurrenz auch, stundenlang vor einer Herberge, um in Kontakt mit potenziellen Kundinnen und Kunden zu kommen. Ich war einige Wochen vor Ort und unternahm mehrmals Touren mit ihm. Wir freundeten uns an und trafen uns privat, einmal besuchten wir ein offizielles Fest, ein anderes Mal einen Jahrmarkt. Wenn wir essen waren, bestellte er Reis mit gegrilltem Frosch. Ich rümpfte die Nase, wir sahen uns an und lachten. Daral hatte eine Frau, eine Tochter und lebte gemeinsam mit seinen Eltern außerhalb der Stadt. Er war ein gebildeter, höflicher und gutherziger Mann, der sich in seiner Freizeit für eine karitative Organisation engagierte. Vor Ort erlebte ich öfter, wie gönnerhaft manche Reisenden mit lokalen Dienstleistern wie Daral umgingen. Die ohnehin schon günstigen Touren wurden auf Biegen und Brechen heruntergehandelt. In Siem Reap gibt es Tuk-Tuk-Fahrer wie Sand am Meer. Gefühlt besorgen sich alle jungen Männer, die keine Arbeit haben, so ein Gefährt, um ihr Glück damit zu versuchen. Wenn ein Fahrer den Preis nicht senkte, schlenderte man eben zum nächsten. Daral kannte das Geschäft. Er kannte die Macken und Launen der Touristinnen und Touristen und hatte gelernt, mit ihnen umzugehen. Sie kamen und gingen innerhalb von wenigen Tagen. Auch wenn sie weiter in Richtung Meer wollten, brachten Tuk-Tuk-Fahrer wie Daral sie zum Bus oder zum Flughafen. Rund 500 Kilometer sind es von Siem Reap bis an die kambodschanische Küste. Daral selbst, erzählte er mir einmal beiläufig, hatte das Meer noch nie gesehen. Für ihn war vieles unerreichbar, was die Reisenden als selbstverständlich nahmen.

VOM VIELEN UNTERWEGSSEIN „AUSGEBRANNT"

Bleiben wir in Asien. Eine häufig verwendete Floskel unter Backpackerinnen und Backpackern ist der englische Begriff „templed-out". Wer ihn ausspricht, wird von Reisebekanntschaften meist verständnisvoll und mitfühlend angesehen. Immerhin können sie sich gut in die Lage hineinversetzen, schon derart viele Tempel und Gebetsanlagen besichtigt zu haben, dass eigentlich kein Interesse mehr daran besteht. Es scheint fast, als würden manche Tempel nur mehr deshalb angesteuert, um die *bucketlist* weiter abzuhaken, oder um mit den anderen mithalten und mitreden zu können. Ähnlich wie mit den Tempeln verhält es sich häufig auch auf anderen Erlebnisebenen. Ich erinnere mich an eine illustre Traveller-Runde in einem Restaurant in Siem Reap: Die Anwesenden unterhielten sich angeregt über Reiseziele, die man gesehen haben müsse und über ihre Erlebnisse in New York, Tokio oder sonst wo. Kein einziges Mal kam die Sprache auf jenes Land, in dem wir uns eigentlich befanden, auf dessen landestypische Speisen, die wir gerade genossen oder auf die Menschen, die hier lebten und uns rund um die Uhr bedienten und herumkutschierten. Und schon gar nicht darauf, wie privilegiert wir waren, als Menschen aus unterschiedlichen Teilen der Welt genau hier und genau zu diesem Zeitpunkt zusammengefunden zu haben. Das ist vor allem vor dem Hintergrund relevant, dass die Mehrheit der Menschen noch nie ein Flugzeug betreten hat. Während die einen also vom „Templed-out-Syndrom" geplagt sind und so manche Langzeitreisende aufgrund von überbeanspruchter Unternehmungslust über „ausgebrannte" Zustände klagen, schafft es die Mehrheit selten über die eigenen Landesgrenzen hinaus – zumindest nicht im Flugzeug. Unterschiedlichen Einschätzungen zufolge kommen nur fünf bis zehn Prozent der Weltbevölkerung jedes Jahr in den „Genuss" zu fliegen.[53] Man vermutet, dass

80 bis 90 Prozent der Menschen noch nie in ihrem Leben in einem Flugzeug gewesen sind.[54] Einer Studie des International Council on Clean Transportation (ICCT) aus dem Jahr 2019 zufolge sind 90 Prozent der weltweiten Fluggäste der Oberschicht oder oberen Mittelschicht zuzurechnen. Menschen mit niedrigem Einkommen und die untere Mittelschicht haben nur einen Anteil von rund zehn Prozent am Flugverkehr. Sie machen aber rund die Hälfte der Bevölkerung aus.[55] Laut der Mobilitätsorganisation VCÖ verbrauchen die reicheren zehn Prozent der Weltbevölkerung rund 75 Prozent der Flugtransportenergie.[56]

Tatsachen wie diese zwingen uns regelrecht dazu, infrage zu stellen, ob wir heute überhaupt noch dazu in der Lage sind, so etwas wie Dankbarkeit und Wertschätzung zu empfinden. So essenziell Arbeitspausen, Auszeiten, Erholung und Urlaub auch sind, lohnt es sich angesichts dieser Tatsachen doch zu fragen: Welchen Wert hat eine Urlaubsreise überhaupt noch für uns? Schätzen wir die überbordenden Möglichkeiten, die uns heute offenstehen, gebührend?

Zum Wert einer Urlaubsreise: Wir leben in einer Gesellschaft, in der wir glauben, uns durch frühes Aufstehen, gute Bildung und harte Arbeit etwas verdient zu haben. Wir arbeiten, also gehen wir ins Spa. Wir arbeiten, also kaufen wir teure Kleidung. Wir arbeiten, also schlemmen wir im Restaurant. Wir arbeiten, also fahren wir auf Urlaub. Wer hat sich nicht schon einmal gedankenverloren im Bürostuhl zurückgelehnt, um den Blick in die Ferne schweifen zu lassen und von exotischen Gefilden zu träumen? Nur noch diese eine E-Mail fertig tippen, dieses eine Projekt an Land ziehen, diese eine App programmieren, dann hat man so viel geleistet, dass man endlich lauthals ausrufen kann: *Ich bin urlaubsreif!* Sobald das ausgesprochen ist, schweift der Blick wieder durchs Bürofenster gen Himmel, wo man gedankenverloren einem Flugzeug auf dem Weg in den Süden nachschaut. Statt weiterzuarbeiten, wird das nächste Wunschreiseziel in die Suchmaschine eingetippt, die Kollegenschaft ist zu beschäftigt (vielleicht mit derselben Tätigkeit?), um das zu bemerken. Urlaub, so scheint es, ist ein Grundrecht, das uns ein Stück weit von der Last das Arbeitslebens, des Tun-Müssens, des Funktionieren-Müssens, des Leisten-Müssens befreit. Inwiefern bleibt in diesem Kreislauf des marathonartigen Mitlaufens und kurzweiligen Entkommens der Raum dafür, uns den Wert einer Reise zu vergegenwärtigen? Kann man das, was eine Urlaubsreise an ökologischen und sozialen Ressourcen verbraucht, überhaupt zu einem wie auch immer gestalteten Erwerbsleben in Beziehung setzen? Wer sagt, dass das, was wir leisten, einnehmen und ausgeben, in irgendeiner Weise mit dem übereinstimmt, was wir uns einbilden, im Urlaub dafür bekommen zu müssen? Verknappt: Zahlen wir den „wahren Preis" für unsere Urlaubserlebnisse? „Verdienen" wir uns unsere Reisen – oder nehmen wir uns viel mehr, als uns eigentlich zustünde? Wer bezahlt irgendwo am anderen Ende der Welt dafür, dass wir uns über ein „günstiges" Angebot freuen?

DIE EXTERNEN KOSTEN ZAHLEN ANDERE

Das sind nicht nur philosophische Überlegungen, sondern auch handfeste ökonomische. Denn in den Preis einer Reise sind bislang die externen Kosten zumeist nicht eingerechnet. Das bedeutet: Wir zahlen für Flieger und Piloten, aber nicht für die Klimaschäden durch die entstehenden Emissionen und den verursachten Lärm (siehe Kapitel 5). Wir zahlen für das Rindersteak im Nobelrestaurant, aber nicht für den Verlust von Regenwäldern und deren ökologischen Leistungen im Herkunftsland Brasilien. Die Organisation „Global Nature Fund" hat im Jahr 2020 einen Leitfaden mit dem Titel „All inclusive. Die wahren Kosten einer Reise" entwickelt. Darin ist detailliert aufgelistet, welche Umweltkosten unser Reiseverhalten mit sich bringt. Pro 100 Kilometer verursacht man bei der Anreise mit dem Fernreise-Zug durchschnittlich 0,01 Euro an Umweltkosten, während es bei einem Kurz- oder Mittelstreckenflug 7,33 Euro sind. Bei einem Hotelaufenthalt fallen auch für Faktoren wie Klimaanlage, Lebensmittel oder die Zubereitung der Speisen diverse Umweltkosten an. Außerdem produziert ein Hotelgast pro Tag rund 1,38 Kilogramm Abfall, was mit 3,20 Euro Umweltkosten einhergeht.[57] Den wahren Preis für unsere Reisen zahlen wir also nicht mit den Scheinen in unsere Geldtasche, sondern er wird zu einem gewissen Teil an die Umwelt ausgelagert. Oder an andere Menschen: Etwa, wenn wir für eine prestigeträchtige Kreuzfahrt bezahlen, aber nicht für das Leid einer zerrissenen Familie eines Bord-Mitarbeiters irgendwo in den Philippinen. Wenn wir in einer schicken Ferienwohnung in Griechenland übernachten, die auswärtige Kellnerin aber kein freies Zimmer mehr bekommt und in einer Abstellkammer schlafen muss. Der Moment, in dem uns das klar wird, ist ein guter Zeitpunkt, um bisher als selbstverständlich Wahrgenommenes zu überdenken und neue Blickwinkel einzunehmen: Eigentlich haben unsere Reisen einen viel höheren Wert, als wir dafür bezahlen. Reisen müsste teurer sein und seltener stattfinden. Für uns wäre es dann wieder etwas Besonderes, für die Umwelt und die „bereisten" Menschen verträglicher. „Um dem jeweiligen touristischen Produkt seine reale Wertigkeit wiederzugeben, muss die touristische Wertschöpfung neu definiert werden, indem sie weitere Kosten wie den touristischen Ressourcenverbrauch, Emissionsausgleichskosten oder Sozialkosten mit einbezieht und diese ins Verhältnis zum Nutzen des Reisenden setzt", schlägt der Tourismusphilosoph und -psychologe Hans-Peter Herrmann vor.[58]

VON REICHTUM UND ARMUT

Vielleicht lohnt es, dass wir uns im Zuge dessen auch mit unserem Verständnis von Reichtum oder Wohlstand auseinandersetzen. Der deutsche Zukunftsforscher Horst Opaschowski hat vor einigen Jahren eine neue Definition von Reichtum gefordert – abseits von Geld. Er entwickelte gemeinsam mit dem Sozialforschungs-Institut Ipsos den „Nationalen Wohlstandsindex für Deutschland" (NAWI-D). Dort werden in der Bevölkerung unter anderem ökologische, gesellschaftliche oder individuelle Aspekte abgefragt, die zu gefühltem Wohlstand beitragen. Das hilft, zwischen Lebensstandard und Lebensqualität zu unterscheiden. Geldarmut kann demnach etwa durch Beziehungsreichtum oder durch Zeitwohlstand ausgeglichen werden.[59] Die Brücke hin zum Reisen mag wackelig erscheinen, aber der Versuch einer Überquerung lohnt sich: Denn auch beim Reisen hilft es, den erfahrenen Wohlstand nicht allein über die Menge an Geld, die dafür ausgegeben wurde (und die nicht einmal der „wahre" Preis ist), zu definieren. Auch, wie oft wir auf Reisen gehen, was wir uns dort leisten oder in welcher Art von materiellem (vermeintlichen) Luxus wir dort baden, sagt nichts darüber aus, wie reich im Sinne von Lebensqualität uns unsere Reisegewohnheiten machen. Der viel zitierte „Reichtum im Herzen" stellt sich nicht automatisch ein, während wir in einem kroatischen Jachthafen norwegischen Lachs serviert bekommen oder uns auf einer überteuerten Strandliege an der Adria in der Sonne aalen. Reich im Herzen fühlen wir uns eher, wenn wir Begegnungen mit Menschen haben, von denen wir uns in unserem Wesen gesehen fühlen. Oder wenn wir genügend Zeit haben, um uns voll dem Müßiggang hinzugeben. Wer oder was reich zu sein bedeutet, soll jede und jeder für sich definieren. Aber wer seinen eigenen Reichtum vor allem an Quantitäten misst, der erkennt womöglich gar nicht, wie verarmt er in anderer Hinsicht ist.

Woran können wir uns orientieren? Ein Vorschlag: an der Dankbarkeit und der Zufriedenheit. Nähern wir uns dem Begriff der Dankbarkeit mithilfe der Erläuterungen des Psychotherapeuten und Meditationslehrers Christoph Köck. Viele Menschen, sagt er, fragen sich andauernd: Was fehlt mir? Oder: Was kann ich kriegen? Dankbarkeit bedeutet, eine andere Sichtweise einzunehmen und zu fragen: Was ist mir gegeben worden – und was ist meine Antwort darauf? Kann ich wertschätzen, was ich habe? Das setzt voraus, innehalten und reflektieren zu können. Damit einher geht, die Perspektive zu wechseln und das Leben nicht aus der eigenen Angst oder den eigenen Bedürfnissen heraus zu betrachten, sondern aus der Erkenntnis, statt eines Mangels eine gewisse Fülle zu besitzen: Da ist vieles gut in meinem Leben (wenn es denn so ist). „Dieser Prozess setzt eine gewisse Bewusstheit voraus", erklärt Christoph Köck. Bewusstheit ist eine der vielen Facetten von Achtsamkeit: Man erfährt eine bewusste Beziehung zu etwas, indem man feststellt: Da ist etwas. Man blickt auf diese Tatsache mit einem gewissen Abstand. Und dann versucht man herauszufinden: Wie trete ich mit dem, was da ist, in Beziehung? Definiert sich meine Beziehung zu dieser Sache so, dass ich Angst habe, dass ich sie nicht verlieren möchte oder ist das ein Problem, mit dem ich umzugehen versuche? Oder definiert sich die Beziehung so, dass ich mehr davon will, dass ich es wertschätze, dass ich dankbar dafür bin?

Eine mögliche Antwort, mit etwas im eigenen Leben umzugehen, ist stets die Dankbarkeit. Und dorthin können viele Wege führen. Gerade beim Reisen kann man sich zum Beispiel bewusstwerden, wie zufällig das Leben ist. Christoph Köck gibt einen Einblick in seine persönliche Sichtweise: „Ich bin im Wiener Mittelstand geboren, es war immer genug von allem da. Genauso hätte ich aber in Syrien oder im Kongo auf die Welt kommen können und mich dort als Ich finden", sagt er. „Das hat eine gewisse Zufälligkeit im Sinne von: Es ist mir zugefallen, dass ich bin, wo ich bin – und ich bin dankbar für die vielen Möglichkeiten, die sich mir daraus eröffnen." Auch Bescheidenheit kann den Weg zur Dankbarkeit bereiten. Denn oft denken wir, dass uns zusteht, was wir haben. „Verdienen tun wir aber nichts. Eben weil es sehr zufällig ist, dass wir da sind, wo wir sind." Der Kontrast zum Gewohnten kann uns ebenfalls in die Dankbarkeit führen. Beim Reisen sind wir oft mit einem anderen Gegenüber konfrontiert als zu Hause. Wer unterwegs schon einmal auf Armut, Leid und Menschen in schwierigen Lebensumständen gestoßen ist, hat vielleicht die eigene Situation klarer reflektiert: Ich hätte viele Leben haben können, aber dankenswerterweise habe ich dieses meine. Es ist nicht selbstverständlich, eine Krankenversicherung, ein Dach über dem Kopf und sauberes Trinkwasser zu haben. Auch die Erkenntnis, dass Menschen trotz materiellem Mangel zufrieden und lebensfroh sein können, haben viele Reisende schon gemacht. Wer die Fähigkeit hat, dankbar zu sein, führt ein glücklicheres Leben. „In dem Sinn, dass man von einer Position der relativen Zufriedenheit und der relativen Bewusstheit, in Beziehung zum Leben zu sein, handelt", erklärt Christoph Köck. Das schließt mit ein, sich selbst als wirkmächtig zu erfahren: Ich kann diese Beziehung zum Leben bewusst gestalten. Ich bin nicht Opfer meiner Erziehung, Gene oder Kultur. „Dankbarkeit ist ein Ausdruck dafür und zugleich ein Resultat davon."

DANKBARKEIT LÄSST SICH ÜBEN

Das Empfinden von Dankbarkeit macht zufriedener, glücklicher und erfüllter, das ist wissenschaftlich erwiesen. Dankbarkeit ist, wie die meisten Charakterstärken, trainierbar. Das gelingt, indem man im eigenen Leben immer wieder mal die interne Stopptaste drückt und reflektiert: Wo hat ein anderer

Mensch etwas geleistet, was mir zugutekommt? Was habe ich übersehen? Was halte ich für selbstverständlich? Was schätze ich zu wenig wert? Das kann der Genuss eines frisch gekochten Essens in den eigenen vier Wänden genauso sein wie das rechtzeitige Heimkommen vor Ausbruch eines Gewitters oder das Eintreten in ein Hotelzimmer mit Meerblick und Willkommensgruß.

„Dankbarkeit zu trainieren heißt ganz einfach, die Situationen zu erkennen, in denen man sich dankbar zeigen könnte", erklärt der Persönlichkeitspsychologe und Vertreter der Positiven Psychologie Willibald Ruch, der zu Charakterzügen wie Dankbarkeit und Humor forscht. Die Dankbarkeit nicht nur zu erkennen und zu verspüren, sondern auch laut auszusprechen, kann verstärkend wirken. „Noch besser ist es, die Dankbarkeit mit etwas zu begründen, das für einen persönlich von Bedeutung ist und das man mit seinem Gegenüber teilen möchte", sagt Willibald Ruch. So entsteht Verbindung. Solche verbindenden Elemente sollte man nicht scheuen, etwa aus Angst vor zu viel Nähe. Wer sie aktiv herstellt und sich darauf einlässt, wird sich bereichert und erfüllt fühlen.

Die eigene Dankbarkeit kann man auch aufschreiben, um sie im Leben zu manifestieren. Dafür gibt es in der Positiven Psychologie effektive Übungen, die nachweislich die Lebenszufriedenheit steigern. Am einfachsten ist es, eine Art Dankbarkeitsjournal zu führen. Dabei nimmt man sich jeden Abend eine Viertelstunde Zeit und lässt den Tag Revue passieren: Für welche drei Dinge bin ich heute dankbar? Welche Ereignisse waren schön? Was hat mir gutgetan? Dann schreibt man die einzelnen Situationen auf, notiert, wer dabei war, was geschehen ist und wie man sich dabei gefühlt hat. „Beim ersten Mal erinnert man sich vielleicht noch an Negatives wie die Straßenbahn, die einem vor der Nase davongefahren ist", weiß Willibald Ruch. Schrittweise werden die Augenblicke, in denen das Potenzial der Dankbarkeit liegt, rascher wahrgenommen. „An dieser Übung teilnehmende Personen berichten, dass sie positive Situationen intensiver mitbekommen, sich mehr darüber freuen und in der Folge versuchen, die schönen Erlebnisse auch anderen angedeihen zu lassen." Wer dankbar machende Momente regelmäßig schriftlich festhält, schafft sich selbst eine Quelle der Dankbarkeit. Wann immer man das Journal später durchblättert und nachliest, erinnert man sich an die zu Papier gebrachten, schönen Momente. Es stellen sich dieselben erfreulichen Gefühle ein, die man damals hatte. Dabei erhält das Gehirn die Botschaft, wie gut und erfüllt das eigene Leben ist. Eine weitere, effektive Übung ist der Dankbarkeitsbrief. Dabei schreibt man einige Zeilen an einen Menschen, der das eigene Leben maßgeblich positiv beeinflusst hat. Man drückt aus, für welche gemeinsamen Begebenheiten oder Momente man dankbar ist, wie die Unterstützung dieser Person einen vorangebracht hat und welche Gefühle sich dabei einstellen. „Allein schon das Formulieren dieses Briefs hat einen Effekt auf das eigene Glücklichsein", erklärt Willibald Ruch. „Wenn der Brief auch noch abgeschickt wird oder ein persönliches Treffen folgt, bei dem das Geschriebene vorgelesen wird, kommt es zu sehr nahen, menschlichen Begegnungen." Kurz gesagt: Der eine drückt sich aus, der andere empfängt – und die gemeinsame Erinnerung zu teilen ist für beide Seiten wohltuend.

Im Prinzip geht es bei Übungen wie diesen darum, das Gehirn auf eine zustimmende, bejahende Haltung gewissermaßen umzuprogrammieren: In meinem Leben und auf dieser Welt widerfahren mir viele gute und bereichernde Dinge. „Beachten, notieren, mitteilen – das ist es, was Menschen verändert", fasst es der Wissenschaftler zusammen. Wer im Alltag seine Dankbarkeit trainiert, nimmt diese Haltung auch vermehrt auf Reisen ein. Und auch beim Unterwegssein lässt es sich üben, dankbar zu sein. Etwa, indem man ein Reisetagebuch führt, sich mit einer handgeschriebenen Karte beim Hotelpersonal bedankt oder der Rangerin für ihre Arbeit im Nationalpark wertschätzende Worte schenkt. Kleine Gesten wie diese lösen etwas in uns selbst aus – und in unserem Gegenüber. „In Dankbarkeit steckt immer auch eine gewisse Verbundenheit", erklärt Willibald Ruch. Als Beispiel für dankbare Reisende nennt er Menschen, die das Vermögen haben, eine fremde, komplexe Welt nicht nur in ihren vielen Details zu erleben, sondern sie auch aufzunehmen, sich darauf einzulassen und mit all ihrer Menschlichkeit daran teilzuhaben. Der Psychologe, der zu Kongressen auf der ganzen Welt geflogen ist, erinnert sich heute am liebsten daran zurück, in jungen Jahren auf dem Land- und Seeweg nach Großbritannien gereist zu sein. Im eigenen Reiseleben erkennt er dankend an, dass Menschen an den besuchten Orten über Jahrtausende hinweg ihre Spuren hinterlassen haben. „Auch vor Ort Leute kennenzulernen, die sich für eine gute Sache einsetzen, erfüllt mich mit Dankbarkeit", gibt er einen persönlichen Einblick.

GEBEN MACHT GLÜCKLICH, AUCH UNTERWEGS

Dankbar zu sein muss sich aber nicht darauf beschränken, das Gegebene wertzuschätzen. Willibald Ruchs Studien haben ergeben: Menschen, denen Gutes widerfährt, haben das Bedürfnis, diese Erlebnisse auch anderen zu ermöglichen. So lässt sich der Konnex zwischen Dankbarkeit und Großzügigkeit herstellen. Als Touristin oder Tourist kann einen die Dankbarkeit zum Beispiel von der Grundhaltung des „Bekommens" zu jener des „Gebens" führen. „Denn wer sagt, dass ein gutes Leben bedeutet, möglichst viel zu kriegen, möglichst viele Erfahrungen zu sammeln und möglichst tolle, stimulierende Dinge zu tun?", fragt der Psychotherapeut und Meditationslehrer Christoph Köck. Freilich sollen wir die schönen Momente und Erlebnisse in unserem Leben auskosten. Aber, merkt der Meditationslehrer an: „Uns ist das Leben gegeben worden. Wir finden uns auf diesem Planeten wieder. Dabei kann es nicht nur darum gehen: Was hat er noch zu bieten? Sondern auch: Was kann ich ihm geben?" Dass Geben glücklich macht, ist mehrfach wissenschaftlich erwiesen.

Ein Experiment des Neuroökonomen Philippe Tobler und der Psychologin Soyoung Park an der Universität Zürich hat etwa gezeigt, wie Großzügigkeit und Glück auf neuronaler Ebene zusammenhängen. Vereinfacht gesagt: Wenn wir uns großzügig verhalten, ist jener Bereich im Gehirn aktiv, der es uns unter anderem ermöglicht, die Perspektive anderer zu übernehmen und vom eigenen Standpunkt zu abstrahieren. Dieser Bereich des Gehirns kommuniziert bei großzügigeren Menschen intensiv mit jenem Teil des neuronalen Belohnungssystems, der unser Glücksempfinden beeinflusst. Das Experiment hat gezeigt: Anderen etwas zu geben kann zufriedener machen, als eigennützig zu handeln. Das wohlige Gefühl, der „warm glow", der dabei einsetzt, hat scheinbar nicht viel mit dem objektiven Wert der Gabe oder des Geschenks zu tun. Eine weitere Erkenntnis: Großzügigkeit ist veränderbar, sie lässt sich also lernen und trainieren.[60] Beim Reisen bieten sich zahlreiche Gelegenheiten, um das zu tun: Der zur Arbeit hastenden Kellnerin im Bus das Ticket spendieren, weil sie ihre Geldtasche daheim vergessen hat. Dem Wohnungslosen eine warme Mahlzeit bringen und ihm die Hand drücken. Die verletzte Wanderin mit einem Pflaster versorgen und ihr Mut zusprechen. Oder noch lange nach einer Reise lieb gewonnene Einheimische unterstützen, wenn ihr Land in die Krise stürzt. Andersherum sind Reisende oft auf die Großzügigkeit anderer angewiesen: auf die Zufallsbekanntschaft, die uns mit dem Auto in die abgelegene Unterkunft bringt. Auf den Einheimischen, der uns in sein Haus zum Essen einlädt. Oder auf den Reisenden, der uns Geld leiht, wenn wir unsere Wertsachen verloren haben. Reise hin oder her – das eine Mal im Leben gibt man etwas, das andere Mal erhält man etwas. Es ist wie ein Kreislauf, eine positive Spirale der globalen Verbundenheit. Die Art, wie wir uns – wo auch immer auf dieser Welt – anderen gegenüber verhalten, wirkt sich auf das menschliche Gesamtgemälde aus.

ACHTSAM DURCH DIE WELT GEHEN

Dankbarkeit hängt stark mit Achtsamkeit zusammen. Was bedeutet das und wie gelingt es, achtsam zu reisen? Auch hier geht es erst einmal darum, anzuerkennen, was wir als wertvoll und sinnvoll empfinden. Dann darf uns klar werden: Achtsamkeit hat verschiedene Komponenten. Sie umfasst zum Beispiel die Qualität der Aufmerksamkeit. Wie bewusst bin ich mir dessen, was ich erfahre, während ich es erfahre? „Sich bewusst aufmerksam zu beobachten, bringt eine gewisse Klarheit", erklärt der Psychotherapeut und Meditationslehrer Christoph Köck. Die gewonnene Klarheit wirkt selbstregulierend, etwa, was schwierige Emotionen betrifft. Achtsamkeit steigert zugleich die Intensität des Erlebens. Ein klassisches Reisebeispiel: Wir essen zum ersten Mal etwas Exotisches. Wenn wir dabei bewusst und aufmerksam sind und uns für das gegenwärtige Erleben interessieren, erfassen wir diesen Moment automatisch intensiver. Aber es geht nicht nur darum, wie „hochwertig" unsere Aufmerksamkeit ist. Sondern auch darum, wohin wir sie lenken. Achtsamkeit kann nämlich auch sehr selbstbezogen sein, etwa, wenn man sich auf den eigenen Atem konzentriert und das Rundherum nicht wahrnimmt. Beim Reisen heißt Achtsamkeit deshalb auch, eine Art Kontextsensibilität für die Menschen und die besuchten Kulturen zu entwickeln.

Egal, ob auf Reisen oder in anderen Lebensbereichen: Achtsamkeit ist kein Selbstzweck. „Sondern es geht es darum, im Allgemeinen wichtige, heilsame Qualitäten zu entwickeln, wie es die buddhistische Psychologie ausdrückt", erläutert Christoph Köck. Dazu gehöre eben die weiter oben beschriebene Fähigkeit, bewusst zu sein – eine Voraussetzung für inneres Wachstum. Dieses wiederum ermöglicht uns, gewohnte Muster und Reaktionen zu erkennen und zu durchbrechen. Schaffen wir das nicht, sind wir automatisch im Autopilot-Modus. Dann leben wir in unseren Gewohnheiten. Ein negatives Beispiel verkörpern etwa Rucksackreisende in Thailand, die sich darüber ärgern, wie „überteuert" die Preise, wie „falsch" die unentwegt lächelnden Menschen seien und dass man als Touristin oder Tourist ohnehin nur ausgenommen werde. Sich über solche Eindrücke aufzuregen hat wenig mit Achtsamkeit zu tun. Vielmehr bedeutet achtsam unterwegs zu sein, den Versuch zu wagen, ein Verständnis für das Wie und Warum der Menschen und für die Werte der besuchten Kultur zu erlangen. Hierzu als Beispiel eine Momentaufnahme, die man oft bei der Ankunft an Flughäfen oder Busstationen erlebt: Man steigt aus, schultert den Rucksack oder nimmt den Koffer an die Hand – und schon wird man von einer Schar an Taxifahrern umworben. Man fühlt sich vielleicht belästigt, ist verängstigt oder genervt. In so einem Moment hilft es, kurz innezuhalten und sich zu fragen: Was ist das für eine Situation, wie empfinde ich sie und wie gehe ich damit um? Vielleicht erkennt man dann, dass auch diese Menschen nur ihren Job tun, um ihre Familien daheim zu ernähren. Dieses Aussteigen aus der gewohnheitsmäßigen Reaktivität führt dazu, dass man vielleicht trotzdem noch genervt ist. „Aber man kann sich bewusst dafür entscheiden, dieses Genervt-Sein nicht zu unterstützen und dadurch vielleicht lernen, besser mit so einer Situation umzugehen", schlägt Christoph Köck vor.

Achtsamkeit ist nichts Einmaliges. Man setzt sich nicht einmal im Leben aufs Meditationskissen und beschließt, ab sofort achtsamer durchs (Reise)-Leben zu gehen. Eine weitere Komponente von Achtsamkeit ist deshalb die Qualität des Erinnerns. Sich eine achtsamere Lebensweise vorzunehmen kann der Beginn sein. Danach geht es ans Üben. Das heißt: Sich immer wieder und speziell in Situationen wie der oben genannten darauf zu besinnen, was einem wichtig ist. „Wir vergessen das sehr leicht. Oft nehmen wir uns vor, bewusster zu leben, und zwei Stunden später finden wir uns in alten Mustern gefangen." Achtsam durchs Leben zu gehen kann etwa heißen, die Vorzüge der eigenen Heimat schätzen zu lernen. Frische Luft, sauberes Wasser, Meinungsfreiheit oder soziale Absicherung sind in vielen anderen Ländern keine Selbstverständlichkeit. Als Reisende können wir uns in Ländern mit verschmutztem Trinkwasser teures Mineralwasser leisten, den Einheimischen bleibt das oft verwehrt. Allein schon wenn uns bewusst wird, wie dankbar wir für unsere Herkunft sein können, gehen wir auch mit anderen Regionen und deren Ressourcen bewusster um.

4

WIE ERSCHAFFEN WIR EINEN NEUEN REISEREALISMUS?

„Manches, was man für Erleuchtung hält,
ist nur Verblendung."
anonym

Jede Metropole fühlt sich anders an: Der Blumenhändler in Paris, der vorbeiflanierenden Verliebten Lavendelzweige unter die Nase hält. Ein Wimpernschlag reicht, und die Stadt bestätigt ihren sinnlichen Ruf. Die schnelle Zunge des Fahrscheinverkäufers in Colombo, die wieder und wieder die Orte und Städte herunterspult, in die der Bus als nächstes rumpelt. Ein kurzer Moment, und die Seele der Stadt offenbart sich als rau, heiß, laut, chaotisch. Doch Dubai, die Hauptstadt des gleichnamigen Emirats, hat keine Seele. Es fühlt sich nach gar nichts an.

In der Dubai Mall wimmelt es von Touristinnen und Touristen. Auch Einheimische in ihren traditionellen Outfits, Männer tragen die langen weißen Dishdashas, Frauen die weit geschnittenen, schwarzen Abayas, schlendern von Attraktion zu Geschäft, vom Goldladen zum Food Court. Shoppen bis Mitternacht, Eislaufen im Sommer und Haifische bestaunen im größten Aquarium der Welt. Das Konsumrad steht in Dubai niemals still. Die Mall ist so groß, dass der Verkehr im Parkhaus eine eigene Verkehrsaufsicht braucht. Zwischen den 1200 Geschäften kann man sich mit einer Art Mini-Taxi herumkutschieren lassen.

IN DUBAI IST ALLES MAXIMAL

Dubai strotzt vor Superlativen. Das höchste Gebäude der Welt. Umgeben von der am höchsten in die Luft schießenden Wasserfontäne auf diesem Planeten. Daneben eine der größten Shopping-Malls, die jemals gebaut wurden. Die vollautomatisierte Metro schneidet sich auf hohen Betonstelzen wie eine Rennbahn der Zukunft durch Glastürme und fein säuberlich begrünte Verkehrsinseln. Künstlich angelegte Wasserstraßen, libanesische Straßencafés, in denen perfekt in Szene gesetzte Milchshakes serviert werden.

An den Betonsäulen vor den Busstationen haben Wohnungsbesitzer Zettel aufgehängt: „Schlafplatz für Singles", „Wohnung für

Angestellte aus Indien". Arbeitsmigrantinnen und -migranten aus Afrika und Asien machen mehr als drei Viertel des rund drei Millionen Einwohner zählenden Emirats aus. *Abends, wenn die Touristinnen und Touristen in ihren komfortablen Hotelbetten schlummern oder in den teuren Nachtclubs der Hotels leicht bekleidete asiatische Mädchen beim Singen und Tanzen begaffen, erwachen die Wohnviertel der Gastarbeiter in Dubai zum Leben. Indische Arbeiter und Büroangestellte treffen sich nach der Hitze und Schufterei des Tages in kleinen Cafés zu Samosas und Tee mit Milch. Gläubige in traditionellen langen Hemden und weiten Hosen schlurfen mit zusammengerollten Teppichen in der Hand zum Gebet in die nächste Moschee. Nur am Abend wird der Ruf des Muezzin nicht von Straßenlärm und Bauarbeiten übertönt.*

DUBAI HEISST: LEBEN OHNE LEIDENSCHAFT

Kaum ein Gebäude ist älter als ein paar Jahrzehnte. Kaum einer, der hier lebt, ist verwurzelt. Es scheint, als hätten all die Straßenfeger, Fischhändler, Souvenirverkäufer, Bauarbeiter und Taxifahrer die Leidenschaft für das Leben irgendwo auf dem Weg zwischen ihrer verlassenen Heimat und dem geordneten Großstadtbetrieb Dubais verloren. Für einen halbwegs sicheren Job haben sie ihr Zuhause aufgegeben. Dubai ist nur Zwischenstation, nicht das wahre Leben. Pathetische Phrasen wie diese sind hier Realität.

„Was soll ich machen?", meint ein Taxifahrer aus Pakistan, seine Frau und seine drei Kinder sieht er einmal im Jahr für zwei Monate. Er sagt das weder zornig noch wehmütig, sondern wie jemand, der sich seinem Schicksal gefügt hat. Ein anderer Pakistani, Muhammad, steht seit vier Jahren dreizehn Stunden pro Tag vor einem Souvenirladen hinter dem Gewürz-Souk. In Karatschi hatte er einen Job als Fabriksaufseher, „schlecht bezahlt". In seinem neuen Leben in Dubai verdient er rund 400 Euro pro Monat, 60 Euro zahlt er für

eine Schlafgelegenheit, die er sich mit neun anderen Gastarbeitern teilt. Gekocht wird abwechselnd für alle, das kostet Muhammad um die 40 Euro im Monat. Den Rest des Geldes schickt er nach Hause, zu seiner Frau, seiner Mutter und seinen Schwestern. Essen will gekauft, Arztrechnungen wollen bezahlt werden.

VIELLEICHT IN ZEHN JAHREN ...

Wenn Muhammads Frau in Pakistan bald ihr erstes Kind bekommt, wird er noch immer in einer Stadt ohne Seele Stoffkamele und Postkarten verkaufen. Dass die meisten Touristinnen und Touristen bloß flanieren und nur die Russen wirklich Geld ausgeben, hat Muhammad schon gelernt. Er weiß auch, dass die gebildeten Nordinder die Shops besitzen, in denen die Ungebildeten aus Südindien und Pakistan schuften.

Nur über seine Zukunft weiß er nicht viel. Sein Baby wird er das erste Mal sehen, wenn es ein paar Monate alt ist. 15 Kinder könnten es mindestens werden, wenn es nach Muhammad ginge. Irgendwann will er endgültig zurück nach Pakistan, vielleicht in zehn Jahren, vielleicht erst später. Und vielleicht, sagt der Mann mit den braunen, gutmütigen Augen, macht er dann dort sein eigenes Geschäft auf.

* * *

Auf dieser Welt gibt es viele Muhammads. Sie tragen vielleicht andere Namen, aber sie teilen ähnliche Schicksale. Weit weg von zu Hause schuften sie in einem vermeintlichen Urlaubsparadies dafür, dass ihre Familien daheim Geld zum Essen und für Medikamente haben. In Dubai sorgt eine ganze Armada vereinsamter Taxifahrer, Hotelburschen und Souvenirverkäufer dafür, dass Touristinnen und Touristen von A nach B kommen, komfortabel nächtigen und ausreichend Einkaufsmöglichkeiten haben. Das helle, glanzvolle Dubai wäre ohne die schlecht bezahlte Gastarbeiterschicht ein dunkler Ort. Das weniger strahlende Dubai missachtet Frauen- und Menschenrechte. Für Reisende ist es verlockend, sich vom Glanz blenden zu lassen und den Blick von der Not und dem Leid der Menschen vor Ort abzuwenden. Es ist einfacher, sich blenden zu lassen und die Augen vor der Lebensrealität zu verschließen. Dabei zeigen Beispiele wie Dubai: Die Reiseindustrie serviert eine gekünstelte Welt, die so nicht oder zumindest nur in Teilen existiert. Was nicht ins Bild passt, wird wegretuschiert und totgeschwiegen. Im Allgemeinen besteht häufig ein direkter Zusammenhang zwischen unwürdigen Lebensbedingungen und dem Tourismus (siehe Kapitel 2). Deshalb können wir noch weniger so tun, als ginge uns das alles nichts an. Aber auch wenn der Tourismus nicht immer als haupt- oder mitverantwortlicher Akteur identifiziert werden kann: Der Kontrast zwischen dem Gezeigten und dem Vertuschten scheint vielerorts unüberwindbar. Anders gesagt: Paradies und Hölle liegen eng beieinander.

DIE SCHÖNSTEN SEITEN DER FREMDE

Es gibt zahllose solcher Beispiele von Urlaubsdestinationen und deren Schattenseiten. Egal, ob es um das korrupte politische und wirtschaftliche System Bulgariens, die unwürdigen Geflüchtetenlager auf griechischen Mittelmeerinseln, die Müllinsel Tilafushi auf den Malediven, die unterdrückten Proteste in Hongkong oder die eingegrenzte Meinungsfreiheit in Vietnam geht: Diese negativen Realitäten blenden wir gekonnt aus. Übrig bleiben Partystrände, idyllische Inselromantik, geschäftige Metropolen, reizvolle Reisfeldterrassen und verträumte Landschaften. Sie locken uns mit einer exotischen Anziehungskraft. In unserer Fantasie stilisieren wir das Fremde zur schöneren, besseren Welt hoch. Tauchen wir beim Reisen in solche Klischees ein, überschreiten wir zwar die eigenen Kulturgrenzen. Aber wir tun das im Wissen um unseren Status als Touristin oder Tourist, der uns wie ein schützender Mantel umhüllt. Das führt dazu, dass wir nur die attraktivsten Seiten von Reisezielen wahrnehmen. Wir müssen diese verheißungsvolle Fremde gar nicht erst mit allen ihren problematischen Seiten anerkennen. Wir nehmen dankend die vom Marketing produzierten „Gegenwelten" an, um uns ihrer ästhetischen Faszination hinzugeben. Das minimiert aber die Chance, das besuchte Land und die dort lebenden Menschen wahrlich zu „erfahren".[61] Auch der Tourismusforscher Harald Friedl kritisiert, dass die Tourismusindustrie häufig glatte Lügen verkaufe. „Dass Reisende in der Folge oft nur das Schöne sehen, führt dazu, dass die Wahrnehmung zunehmend verzerrt wird." Das geradezu panische Verhalten von Reisefreudigen nach Ausbruch der Corona-Pandemie habe gezeigt, dass in der Regel nicht die Realität gesucht werde, sondern ein „Traumgebäude wie aus Disney World". Cornelia Kühhas, Expertin für nachhaltigen Tourismus, spricht von Verdrängung. Viele Menschen würden sich mit der Problematik „schöne Urlaubswelt" versus „wenig glanzvolle Lebenswirklichkeit" nicht auseinandersetzen wollen. „Wenn man an Urlaub denkt, werden negative Dinge gleich verdrängt. Man konzentriert sich auf das Schöne, und die Tourismuswerbung geht genau in diese Richtung." Hinzu komme, dass Urlaubsländer oft weit entfernt vom Heimatland seien – und somit auch die Probleme, die dort vorherrschen. Sogar dann, wenn man selbst vorübergehend einige Zeit an dem Ort verbringe, schienen die weniger vorzeigbaren Seiten eines Landes zu weit weg zu sein. In der kurzen Zeit von einer bis zwei Wochen bekomme man zudem nur wenig mit. „Man pickt sich das heraus, was man als schön empfindet, alles andere will man gar nicht unbedingt wissen."

Auch das Reisen mit dem „kolonialen Blick" sei eine Strategie, um mit diesem Paradoxon umzugehen: „Wir blicken auf sogenannte Entwicklungsländer in Asien oder Afrika mit der Einstellung, dass deren Probleme hausgemacht sind und sie es nicht besser wissen oder können. Diese Sichtweise nimmt Schuld, Last und Mitgefühl von uns. Das ist das Überhebliche unserer Kultur gegenüber diesem Teil der Welt", kritisiert Kühhas.

DIE ZEITUNG AUFSCHLAGEN UND STAUNEN

In vielen „Urlaubsparadiesen" wollen wir die vermeintlich schönste Zeit des Jahres verbringen. Aber würden wir permanent dort leben wollen? Vielleicht noch dazu unter jenen Umständen, unter denen Einheimische es tun (müssen)? Mit größter Wahrscheinlichkeit nicht. Und wenn, dann haben wir als gut bezahlte Ausgewanderte auf Zeit, digitale Nomaden oder wohlhabende Pensionierte den Vorteil, uns die schönen Scheinwelten vor Ort regelrecht erkaufen zu können. Wenn wir an Urlaub denken, träumen wir uns in „Paradiese" ohne funktionierende Demokratie, soziale Absicherung, ausreichende Gesundheitsvorsorge und mit mangelndem ökologischen Bewusstsein. Wer sich dieses Paradoxons vom Sofa aus vergewissern will, braucht nur eine beliebige Wochenendausgabe einer Tageszeitung aufzuschlagen. Auf den vorderen Seiten, in der Außenpolitik und der Chronik, finden sich Horrormeldungen aus aller Welt: Da ist von Diktatoren die Rede, welche die Rechte der Einheimischen mit Füßen treten, von Überschwemmungen, vermüllten Weltmeeren, Erdbeben und Terroranschlägen. Ein paar Seiten weitergeblättert, und schon verblassen diese Schreckensbotschaften. Bilder aus denselben Ländern präsentieren nun vermeintliche Traumziele: von Palmen gesäumte Strände, orange Cocktails mit türkisen Schirmchen, artenreiche Urwälder. Die beschriebene Widersprüchlichkeit ist wissenschaftlich anhand von Medienanalysen erforscht.[62] „Die Reisebeilagen pflegen diese Exotismen und Sehnsüchte der Sekretärin aus St. Gallen, des Tischlers aus Rosenheim und des Beamten aus Wien-Meidling, die dann zu erschwinglichen Preisen wie Mückenschwärme in die Urlaubsorte einfallen", formulieren es die Kommunikationswissenschaftler Kurt Luger und Thomas Herdin in einem Essay über Tourismus und interkulturelle Kommunikation aus dem Jahr 2001.[63] Wie passen diese gegensätzlichen Bilder in unserem Kopf zusammen? Gar nicht. Und so blenden wir aus, was die eigene Urlaubsromantik stören könnte.

DIE NOTWENDIGKEIT, MIT WIDERSPRÜCHEN ZU LEBEN

Der reisende Philosoph Peter Vollbrecht vergleicht unseren Umgang mit der Welt damit, wie wir mit unserem Inneren verfahren. „Wir kleben unsere Persönlichkeit aus verschiedenen Facetten zusammen. Dabei spüren wir, dass das eine mit dem anderen nicht zusammengeht. Aber irgendwie müssen wir mit den Widersprüchen leben." Beim Blick auf die äußeren Umstände in der Welt würden wir ähnlich handeln. Denn auch dort existierten die verschiedensten Facetten, die nicht zusammenpassen. „Trotzdem müssen wir sie irgendwie aushalten", sagt Vollbrecht und verweist auf den Begriff der Ambiguitätstoleranz, der aus der Psychologie kommt: Oft haben wir uns in Situationen zurechtzufinden, die unklar und ungewiss sind. Zusätzlich werden unterschiedliche Erwartungen und Rollen an uns herangetragen, die wir erfüllen sollen. Ambiguitätstoleranz bedeutet, mit diesen Uneindeutigkeiten, Mehrdeutigkeiten und Widersprüchlichkeiten, mit denen uns das Leben konfrontiert, zurechtzukommen.[64] Konkret auf die Urlaubssituation umgelegt heißt das, frei interpretiert: Wir müssen ein gewisses Maß an Ungereimtheiten akzeptieren, um die Realität als annehmbar betrachten zu können. Und so sind wir Vollbrechts Ansicht nach sehr eindimensional unterwegs. Wir orientieren uns an bestimmten, vorgefertigten Bildern, das wirkt entlastend. „Manche Menschen sind sogar enttäuscht, wenn es in Wirklichkeit anders ist als im Prospekt." Führt das Reisen also zu einer Reduktion unserer Aufmerksamkeit? Zumindest selektieren wir Wirklichkeiten – und diese suchen wir dann auf, sagt Vollbrecht. Die Philosophen der griechischen Antike reisten einst, um zu verstehen. Dafür etablierte sich der Begriff „theōría". Ziel war es nicht, neues Wissen und neue Erkenntnisse zu erlangen, sondern zu begreifen, was es mit dem Leben auf sich hat. Reisen hieß, in die Tiefe zu fragen, nach dem Sein und Wesen dessen, was man da vorfand. Reisen als Erweiterung des eigenen Blickwinkels – das war die ursprüngliche Vision des Unterwegsseins.[65] Auch die „Grand Tours", die Weiterbildungsreisen der Adeligen vom 14. bis ins 18. Jahrhundert, waren dem Verstehen gewidmet. Daraus wurden ein paar Generationen später die Kulturreisen. „Das war die Idee des Bürgertums: Wir gehen in die Ferne, um uns selbst zu finden. Man macht den großen Weg nach draußen, um wieder zurück zu sich selbst zu kommen. Goethe nannte es ‚meine empirische Weltbreite vermessen'. Diese Reisetradition ist im Massentourismus völlig abhandengekommen", beklagt der reisende Philosoph.

Dürfen wir aus moralischer Sicht überhaupt zu vermeintlichen Traumdestinationen reisen und wortwörtlich im Wohlstand baden, während andere Menschen dort mit Hunger, Armut und Leid zu kämpfen haben? Wie kann es uns gelingen, die unterschiedlichen Bilder von (Urlaubs-)Ländern im Kopf zu vereinen? Und warum braucht es diesen realistischeren Blick auf die Welt überhaupt? Was haben wir und unsere Mitmenschen davon, wenn wir die Augen nicht vor den Tatsachen verschließen? Wie zuträglich wäre es zugleich für das eigene Wohl und das „Weltwohl", wenn wir uns in puncto Urlaubsvergnügen einem erweiterten Realitätsbegriff öffnen würden?

DIE WELT WAHRNEHMEN, WIE SIE IST

Der Philosoph Peter Vollbrecht erachtet es als den falschen Weg, bestimmte Länder kategorisch von seiner inneren Reiselandkarte zu entfernen. „Dass in einem Land viel Elend herrscht, kann kein Kriterium sein, es nicht zu bereisen. Denn dann müssten wir zunächst einmal die gesamte Welt auf einen bestimmten Standard ‚upliften', um zu sagen: Jetzt ist für mich moralisch die Tür offen, um reisen zu dürfen." Er schlägt stattdessen vor: Wahrnehmen, sehen und erkennen, was „draußen in der Welt" tatsächlich vor sich geht. Denn Klischees werden in beide Richtungen entwickelt – ins Positive und ins Negative. Ein klassisches Beispiel für negative Klischees ist der Iran. In den Medien liest man zumeist von Menschenrechtsverletzungen, Repressalien und Atomaufrüstungsversuchen. „Bilder haben bestimmte Parameter wie Unterdrückung, soziales Elend oder Klimafolgen. Probleme wie diese sind oft die paar großen Nägel, an denen die Bilder aufgehängt sind", verdeutlicht es der Philosoph. Ein Widerspruch dazu sind die Erzählungen von Reisenden: Sie kommen erfahrungsgemäß mit einem gänzlich anderen Eindruck aus dem Iran zurück. In Gesprächen oder Berichten wird meist von der überwältigenden Gastfreundschaft und von den offenen, herzlichen Menschen geschwärmt. „Wir müssen erkennen, dass wir in einer bestimmten medialen Bildhaftigkeit verankert sind, in den kommunikativen Blasen eben", erklärt Vollbrecht. Diese würden am ehesten aufbrechen, wenn wir uns vor Ort selbst einen Überblick verschafften. Das Dilemma dabei ist, dass die eigene

Horizonterweiterung in den meisten Fällen mit einem enormen ökologischen Ressourcenverbrauch einhergeht.

MYANMAR – LAND DER PAGODEN, LAND DER UNTERDRÜCKTEN

Bleiben wir bei der Diskrepanz zwischen Tourismusparadies und der Lebensrealität vieler Einheimischer. Begeben wir uns nach Birma (Myanmar). Der an Länder wie Thailand, China und Bangladesch angrenzende Vielvölkerstaat hat nicht nur eine bewegte Geschichte, sondern auch eine aufwühlende Gegenwart: Die ehemalige britische Kolonie wurde 1948 unabhängig. Ab 1962 wurde Birma (Myanmar) jahrzehntelang von einer Militärregierung beherrscht und war vom Westen so gut wie abgeschnitten. Erst Mitte der Neunziger Jahre öffnete sich das Land zunehmend dem Tourismus, um an Devisen zu kommen. Im Jahr 2007 führten buddhistische Mönche Massendemonstrationen gegen das Regime an, der Aufstand wurde aber blutig niedergeschlagen.[66] Diese Geschehnisse nahm die Wochenzeitung „Die Zeit" damals zum Anlass, um Reisen nach Birma (Myanmar) kritisch zu thematisieren. „Arrangieren sich Tourismus und Diktatur bloß miteinander, oder sind sie stille Komplizen?", fragte der Autor Michael Allmaier.[67] Autoritäre Staaten hätten Reisenden viel zu bieten. Etwa niedrige Preise, weil die Bevölkerung ausgebeutet werde und man auf den Devisenmärkten nicht mithalten könne. Außerdem würden Urlauberinnen und Urlauber sich relativ sicher fühlen, dafür sorge eine starke Polizeiüberwachung. Hinzu komme: Der dekadente Geschmack der Diktatoren – Prachtbauten und schöne Fassaden – mache bei den Touristinnen und Touristen Eindruck. Last but not least: Das „Unberührte" und „Ursprüngliche", das Reisende so oft suchen, würden strenge Regimes unbewusst fördern. Und zwar, indem sie Altes und Landestypisches bewahren würden, erstens wegen Geldmangel, zweitens, weil sie ihre Bevölkerung von internationalen Entwicklungen abschotten wollten. Was Birma (Myanmar) betrifft, wurde seit der touristischen Öffnung gehadert: Soll man dorthin reisen, um die Privatwirtschaft zu stärken und kulturellen Austausch zu ermöglichen? Oder würde man mit einer Reise vor allem die Militärdiktatur unterstützen?[68] Die moralische Befreiung aus diesem Dilemma für bis dahin unschlüssige Reiseliebhaberinnen und -liebhaber folgte einige Jahre später: Im November 2010 wurde die Oppositionspolitikerin und Führerin der Demokratiebewegung, Aung San Suu Kyi, nach 15 Jahren Hausarrest und Gefängnis freigelassen.[69] Kurze Zeit danach nahm sie ihren Boykottaufruf für ausländische Reisende zurück.[70] 2012 zog Aung San Suu Kyi mit ihrer Partei NLD (National League for Democracy) ins Parlament ein und wurde nach dem Wahlsieg 2015 im Jahr 2016 De-facto-Regierungschefin.[71] Bis zum Ausbruch der Corona-Pandemie 2020 und dem Militärputsch 2021 stiegen die Besucherzahlen rasant an: Im Jahr 2019 erkundeten rund vier Millionen ausländische Touristen das Land, davon kam ein beachtlicher Teil aus China.[72] Auch thailandmüde Weltenbummler wichen nach Birma (Myanmar) aus, um Massen zu meiden und touristisches „Neuland" zu entdecken.

Eine Reise nach Birma (Myanmar) war mit dem Beigeschmack gewürzt, dass man sich auf wenig entdeckten Pfaden in eine weit zurückliegende Zeit zurückbeamen konnte: Abgeblätterte Fassaden, vor sich hinträumende Dörfer und Bauern, die ihre Felder mithilfe von Ochsen pflügen, machen sich gut im touristischen Blickfeld und besonders vor der Kamera. „Gerade Kulturreisende sind empfänglich für den Reiz des Autoritären. Es ist aufregend, Orte zu erkunden, wo es noch kein Starbucks gibt. Wo die Kinder einen anstarren wie einen Marsmenschen. Reich zu sein. Die Lebenskunst der Einheimischen zu bewundern. Sich auszumalen, wie es auch bei uns einmal aussah – vor der Industrialisierung.

Über das Imponiergehabe der Staatsmacht zu lachen. Man ist ja nur bei ihr zu Gast und bald wieder glücklich daheim", formulierte es im Jahr 2007 Michael Allmaier in der „Zeit". Birma (Myanmar) sei der „tourismusethische Extremfall", eine „gastfreundliche Diktatur".[73] Nur weil in den vergangenen Jahren unzählige Bilder von Tempeln und goldenen Pagoden unsere Gehirne fluteten, heißt das nicht, dass Birma (Myanmar) tatsächlich das unbefleckte Urlaubsparadies ist, zu dem wir es gerne hochstilisieren würden. Die muslimische Rohingya-Minderheit wird weiterhin unterdrückt und vertrieben. Im Februar 2021 putschte das Militär und übernahm erneut die Macht, was zu Internetsperren, Demonstrationen, Festnahmen und Gewalttaten führte.[74]

Vor dem Hintergrund, dass ich im Jahr 2012 selbst in Birma (Myanmar) gewesen bin, liegt es für mich heute nahe, das eigene Reiseverhalten kritisch zu reflektieren: Soll oder darf man ob dieser Tatsachen nach Birma (Myanmar) reisen? Und wenn ja, unter welchen Bedingungen? Fakt ist: Touristische Einrichtungen entstanden laut Menschenrechtsorganisationen zumindest in der Vergangenheit mithilfe von Zwangsumsiedelung und Zwangsarbeit.[75] Am meisten verdienten vor allem militärnahe Geschäftsleute mit dem Tourismus, weil sie in Hotels und Airlines investieren. Allerdings begann sich die Regierung ab 2012 für einen verantwortungsvollen, sozial verträglichen Tourismus einzusetzen, von dem vor allem die einheimische Bevölkerung profitieren sollte.[76] Das nicht mehr aktive britische Netzwerk „Tourism Concern" verweist in einem Blogartikel aus dem Jahr 2014 darauf, dass Besucherinnen und Besucher mit solidarischem Gedanken ins Land reisen sollen. Der Artikel empfiehlt, sich individuell oder in kleinen Gruppen zu bewegen und in lokalen Unterkünften in Familienbesitz zu übernachten. Weiters sei es hilfreich, sich darüber zu informieren, welche touristischen Einrichtungen das Militär-

Establishment unterstützen. Außerdem sollen Reisende auf unabhängige Tourguides und Reiseveranstalter setzen, die sich klar und transparent zu den lokalen Gemeinschaften bekennen.[77] Das klingt ehrenhaft, ist aber vor Ort gar nicht so einfach umzusetzen. Die deutsche Tourismusberaterin Nicole Häusler lebt seit dem Jahr 2013 neben Berlin auch in Birma (Myanmar). Sie hat das Tourismusministerium beim Aufbau eines möglichst ökologisch verträglichen, community-basierten Tourismus beraten und ist Mitbegründerin des „Myanmar Responsible Tourism Institute". Birma (Myanmar), sagt sie, sei schon immer eine fragmentierte Gesellschaft gewesen. Vieles sei hier nicht schwarz oder weiß, sondern grau. Was im Hintergrund liege, sei oft schwer zu erkennen. Es stimme, dass mehrere Hotels durch das Militär aufgebaut wurden. Aber es habe auch von Beginn an familiengeführte Unterkünfte gegeben, in denen Reisende übernachten und auf diese Weise die Einheimischen unterstützten konnten. Welche Hotels in der Hand von Militärs seien oder von militärnahen Familien initiiert wurden, lasse sich nicht immer eindeutig nachweisen. Es würden zwar Listen in den „sozialen" Medien kursieren, aber daraus vertrauenswürdige, offizielle Empfehlungen zu filtern sei schwierig. „Was man in Zukunft aber ganz klar machen kann: Hotels bevorzugen und bewerben, welche die zivile Revolutionsbewegung unterstützen", schlägt sie vor. Von Tourismusboykotts, um autokratische Regierungen nicht mit Devisen zu fördern, hält Nicole Häusler generell wenig. „Für die Einheimischen ist der Tourismus die einzige Möglichkeit, mit der Außenwelt in Verbindung zu bleiben", sagt sie. Die jungen Menschen, mit denen sie in der Tourismusausbildung zusammenarbeite, seien enorm wissbegierig und hätten eine Zukunft verdient – unabhängig von der politischen Situation in ihrem Land. „Es ist dieselbe Generation, die seit 2021 den Widerstand führt." Auch die Organisation Amnesty International wies –

allerdings vor dem Militärputsch im Frühjahr 2021 – darauf hin, dass ein Fernbleiben von Touristinnen und Touristen aus politischen Gründen wenig hilfreich für das Land sei.[78] In diesem Zusammenhang macht Nicole Häusler deutlich: Auch im benachbarten Thailand ist eine Militärregierung an der Macht und in Kambodscha werden ebenso Menschenrechte verletzt – der kritische Fokus, wenn es um Urlaubsreisen geht, liegt aber meist auf Birma (Myanmar). Sie ist vom Konzept der „politischen Reisen" überzeugt, um solche Regionen künftig unter einem realistischeren Aspekt bereisbar zu machen. Das sind zum Beispiel Gruppenreisen, bei denen Themen wie Menschenrechte, Migration oder interne Konflikte vor Ort behandelt werden, etwa beim Besuch von Nichtregierungsorganisationen.

GUT VORBEREITEN UND VERSUCHEN, ZU VERSTEHEN

Das Beispiel Birma (Myanmar) zeigt, wie komplex die Überlegungen sein können, die hinter einer Reise stehen. Und warum es notwendig ist, sich vorab zu informieren und sich umfangreiche Gedanken zu machen. Sowohl für das Reisen als auch für die Vorbereitung nimmt man sich oft zu wenig Zeit, findet Cornelia Kühhas, Expertin für nachhaltigen Tourismus. Sie vertritt folgende Ansicht: „Wer sich vorab mit dem Reiseland auseinandersetzt, wird auch ein realistischeres Bild davon erhalten." Damit ist vermutlich nicht das Blättern im Urlaubskatalog und das Surfen auf Feelgood-Blogs gemeint. Vielmehr geht es darum, sich einen ganzheitlichen Eindruck zu verschaffen: Wie berichten Qualitätsmedien über die Zustände und Vorkommnisse im Land? Was schreiben die örtlichen Medien? Wie äußern sich Menschenrechtsorganisationen und andere Nichtregierungsorganisationen? Um sich dem Reiseland geistig anzunähern, kann man sich laut einer Servicebroschüre der „Naturfreunde Internationale" außerdem Fragen stellen wie: Worauf freue ich mich bei dieser Reise? Möchte ich etwas lernen – und was? Welche Menschen möchte ich kennenlernen? Was weiß ich von ihnen? Was wissen sie von mir? Welche Erwartungen habe ich an sie? Wem nützt meine Reise, wem schadet sie? Welche Gedanken, welche Geschenke nehme ich auf die Reise mit, welche möchte ich nach Hause bringen? Wie werde ich als Besucherin oder Besucher erlebt? Habe ich den Raum für Unvorhergesehenes? Für Begegnungen und Gespräche? Wie viel Zeit habe ich für mich selbst? Wie viel Zeit will ich mir nehmen, mich auf Orte und Menschen einzulassen? Kehre ich gerne nach Hause zurück? Warum (nicht)?[79] Bei all diesen Vorgängen geht es darum, Bewusstheit zu erlangen. Denn nur das, was man sieht, liest und erkennt, kann man als Realität annehmen, im Gehirn verankern und darauf seine Gedanken und Handlungen aufbauen. Wenn einem bewusster ist, wohin man sich bewegt, reist man womöglich anders und verhält sich vor Ort umsichtiger. „Vielleicht erkennt man dann, dass das eigene Verhalten und Handeln woanders durchaus etwas bewirken kann", vermutet Kühhas. Um diese Aussage verständlicher zu machen, verweist sie auf den Vegetarismus als Analogie: Wer Informationen über die teils miserablen Zustände in Tierhaltungsbetrieben habe, verzichte vielleicht eher auf Fleisch. „Es ist wichtig zu wissen, was im Hintergrund passiert. Denn nur wer das realisiert, kann sein eigenes Verhalten anpassen. In der Folge sieht man, was man bis zu einem gewissen Grad selbst beeinflussen und mitgestalten kann. Das ist beim Fleischessen genauso wie beim Reisen." Die These hinter diesem Gedankenspiel: Wer genauer hinschaut, wird demnach automatisch Teil eines Veränderungsprozesses auf dieser Welt, weil das Hinschauen zum Umdenken und Handeln führt.

Es gibt aber auch einen weniger altruistischen Grund, warum es sich lohnt, Länder nicht nur durch die Brille vorgegebener

Klischees zu betrachten: die Lust am Denken. Der Philosoph Peter Vollbrecht formuliert es so: „Manche Menschen verengen die Welt auf den Spalt, der ihnen den größten Lustgewinn gibt. Sie reisen hedonistisch, werden immer stummer und können letztendlich nur ihre Fotos herumzeigen. Andere wissen, dass etwas zu verstehen zugleich auch ein Lustgefühl bedeutet. Ein anderes, intellektuelles Lustgefühl. Ihr großer Gewinn ist, dass sie sich eine Heimat in der Welt schaffen. Sie tauschen sich mit anderen aus und bauen sich eine geistige Gemeinschaft, die der Hedonistische nie haben könnte." Etwas zu verstehen und zu wissen könne eben auch etwas sehr Lustvolles sein. Wer verstanden habe, gehe befriedigter aus einer Sache heraus als jemand, der noch vor der Frage stehe oder sie gar nicht erst gestellt habe. „Wenn man etwas weiß oder eingesehen hat, ist man glücklicher und erfüllter." Was bedeutet es, eine Kultur zu verstehen? Ihre Normalität wird erkannt, ohne dass das Besondere abhandenkommt, so der 2006 verstorbene Anthropologe Clifford Geertz.[80]

VON DER LIEBE LERNEN

Um uns ein Stück weit an einen realistischeren Blickwinkel auf unsere Reiseziele anzunähern, könnten wir darüber hinaus den Begriff des „Reiserealismus" etablieren. Es handelt sich um eine Wortkreation, die immer wieder einmal auftaucht, wenn es um die Frage geht, wie ein Reisen ohne rosarote Brille aussehen könnte. Lassen wir uns dafür auf ein gedankliches Experiment ein: Setzen wir den Begriff des „Reiserealismus" mit dem vom Schriftsteller, Fernsehproduzenten, Philosophen und School-of-Life-Begründer Alain de Botton geprägten „Liebesrealismus" in Verbindung. In seinem Essay „Das Leid der Liebe" beschreibt er, warum so viele Menschen unglücklich mit ihren Liebesbeziehungen sind: Wir haben seiner Ansicht nach ganz einfach unverbesserlich optimistische Erwartungen an die Liebe. Trotz hoher Scheidungsraten und dem Wissen um das häufige Scheitern von Beziehungen würden viele Menschen das Vertrauen in die Liebe nicht verlieren. Selbst wer noch keine einzige ideale Partnerschaft erlebt habe, halte oft an den idealistischen Vorstellungen von einer solchen Beziehung fest. Nicht eigene Erfahrungen, sondern gewagte gesellschaftliche Vorstellungen, wie das Zusammenleben mit einem anderen Menschen sein könnte, seien der Grund dafür. In der Liebe seien wir nicht nur oft unglücklich, sondern auch unglücklich darüber, unglücklich zu sein. Weil in der Gesellschaft nicht thematisiert werde, wie mühevoll Liebe ist, würden wir glauben, persönlich Pech zu haben. Wir würden unseren Partner dafür verantwortlich machen, statt einzusehen, dass wir uns etwas sehr Schwieriges vorgenommen haben und die damit einhergehenden Probleme ganz normal sind. Alain de Botton plädiert deshalb dafür, realistischer auf die Liebe zu blicken. Dann sähen wir sie vielleicht in einem weniger hollywoodfilmähnlichen, romantisierten Licht – aber wir könnten unser Liebesleben bewusster und beruhigter angehen.[81] „Klüger wäre es, im Sinne des Liebesrealismus davon auszugehen, dass uns die Beziehung Mühe kosten wird – nicht aus schicksalhaften oder persönlichen, sondern aus schwer zu behebenden strukturellen Gründen. Der Liebesrealismus ist paradoxerweise nicht der Feind der Liebe, sondern eine Einstellung, die auf lange Sicht viel zum Gedeihen und Überleben von Beziehungen beitragen kann."[82]

Wie lässt sich diese Sichtweise auf das Reisen übertragen? Womöglich, wenn wir auch auf Urlaubsziele mit all ihren Begebenheiten realistischer blicken. Das gelingt, indem wir unsere Erwartungen an Reisen und Urlaub überprüfen: Wie realistisch sind sie? Was wird in den Urlaubsprospekten präsentiert – und was existiert laut Fernsehen, Magazinreportagen oder Reiseführern vor Ort noch? Was schreiben einheimische Literaten über ihre Heimat? Welche Vorzüge hat ein bestimmtes Land – und welche Schwierigkeiten, Ungereimtheiten und Schattenseiten? Wer profitiert davon, wenn wir hier urlauben? Welche sozialen und ökologischen Herausforderungen haben die Menschen vor Ort zu meistern? Und, nicht zuletzt: Wie sinnvoll und nachhaltig erholsam ist es, das ganze Jahr über unter hohem Druck und Stress zu stehen, um sich danach innerhalb weniger Wochen in einem künstlichen Paradies zu regenerieren? Wer im Urlaub nur nach dem Schönen strebt, nimmt sich – so wie in der Liebe – etwas sehr, sehr Schwieriges vor. Und ist in der Folge bitter enttäuscht, wenn die Strände nicht sauber genug, die Cocktails nicht aufheiternd genug und die Menschen nicht freundlich genug waren. Auch bettelnde Kinder oder vom Übertourismus genervte Einheimische passen nicht in die Reiseidylle, die wir uns wünschen. Wenn wir sie aber von vornherein am Schirm haben, nicht verdrängen und uns für ihre Lebensrealitäten interessieren, müssen wir nicht mehr enttäuscht, empört oder ohnmächtig sein, sondern integrieren auch das Negative, das Schwierige, das Leidvolle in unsere Reisen. So wie in der Liebe auch macht uns das bewusster und weniger abhängig von falschen Erwartungen, die niemals wirklich in Erfüllung gehen können, weil sie unter den gegebenen Umständen unmöglich zu erfüllen sind.

Ähnlich wie das vorgefertigte, romantisierte Bild, das wir von der Liebe haben, haben wir auch ein fremdbestimmtes, meist exotisch anmutendes Bild von fernen Ländern. Es sei ganz normal, etwas grundlegend anderes sehen zu wollen als das, was man von zu Hause kennt, findet der Philosoph Peter Vollbrecht. Das Unbekannte, das Fremde, der „Orient" seien die Klischeegegenden für das Exotische. Darum herum werde eine eigene Kultur imaginiert, über Musik, Literatur oder Bilder. „Das alles wirkt in uns nach. Deswegen sind wir Täter wie Opfer unseres eigenen

Exotismus. Können wir uns daraus befreien? Und wie können wir die Exotisierung der Anderen vermeiden?" Wie immer: durch Erkennen und Bewusstmachen. „Auf diese Weise kann man sich entscheiden, dieser kulturellen Traditionslinie nicht folgen zu wollen", erläutert Vollbrecht, „weil sie die bereisten Länder im Grunde genommen ideologisch neu kolonialisiert." Dem wirtschaftlichen und politischen Kolonialismus folge somit der mentale Kolonialismus, den wir durch unsere Reisen pflegten. Vollbrecht empfiehlt, sich gegenüber dieser Verführung des Exotismus kritisch zu verhalten und zu versuchen, ihr zu widerstehen. „Im Grunde ist es eine Degradierung der anderen Kulturen. Die sollen nämlich genauso sein, wie wir erwarten, dass sie sind." Bestickte Kostüme, volkstümliche Rituale – dafür werde bezahlt. Man sitze abends im Beduinenzelt und höre traditioneller Musik zu – das passe ins Bild. Die Horrormeldungen in der Zeitung über ein und dasselbe Land seien das andere Extrem.

DURCH BEGEGNUNG DIE EIGENE REISEWELT KOMPONIEREN

Es gibt aber auch ein Dazwischen, eine Mitte. „Dieser Nullpunkt ereignet sich nur durch die wirkliche Begegnung", ist Peter Vollbrecht überzeugt. Denn Exotik und andere Klischees kämen von außen, sie entstammten einem anderen Meinungsstrom. Indem wir daran andocken, übernehmen wir ihn. Das Gespräch auf der Straße oder in einem Café mit einem Einheimischen ist ein neuer Ausgangspunkt. Man wählt ihn selbst, indem man es aktiv sucht oder sich darauf einlässt, wenn es sich anbietet. Begegnung ist aber nicht nur im Sinne von zwischenmenschlichem Austausch zu verstehen. Begegnung kann jede Form von tieferer Kommunikation mit dem Reiseland sein. Beispielsweise das Herumflanieren mit der Kamera in der Hand. Nicht, um voyeuristisch durch einen Slum zu stapfen oder Strand-Selfies für den eigenen Instagram-Account zu knipsen. Sondern, um sich auf ästhetische Art und Weise mit dem besuchten Ort zu verbinden und auseinanderzusetzen. „Dabei wird ein Stück Welt komponiert", beschreibt es Peter Vollbrecht. Die Verschmelzung des Vorgefundenen mit dem komponierenden Blick des Fotografierenden bezeichnet er als einen „kreativen Umgang mit Wirklichkeit". Von Authentizität lasse sich im Tourismus ohnehin nicht sprechen. Viel eher solle man dieses Paradigma durch jenes eines kreativen Dabeiseins und Gestaltens ersetzen. Dazu gehörten eben auch die eigenen Bilder. „Wenn das Fotografieren dazu führt, dass Menschen Bilder im Sinne von seelischen Impressionen mit nach Hause nehmen, die ihnen ein tieferes Verständnis eröffnen, dann ist das zu begrüßen." Auch daran lässt sich anknüpfen. Viele solcher unterschiedlichen Erlebnisse ermöglichen es, sich ein eigenes Bild von dem bereisten Land zu erschaffen. Man bringt sich selbst ein und wird für einen kurzen Moment Teil davon. „Ich glaube, so werden tiefere Eindrücke hinterlassen als nach einem geführten Besuch in einer Pagode." Nicht den Anspruch haben, die Wirklichkeit zu sehen, aber durch aktives Einbringen und Begegnungen eine Annäherung hinbekommen: Peter Vollbrecht bezeichnet das als „engagierte Interpretation". Seiner Meinung nach ist der tiefste Sinn des Reisens, dass wir uns als „wandernde Reisende" selbst über die einzelnen Weltsplitter ein Ganzes konstruieren. Ausschlaggebend dabei sei, wie bewusst man sich vorab mit dem Reisevorhaben auseinandersetze und welche Intention hinter der gewählten Art des Reisens stehe.

Als Touristin oder Tourist wird man trotzdem wahrgenommen werden. Ist das schlimm? „Nein", meint Peter Vollbrecht, „nur wenn wir der Vision nachhängen, es gäbe den objektiven Blick." Den gibt es aber nicht. Jeder Mensch befindet sich im Spiel des Lebens in einer vorgefertigten Rolle, egal ob daheim oder als Touristin oder Tourist in einem fremden Land. Auch die Menschen in den bereisten Ländern erfüllen in den jeweiligen Gesellschaften die ihnen zugeteilten Rollen. „Wir kommen aus diesen Rollen nicht heraus, wir können aber damit spielen", findet der Philosoph. Die Evolution habe uns dafür mit einer großen Gabe ausgestattet: Humor. Diese Tugend berge die Möglichkeit, außerhalb unserer gelebten Rollen und klischeehaften Situationen gemeinsam etwas Neues sichtbar zu machen. Rollen würden durch Sprache festgeschrieben. Humor lasse sich auch ohne Sprache leben und verstehen, zum Beispiel bildhaft. Das könne die Tür zu einem neuen Zugang zu Menschen und somit zu den von ihn bewohnten Ländern eröffnen. Humor habe die verbindende Kraft, trotz unserer Verankerung in fixen Rollen mehr Verständnis füreinander gedeihen zu lassen.

Allerdings ist Humor dem Psychologen und Humorforscher Willibald Ruch zufolge wissenschaftlich gar nicht eindeutig festgelegt. Unter anderem deshalb, weil Menschen aus unterschiedlichen Ländern jeweils etwas anderes darunter verstehen. Während der vom Herzen ausgehende, wohlwollende Humor eine Erfindung des Humanismus in England ist, herrscht in Frankreich der berühmte Esprit vor – laut Duden eine „geistvoll-brillante, vor Geist und Witz sprühende Art (zu reden)". China hat das Wort Humor überhaupt erst vor rund 100 Jahren in seinen Wortschatz aufgenommen und damit sozusagen aus dem Ausland importiert. Trotz aller Unterschiede kann Humor Menschen aus unterschiedlichen Kulturkreisen miteinander verbinden. Denn fest steht: Es existiert weltweit keine einzige Kultur, die ausschließlich ernst miteinander kommuniziert. Humorvolle Phänomene gibt es so gut wie überall – und zwar unabhängig voneinander.

Wie entwickelt sich der individuelle Humor? Ob ein Mensch eher mehr oder weniger heiter durchs Leben geht, ist angeboren. Hinzu kommen familiäre Prägungen und kulturelle Regeln, worüber in welchen Situationen und wie oft gelacht werden darf. Der Forscher selbst findet, dass Humor viel mehr ist, als etwa über einen Witz zu lachen. Seinem Verständnis nach ist Humor eine „heitere Gelassenheit dem Leben gegenüber". Humorvoll ist folglich, wer nicht immer alles ernst und tragisch nimmt und auch schwierigen Situationen noch etwas Heiteres abgewinnen kann. Diese Definition von Humor fügt sich wunderbar in das Bild des wohlwollenden Reisenden ein, der mit sich, der Welt und den Menschen rund um sich eine bereichernde Verbindung eingeht. Wenn man schon nicht dieselbe Sprache spricht – vielleicht findet man sich in Situationen wieder, über die man gemeinsam schmunzeln oder gar lauthals lachen kann? Schon der deutsche Naturforscher Hermann Löns (1866–1914) wusste: „Das wichtigste Stück des Reisegepäcks ist und bleibt ein fröhliches Herz." Verknüpft man diese Aussage aus längst vergangenen Zeiten mit der Humordefinition von Willibald Ruch, ermöglicht man nicht nur sich selbst, sondern auch seiner Umgebung ungemein bereichernde Momente. Denn wohlwollender Humor wirkt sich positiv auf das Wohlbefinden aus. Er fördert freundliche Emotionen und Beziehungen – Lachen verbindet. Je mehr Humor ein Mensch hat, desto glücklicher, zufriedener und weniger depressiv ist er, hat die Humorforschung herausgefunden. Außerdem wird vermutet, dass Humor uns in stressigen Situationen entspannter bleiben lässt.[83] Das alles sind Dinge, die wir vermutlich nicht nur gern in unser Leben bringen möchten, sondern vor allem auch auf Reisen gut gebrauchen können, wenn wir mit herausfordernden Situationen oder Begegnungen konfrontiert sind.

DEN BLICK BEIM WIEDERKOMMEN SCHÄRFEN

Auch das mehrmalige Bereisen eines Landes kann dazu beitragen, sich einem realistischeren Bild einfacher anzunähern.

Beim ersten Mal geht es vielleicht großteils darum, Eindrücke zu sammeln. Diese vermengen sich mit eigenen Problemen und Ungeklärtem, der Blick ist demnach sehr von der eigenen inneren Wahrnehmung geprägt. „Sinnvolles Reisen ist das Lesen von Wirklichkeit", erklärt der Philosoph Peter Vollbrecht. „Das Lesen bringt mit sich, dass ich selber immer als Interpretierender dabei bin. Ich kann mich da nicht ausnehmen. Ich nehme etwas auf und präge mich selber hinein. Ich bin interpretierend und habe nie wirklich eine objektiv bereiste Gegenwart vor mir." Richtig verarbeiten lassen sich die Eindrücke einer ersten Reise aber anfangs nicht. „Das gliedert sich noch nicht zu einem wirklichen Verständnis", sagt Vollbrecht. Beim zweiten Mal kann man an die bereits gemachten Eindrücke anknüpfen. „So entsteht langsam ein Prozess von mir und der dortigen Welt. Der Blick wird objektiver und sachlicher." Wenn wir ein Land mehrmals besuchen, bauen wir auf diese Weise eine Art Verständnisnetz auf. Dieses bleibt zwar immer noch subjektiv. Es ist unter anderem abhängig vom Zeitpunkt der Reise und den Menschen, die wir vor Ort treffen. Aber das ermöglicht mitunter mehr, als wenn wir das Land nur einmal „abgrasen" und uns dann nie wieder dort blicken lassen würden. Dann ließe sich kaum etwas begreifen.

Es braucht Zeit, sich mit der Realität eines bereisten Landes zu beschäftigen. „Es ist ein verdammt langer Vorgang. Eigentlich unterscheidet er sich aber gar nicht davon, wie wir hier in unserem eigenen Land leben, da läuft es im Grunde genauso", erklärt der reisende Philosoph. Auch in der Heimat dauert es lange, bis wir aus unseren Eindrücken und Erlebnissen ein Bild der Wirklichkeit malen. Der Unterschied: In unserer eigenen Welt befinden wir uns von Anfang an. Wir sind ständig im Fluss, indem wir uns mit Menschen unterhalten, Bücher lesen, Informationen aufnehmen, uns in der Natur bewegen, ins Restaurant oder ins Theater gehen. Das alles dauert – Tage, Wochen, Monate, Jahre.

Daheim füllen wir unser ganzes Leben damit, uns selbst und die Welt um uns herum ein wenig zu verstehen. Beim Reisen fehlt die zeitliche Komponente, um uns ausreichend mit Eindrücken zu versorgen. „Viele Reiseveranstalter haben die Tendenz, dass der Tag voll sein muss. Noch eine Kirche, noch ein Museum. Das ist eine völlige Überforderung des Reisenden, spiegelt aber unser Weltverständnis wider – Quantität statt Qualität", kritisiert Vollbrecht. Haben wir keine Zeit, können wir fast gar nichts verstehen. Uns bewusst ausreichend Zeit zu nehmen, kann wie beschrieben heißen, dass wir wiederkommen. Oder länger bleiben. Oder beides. Vollbrecht sagt, es sei jedenfalls ein „tiefes Durchdringen der kulturellen Landschaft" vonnöten. Das ist auf viele Arten möglich. Etwa, indem man zeitgenössische Literatur einheimischer Autorinnen und Autoren liest. Auf diese Weise nähert man sich dem bereisten Land über die behandelten Themen an. Oder, indem man die Wanderschuhe schnürt und sich kilometerweit von den eigenen Füßen tragen lässt, über taunasse Wiesen stapft, durch kühlende Wälder streift und mit Einheimischen am Gartenzaun ins Gespräch kommt. Auch das Durchqueren einer Stadt, zu Fuß, im Bus, das Wahrnehmen der morgendlichen Stille oder des hämmernden Mittagslärms, das Beobachten von Straßenszenen vom Kaffeetisch aus oder das Sich-Wiederfinden in einer aufgebrachten, demonstrierenden Menschenmenge erlauben Annäherungen an den bereisten Ort, durch den das eigene Ich und die dortige Welt Stück für Stück zu einer möglichen Wirklichkeit verschmelzen.

5

WELCHE WEGE GIBT ES, UM UMWELTVERTRÄGLICHER ZU REISEN?

„Es ist viel gesagt worden über die äußeren Grenzen
des Planeten, aber es scheint so, dass die inneren,
die menschlichen Grenzen die weitaus wichtigeren sind."
Aurelio Peccei

Das Rufen der Brüllaffen bleibt Besucherinnen und Besuchern von Costa Rica noch lange im Ohr. Es ist kilometerweit zu hören und dient nicht nur der Verständigung, sondern auch der Revierabgrenzung. Hier im Nationalpark Corcovado, auf der Halbinsel Osa im Süden des Landes, schleiche ich gemeinsam mit ein paar anderen abenteuerlustigen Touristinnen und Touristen über einen schmalen Dschungelpfad. Guide Oscar macht uns immer wieder aufmerksam: auf die im Schlamm dösenden Tapire, auf ganze Gruppen von Nasenbären oder auf die unverkennbaren, schwarzen Tukane mit ihrer gelben Brust. Wir zücken das Fernglas und halten kurz inne.

Die Landschaft Costa Ricas ist geprägt von tropischen Regenwäldern, mit Palmen umsäumten Stränden, Wasserfällen, Vulkanen und mystischen Nebelwäldern. Eingebettet zwischen Pazifik und Atlantik verbindet das Land Nord- mit Südamerika. Somit beherbergt Costa Rica die Pflanzen- und Tierwelt zweier Kontinente und zweier Weltmeere und gilt als eines der artenreichsten Länder der Erde: Fünf Prozent der weltweiten Biodiversität sollen hier beheimatet sein.

Das grüne Costa Rica gilt mittlerweile als Vorzeigeland in Sachen Umweltschutz. Ein Viertel des Landes steht unter Naturschutz. Bäume dürfen nur unter strengen Auflagen gefällt werden. Nach Aufforstungsprogrammen ist die Hälfte des Landes wieder von Wald bedeckt. 98 Prozent des Stroms stammen aus erneuerbaren Energien, allen voran die Wasserkraft. Bis zum Jahr 2050 will das Land klimaneutral werden. Costa Rica gilt außerdem als attraktives Ziel für Reisende, denen der Erhalt der Umwelt am Herzen liegt. Der Ökotourismus ist gut etabliert. Das Tourismusamt vergibt ein Zertifikat an nachhaltig wirtschaftende Betriebe und Hotels. Naturverbundene nächtigen in sogenannten Ökolodges mit üppigen Gärten und Hängematten am Strand. Der Reisebuchverlag „Lonely Planet" kürte Costa Rica im Jahr 2020 zu einem der besten Reiseziele, unter anderem aufgrund seines nachhaltigen Rufs.

Zurück in den Nationalpark Corcovado. Hier leben noch heute Pumas und Jaguare in freier Wildbahn. Guide Oscar hat stets ein Auge darauf, ob sich am Boden Spuren abzeichnen. Wir Reisende sind neugierig und aufgeregt, manchmal reiben wir uns aber die Augen und gähnen. Schließlich haben wir die letzte Nacht unter einem Moskitonetz auf dem hölzernen Terrassenboden der Rangerstation „La Sirena" verbracht. Ein anstrengender Tagesmarsch zurück in die Zivilisation steht uns bevor, nachdem wir am Vortag mit einer winzigen, eigens gecharterten Propellermaschine in das Nationalparkgebiet geflogen sind.

* * *

Das Ende dieser kurzen Erzählung über Costa Rica lässt bereits vermuten, was folgt: Die Reise ins grüne Ökoparadies war vielleicht doch nicht so umweltverträglich wie angenommen. Denn nicht nur der zwölfminütige Flug mit der Propellermaschine in den Nationalpark Corcovado, sondern auch der elfstündige Fernflug von Europa nach Costa Rica sind alles andere als ein achtsamer Umgang mit der Welt. Mit dem Fernglas in der Hand den Dschungel zu durchstreifen oder zwischen üppigem Urwaldgewächs im Pool eines Ökoresorts zu planschen mag uns zwar ein herrliches Gefühl bescheren. Wir brauchen nur kurz mit dem Kopf ins kühle Nass abzutauchen, und schon haben wir unser Gewissen reingewaschen. Immerhin fördern wir mit unserer Reise zumindest vor Ort einen „sanften" Tourismus, ernähren uns von lokal produziertem Essen und sorgen für Arbeitsplätze. Dass Costa Rica im Jahr 2019 den UNO-Umweltpreis gewonnen hat, ein grün eingefärbtes Logo auf der Tourismuswebsite prangt und man innerhalb des Landes sogar mit den Propellermaschinen der „Green Airways" von A nach B kommt, verfestigt das Gesamtbild eines grünen Reiseziels. Im Instagram-Account machen sich die unterschiedlichen Grünschattierungen des Dschungelparadieses ganz nebenbei auch ziemlich gut. Somit ist die Inszenierung des personalisierten Greenwashings[84] derart perfektioniert, dass man nicht nur seine Social-Media-Gefolgschaft täuscht, sondern sich selbst gleich mit.

AN- UND ABREISE FALLEN AM MEISTEN INS GEWICHT

Weil wir es gern ausblenden, soll an dieser Stelle noch einmal betont werden: Wäre da nicht der Flug, dann könnte so ein Aufenthalt in Costa Rica unter Umständen tatsächlich ziemlich verträglich sein. Um möglichst rasch und komfortabel dorthin zu kommen, geht es aber eben nicht anders. Wir „müssen" – aus Zeit- und Bequemlichkeitsgründen – ins Flugzeug steigen und einmal quer über den Atlantik jagen. Dabei wird nicht nur CO_2 ausgestoßen. Durch die Verbrennung von Kerosin entstehen auch andere Substanzen wie Stickoxide, Aerosole und Wasserdampf. In den Höhen, in denen sich Flugzeuge bewegen, wird all das nur langsam abgebaut und wirkt sich deshalb besonders stark auf die Erderwärmung aus. Laut dem deutschen Umweltbundesamt ist die Treibhauswirkung der Luftfahrt deshalb rund zwei- bis fünfmal höher als die alleinige Wirkung des ausgestoßenen CO_2.[85] Eine neuere Studie aus dem Jahr 2020 schätzt die klimaschädliche Wirkung des Flugverkehrs rund dreimal so hoch ein wie jene der reinen CO_2-Emissionen.[86] Um die Klimawirkung der unterschiedlichen Treibhausgase vergleichbar zu machen, werden sie in CO_2-Äquivalente umgerechnet. Diese dienen als gemeinsame Maßeinheit. Ein direkter Hin- und Rückflug von Frankfurt am Main nach Costa Rica verursacht laut dem CO_2-

Rechner des Kompensationsdienstleisters „atmosfair" rund sechs Tonnen CO_2-Äquivalente pro Person. Das sagt uns erst einmal wenig. Deshalb spuckt die Plattform auch Vergleichswerte aus, um die Relationen und die Auswirkungen klarer zu erkennen. Kurz gesagt: Wer einmal nach Costa Rica und zurück fliegt, erzeugt eine dreimal so hohe Klimawirkung wie ein Jahr Auto fahren im Mittelklassewagen. Ein weiterer Vergleich: Der eine Langstreckenflug belastet das Klima zehnmal mehr, als die Jahres-Emissionen eines einzelnen Menschen in Äthiopien ausmachen.[87] Laut Angaben von „atmosfair" dürfte jede Erdbewohnerin und jeder Erdbewohner insgesamt durchschnittlich nur 1,5 Tonnen CO_2-Emissionen pro Jahr verursachen, damit die globale Erwärmung sich verlangsamt. Die sechs Tonnen CO_2-Äquivalente für den Hin- und Retourflug nach Costa Rica übersteigen das persönliche Klima-Jahresbudget also gleich mehrfach.[88]

Prinzipiell lässt sich sagen: Die An- und Abreise beeinflussen am meisten, wie schädlich oder verträglich wir uns durch die Welt bewegen. Sie bilden mit rund 80 Prozent den größten Brocken an CO_2-Ausstoß während einer Reise.[89] Und zwar egal, ob wir 10.000 Kilometer weit nach Costa Rica oder knapp über 1000 Kilometer nach Spanien fliegen. Das untermauert auch der vom WWF etablierte „touristische Klimafußabdruck": Die Umweltschutzorganisation hat für klassische Reiseziele berechnet, wie viele CO_2-Äquivalent-Emissionen An- und Abreise, Unterkunft, Verpflegung und Aktivitäten im Rahmen unterschiedlicher Urlaubsreisen verursachen. Das Beispiel einer zweiwöchigen Flugreise mit Unterbringung im Viersternehotel auf der Baleareninsel Mallorca zeigt: Allein der Hin- und Rückflug erzeugt fast eine Tonne (916 Kilogramm) CO_2-Äquivalente. Alles Weitere, was für den Urlaub nötig ist, fällt vergleichsweise gering ins Gewicht: dreizehn Hotelübernachtungen sind für 148 Kilogramm verantwortlich, die kulinarische Verpflegung schlägt mit 91 Kilogramm zu Buche, die Aktivitäten vor Ort inklusive Mietwagen und Motorbootfahren mit 58 Kilogramm CO_2-Äquivalenten. Das Beispiel veranschaulicht sehr deutlich, dass sich unsere Reiseentscheidungen – und hier vor allem das Ja oder Nein zu einer bestimmten Destination und die damit verbundene Wahl des Transportmittels – enorm auf das Klima auswirken. Der WWF empfiehlt in diesem Fall, ein weniger entferntes Reiseziel auszuwählen, das nicht nur mit dem Flieger erreichbar ist. Vor Ort verzichtet man der Umweltschutzorganisation zufolge am besten auf Aktivitäten und Sportarten, die viel Energie oder Wasser verbrauchen.[90]

WOHIN WIR REISEN, IST ENTSCHEIDEND

Entscheidend für das Klima ist also nicht nur, wie wir uns am Reiseziel verhalten, sondern vor allem, wohin wir für unsere Auszeit reisen. Es ist nicht leicht, uns das einzugestehen. Solange wir diese Tatsache von uns wegschieben, gelingt es uns ganz gut, an einem Strand in Costa Rica, Spanien oder Thailand in der Hängematte zu liegen und dabei an einem eisgekühlten Fairtrade-Kaffee zu nippen. Oder daheim jede Woche im Bioladen einzukaufen und mit dem Rad zur Arbeit zu fahren. Und uns einzureden, dass wir uns im Gegenzug dafür ruhig einen, zwei oder mehr Ferienflüge pro Jahr leisten können. Rein rechnerisch geht sich das nämlich nicht aus – Flüge blasen den persönlichen Klimafußabdruck bis ins Unendliche auf. Aber aufs Reisen, so scheint es, können und wollen wir trotzdem auf keinen Fall verzichten. Zu groß ist die Sehnsucht nach Exotismus, Entspannung, interkultureller Begegnung oder Abenteuer, zu immens die gefühlte persönliche Bereicherung. Der Postwachstumsökonom und Nachhaltigkeitsforscher Niko Paech bringt es in einem Zeitungsinterview auf den Punkt: „Vielflieger ertränken ihr schlechtes Gewissen in Bionade. In hoch entwickelten Konsumgesellschaften lässt sich Moral erwerben, um sich davon freizukaufen, genügsam zu sein."[91] Er spricht eine gewisse Doppelmoral an: Einerseits tun wir so, als wäre uns die Umwelt wichtig. Andererseits versuchen wir, durch kompensatorische Handlungen unser Gewissen zu beruhigen.[92] Passend dazu erinnere ich mich an ein Gespräch auf einer sonnigen Tavernenterrasse einer griechischen Insel. Ein Paar aus der Schweiz echauffierte sich beim Gastgeber darüber, dass er zu viele Plastikstrohhalme und einzeln verpackte Salatdressings verteile. „Ich habe schon die ganze Welt bereist, aber über die Flut an Plastik muss ich mich an so vielen Orten immer wieder aufregen", erboste sich der Mann, als ich mich vom Nebentisch aus ins Gespräch einmischte. „Und, wie sind Sie hierhergekommen?", fragte ich. „Wir sind diesmal von Frankreich aus geflogen, weil wir sowieso gerade dort waren", entgegnete er mir. „Das ist ja interessant. Sie fliegen um die ganze Welt, aber regen sich über ein paar Plastikstrohhalme auf. Das steht ja wohl – auf die Umweltschädigung bezogen – in keinem Verhältnis zueinander", antwortete ich im Bewusstsein, mich damit nicht gerade beliebt zu machen. Es kam anders. Wir fingen an, uns intensiver zu unterhalten – was wir alle drei als Bereicherung empfanden.

DIE TATSACHEN RUND UMS FLIEGEN AKZEPTIEREN

Wenn wir unseren Blick auf die Tatsachen richten, wird klar, dass Reisen – wie viele andere Lebensbereiche auch – enorme Ressourcen verbraucht und Treibhausgase emittiert. Laut Berechnungen der Universität Sydney ist der Tourismus insgesamt für acht Prozent der globalen CO_2-Emissionen verantwortlich.[93] Es existieren auch andere Studien, die Ergebnisse unterscheiden sich je nach Herangehensweise und Berechnungsart. Auch was den Anteil der globalen Luftfahrt am menschengemachten Klimawandel betrifft, kursieren unterschiedliche Angaben. Eine Studie aus dem Jahr 2019, an der das Deutsche Zentrum für Luft- und Raumfahrt beteiligt war, geht davon aus, dass der Flugverkehr 3,5 Prozent zum menschengemachten Klimawandel beiträgt.[94] Andere Untersuchungen haben berechnet, dass die Klimawirkung des Fliegens bei knapp fünf Prozent liegt.[95] Laut dem deutschen Umweltbundesamt trägt das Fliegen rund fünf bis acht Prozent zur globalen Klimaerwärmung bei.[96] Das klingt noch immer moderat. Vielfliegerinnen und Vielflieger argumentieren deshalb gerne, dass der Anteil des Flugverkehrs am Klimawandel prozentual vergleichsweise gering ist. Noch dazu seien ja nicht alle Flugreisen touristischer Art.

Die exakten Zahlen sind aber gar nicht so relevant. Denn auch hierzu gibt es unterschiedliche Berechnungen, die auf verschiedenen Grundannahmen und Herangehensweisen basieren. Sind nur die CO_2-Emissionen miteinbezogen? Oder auch die anderen Effekte wie Kondensstreifen und Schleierwolken? Inwiefern spielen zusätzliche Faktoren wie Flughöhe, Flugzeugmodelle oder Wetterbedingungen eine Rolle? „Zahlen sind in diesem Kontext eine komplexe Angelegenheit und nur in jenem Ausmaß aussagekräftig und vergleichbar, in dem man versteht, was genau dahintersteckt", erklärt die Klimawandelforscherin und Anthropologin Elisabeth Worliczek. Daher komme es bei der persönlichen Klimawirkung viel mehr darauf an, auf die Proportionen zu achten, als sich strikt an einzelnen Werten zu orientieren. Dabei lassen sich zwei Fakten nicht leugnen. Erstens: Der Treibhausgasausstoß pro Kopf ist beim Fliegen überdimensional hoch und mit keiner anderen Handlung in seiner Klimaschädlichkeit vergleichbar. Zweitens: Das Klimafreundlichste, was ein Mensch tun kann, ist nicht mehr zu fliegen. „Mir erzählen Leute oft, dass sie Energiesparlampen verwenden, leere Glasflaschen im Recyclingcontainer entsorgen, vegetarisch leben oder Elektroautos fahren. Diese klimafreundlichen Aktionen haben aber im Vergleich zum

Flug-Verzicht nur sehr geringe Wirkungen. Den größten Impact auf die Eindämmung des Klimawandels hat ein einzelner Mensch, indem er sein Flugverhalten stark reduziert", erklärt Elisabeth Worliczek. Wer das nicht tut, kann – salopp gesagt – auch gleich die ganze Nacht das Licht brennen lassen oder einen uralten Kühlschrank benutzen.

WIE WENIGE MENSCHEN VIEL SCHADEN VERURSACHEN

Anstatt auf Prozentpunkten herumzureiten ist es außerdem hilfreicher, den Blick für das Ganze zu weiten: Der Beitrag des Flugverkehrs zum Klimawandel ist nämlich im Vergleich zu Industrie oder Landwirtschaft nur deshalb vergleichsweise „gering", weil sich nur ein kleiner Teil der Weltbevölkerung das Fliegen überhaupt leisten kann. Weltweit besteigen nur rund fünf bis zehn Prozent der Menschheit jedes Jahr ein Flugzeug. Der Großteil der globalen Bevölkerung hat noch nie einen Jet von innen gesehen. Die Minderheit, bei der sich regelmäßiges Abheben finanziell ausgeht, schadet dem Klima mit ihrem Verhalten in einem überproportionalen Ausmaß.[97] Das liegt unter anderem an sozialen Ungleichheiten und dem begrenzten Zugang zum Reisen, etwa aufgrund eines fehlenden oder einschränkenden Reisepasses (siehe Kapitel 3). Wer das Fliegen überhaupt zum eigenen Mobilitätsverhalten zählen darf, fliegt meistens oft und weit. Das deutsche Umweltbundesamt hat in einer Befragungsstudie herausgefunden, dass Menschen mit höherem Einkommen einerseits gebildet und umweltbewusst sind. Andererseits verursachen sie überdurchschnittlich viel CO_2, etwa weil sie in großen, schlecht isolierten Altbauwohnungen leben oder sich eben Fernreisen leisten, um Urlaub zu machen oder internationale Freunde zu besuchen. Die Rede ist von „klimabesorgten Klimasündern". [98]

Eine repräsentative Umfrage unter Menschen im Alter von 18 bis 69 Jahren im Auftrag des VCÖ aus dem Jahr 2020 zeigt: In Österreich fliegen 39 Prozent der Bevölkerung nie und 41 Prozent einmal im Jahr oder seltener. Nur 16 Prozent heben mehrmals im Jahr ab und ein verschwindender Prozentsatz sitzt mehrmals pro Monat oder Woche im Flieger. Das macht sichtbar, dass auch hierzulande die wenigen Vielfliegenden für den Hauptteil der Flugemissionen verantwortlich sind.[99] Die Klimawandelforscherin Elisabeth Worliczek weist in diesem Zusammenhang auf die Debatte rund um eine mögliche Vielfliegersteuer hin. Aktuell können sich Vielfliegerinnen und Vielflieger kostenlose Flugmeilen „verdienen". Denkbar wäre aber auch der umgekehrte Ansatz: Wer oft ins Flugzeug steigt, soll dafür extra eine Vielfliegersteuer bezahlen.

Aber im Kern geht es um einen größeren Zusammenhang. Wenn vergleichsweise wenige Menschen durchs Fliegen einen sehr hohen Klimaschaden verursachen, was passiert dann eigentlich, wenn künftig noch viel mehr Menschen in Flugzeuge steigen? „Würden die Menschen im Globalen Süden und in den Schwellenländern ähnlich oft fliegen wie die Mitteleuropäer, ergäbe sich daraus nicht nur ein fulminantes Klimaproblem – der Planet wäre innerhalb kurzer Zeit unbewohnbar", attestiert der Nachhaltigkeitsforscher Niko Paech in seinem Buch „All you need is less".[100] Klar ist, dass künftig immer mehr Menschen die Kaufkraft haben werden, um sich am internationalen Fluggeschehen zu beteiligen. Das wird sich auch auf das Klima auswirken. Ein Blick in die Vergangenheit zeigt, wie rasch der Flugverkehr innerhalb kürzester Zeit gewachsen ist: Von 1990 bis 2019 ist die Zahl an globalen Flugpassagieren um 100 Prozent gestiegen.[101] „Der Flugsektor ist sehr unreguliert, groß, hat extreme Auswirkungen auf das Klima und ein enormes Potenzial für schnelles Wachstum", erklärt die Klimawandelforscherin Elisabeth Worliczek.

Die Prognosen zeichnen ein beunruhigendes Bild: Die Europäische Umweltagentur sagte vor Ausbruch der Corona-Pandemie voraus, dass der Flugverkehr im Jahr 2050 für fast ein Viertel aller weltweiten Emissionen verantwortlich sein könnte.[102] Trotz dieser Szenarien geht der Trend weiter in Richtung Vielfliegerei, frei nach dem Motto: „höher, weiter, schneller, öfter". Vor Ausbruch der Corona-Pandemie stieg das weltweite Passagieraufkommen jedes Jahr, Flughäfen wurden erweitert, neue Flugzeuge gebaut und angekauft. Das Deutsche Zentrum für Luft- und Raumfahrt (DLR) prognostizierte, dass sich die Zahl der Flugpassagiere von 2016 bis zum Jahr 2040 verdoppeln würde, und sagte sogar schon „Kapazitätsengpässe" voraus.[103] Im Jahr 2019 waren weltweit rund 4,5 Milliarden Passagiere unterwegs. Im ersten Jahr der Corona-Pandemie, 2020, ging die Zahl der internationalen Flugpassagiere zwar um 60 Prozent auf 1,8 Milliarden Fluggäste zurück.[104] Schätzungen gehen aber davon aus, dass die Passagierzahlen um das Jahr 2024 wieder „Vor-Corona-Niveau" erreichen werden.[105] Und dann, hofft man auf weiteres Wachstum? Somit verschieben sich die massiven Auswirkungen einer zunehmend fliegenden Weltgesellschaft nur nach hinten.

WER AM WENIGSTEN EMITTIERT, LEIDET AM MEISTEN

Zu spüren bekommen die negativen Folgen des hemmungslosen Flugverkehrs zuallererst die Menschen im globalen Süden, deren Insel-Heimaten wir so gern für unsere „nachhaltigen" Auszeiten ansteuern. „Gerade dort, wo die Menschen selbst wenig zum Klimawandel beitragen und andererseits auch wenig vom Tourismus haben, sind die Auswirkungen am größten", erklärt Cornelia Kühhas, Expertin für nachhaltigen Tourismus. Mit Klimagerechtigkeit hat das nichts zu tun. Die Klimawandelforscherin

Elisabeth Worliczek empfiehlt in diesem Zusammenhang, einen Blick auf die „Carbon Map" (www.carbonmap.org) zu werfen. Die multimediale Landkarte stellt grafisch dar, welche Länder und Kontinente pro Kopf am meisten CO_2 emittieren. Zu erkennen ist auch, welche Gebiete dadurch am verwundbarsten sind, beziehungsweise wo die Effekte am stärksten spürbar sind. „Dabei ist sehr deutlich ein Nord-Süd-Gefälle zu erkennen: Jene, die am meisten emittieren, sind nicht automatisch jene, die am meisten an den Konsequenzen zu leiden haben", ergänzt die Wissenschaftlerin, die zehn Jahre lang im Südpazifik gelebt und geforscht hat. Die dortige Inselwelt sei schon immer stark Naturgewalten wie Stürmen, Flutwellen oder Trockenperioden ausgesetzt gewesen, sagt die Anthropologin. Diese Extremereignisse häuften und verstärkten sich durch den Klimawandel. Wirbelstürme fielen etwa noch kräftiger aus. Die Auswirkungen würden zudem als extremer wahrgenommen, weil sie das Leben der Menschen massiver beeinflussen: Früher hätten die Einheimischen in einfachen Hütten aus lokalen Materialien gelebt, wo möglich im Landesinneren. Heute bewohnten sie moderne Häuser direkt an den Küsten, wohin sie im Zuge der Missionierung gezogen seien. Dort seien sie den Naturgewalten und dem Meer viel mehr ausgesetzt. Nach Stürmen und Überschwemmungen könnten sie ihre Behausungen nicht einfach ein paar Meter weiter mit lokalen Materialien wieder aufbauen. Oft müssten sie aus verwaltungstechnischen Gründen auf demselben Grundstück bleiben und viel Geld investieren, um ihr Haus wieder in einen bewohnbaren Zustand zu bringen. Importierte Güter wie Beton, feste Baustoffe, Kühlschränke und Computer müssten erst einmal finanziert werden. „Wenn die eigene Region ständig überflutet wird, immer größere Verluste einstecken muss und die für die Ernährung wichtigen Tarofelder versalzen, nimmt die Lebensgrundlage der Menschen immer weiter ab", erklärt die Anthropologin. Die Bedingungen auf den Inseln würden zunehmend schwierig. Hinzu komme, dass junge Menschen auch aus anderen Gründen abwandern würden, zum Beispiel, um auf dem Festland bessere Ausbildungen und berufliche Perspektiven zu finden.

WARUM FLIEGEN SO BILLIG IST – UND DAS GAR NICHT STIMMT

Die Inseln des Pazifiks sind fast nur per Flugzeug zu erreichen. Viele andere Reiseziele in Europa und darüber hinaus lassen sich auch umweltfreundlicher ansteuern, etwa per Bahn. Trotzdem ist von Reisenden häufig die Aussage zu hören: „Ich wäre ja lieber mit dem Zug gefahren, aber der Flug war einfach billiger." Das eigene Verhalten wird entschuldigt, indem man auf den unschlagbaren Preis verweist. Man schiebt die Verantwortung von sich und gibt damit gleichzeitig zu, dass man einer persönlichen Geiz-ist-geil-Maxime folgt. Natürlich kommt es darauf an, wie hoch der Preisunterschied ist: Kostet die Zugfahrt nur etwas mehr als der Flug oder gleich ein Vielfaches? Fakt ist: Fliegen ist tatsächlich unverhältnismäßig billig geworden. Das hat mehrere Gründe: den harten Konkurrenzkampf zwischen den Airlines, günstige Spritpreise, Lohndumping beim Personal, die Nutzung von günstigeren Provinzflughäfen oder das Ignorieren von Fluggastrechten, wie Frank Herrmann in seinem Buch „FAIRreisen" aufzählt.[106] Hinzu kommt, dass gerade der schädliche Flugzeugbetrieb von einem enormen Steuerprivileg profitiert: In weiten Teilen der Welt ist der Flugtreibstoff Kerosin von der Mineralölsteuer befreit.[107] Das gilt für Diesel und Eurosuper-Benzin beim Autotanken nicht. Auch Bahnunternehmen müssen für den verbrauchten Strom eine Energieabgabe entrichten. Zusätzlich sind internationale Flugtickets – im Gegensatz zu Zugtickets – von der Mehrwertsteuer befreit.[108] Das heißt: Fliegen ist unter anderem auch deshalb so billig, weil wir die tatsächlichen Kosten dafür nicht bezahlen müssen. Würden Mineralölsteuer und Mehrwertsteuer aufgeschlagen, wären auch die Flugpreise höher. Hierzu ein Rechenbeispiel: Laut BUND verursacht eine Tonne CO_2 Klimaschäden im Ausmaß von 180 Euro. Auf dieser Basis eine Kerosinsteuer zu erheben würde bedeuten, den Preis pro Liter Kerosin um 45 Cent zu erhöhen. Bei einem Hin- und Retourflug von Deutschland in die Dominikanische Republik wäre das Economy-Flugticket in der Folge um 182 Euro teurer.[109] Bisher bleiben Berechnungen wie diese aber Utopien. Um dieser (der Umwelt gegenüber) unfairen Preisgestaltung im Flugverkehr zumindest etwas gegenzusteuern, hat Österreich im Jahr 2011 eine Flugticketabgabe eingeführt, die aber bis 2018 schrittweise wieder halbiert wurde.[110] Statt eines gestaffelten Tarifs beträgt die Flugabgabe seit 1. September 2020 zwölf Euro je Passagier. Bei Flügen mit weniger als 350 Kilometern Entfernung macht sie 30 Euro aus.[111] Bezahlen müssen die Abgabe die Airlines, die einen Teil davon auf die Passagiere abwälzen, indem sie die Tickets um ein paar Euro verteuern.[112] Den Passagieren ist es vermutlich relativ egal, ob sie ein bisschen mehr Geld für den Flug ausgeben oder stattdessen eine überteuerte Kaffeepause am Flughafen einlegen. Eine leichte Flugpreiserhöhung ist bestimmt kein Anreiz, in den Zug umzusteigen. Die geringe Ticketabgabe hat laut VCÖ außerdem fast keine ökologischen Lenkungseffekte.[113] Ähnlich ist die Situation in Deutschland: Dort wurde im Rahmen des „Klimaschutzprogramms 2030" die von den Airlines zu zahlende Luftverkehrssteuer mit April 2020 erhöht. Sie beträgt jetzt für innereuropäische Ziele rund 13 Euro, für mittlere Distanzen rund 33 Euro und für Fernflüge knapp 60 Euro. Die Mehrwertsteuer auf Bahnfahrten im Fernverkehr wurde von 19 auf sieben Prozent gesenkt.[114] Eine Gesamtlösung auf EU-Ebene zeichnet sich ab, wurde aber bereits nach Verlautbarung im Juli 2021 von der Luftfahrtbranche kritisiert: Laut dem Klimapaket „Fit for 55" plant die EU, innerhalb von zehn Jahren schrittweise eine EU-weite Kerosinsteuer auf innereuropäische Flüge einzuführen – ausgenommen private Geschäftsflüge und Frachtverkehr.[115]

Zu den in die Flugpreise nicht eingerechneten, vom CO_2-Ausstoß verursachten Klimaschäden addieren sich weitere, externalisierte Kosten (die es aber auch beim Zugfahren gibt). Das sind Kosten, die durchs Fliegen entstehen, aber von der Allgemeinheit mitgetragen werden müssen. Allein die Produktion von Flugzeugen verschlingt Unmengen von Ressourcen, darunter auch Metalle der Seltenen Erden. Hinzu kommt die Bodenversiegelung beim Bau von Flughäfen, zusätzlichen Landebahnen, Parkplätzen, Tiefgaragen, Flughafenhotels und dergleichen. Werden immer mehr Wiesen und Felder zubetoniert, kommen wichtige Bodenfunktionen abhanden. Außerdem stoßen Flugzeugturbinen Feinstaub aus und sorgen für Lärmbelästigung. „Das alles führt dazu, dass wir ein sehr verzerrtes Bild von den tatsächlichen Kosten fürs Fliegen haben", erklärt die Klimawandelforscherin Elisabeth Worliczek. Ihrer Meinung nach sollte jede Ware und jede Dienstleistung so bepreist werden, dass auch die dadurch verursachten Ökosystemkosten abgedeckt werden. In der Flugindustrie wolle sich aber niemand die Finger daran verbrennen, höhere Preise zu verlangen. Man rede sich darauf aus, dass der internationale Sektor Fliegen sehr schwer zu regulieren sei. „Es besteht eindeutig ein mangelnder Wille an Regulation, der aber gerade in diesem Sektor eindeutig notwendig wäre." Sich die externalisierten Kosten vor Augen zu führen, trage jedenfalls dazu bei, bewusster zu werden und sich dem Thema Fliegen auf einer realistischeren Ebene anzunähern. Wahre Kosten hin oder her: Der Postwachstumsökonom Niko Paech hält von Herumrechnereien wenig. „Das Fliegen ist das Schädlichste, was ein Mensch mit einer bestimmten Menge an Geld tun kann", attestiert er. Man müsse erst gar nicht den wahren Preis einer Sache kennen, die derart schädlich sei. „Klar ist: Mit wenigen Euro kann ich mehrere Tonnen CO_2 verursachen. Das geht weder durch Fleischessen, SUV fahren, noch durch Häuser bauen oder Kreuzfahrten, sondern nur durchs Fliegen."

WIE SINNVOLL SIND KOMPENSATIONSZAHLUNGEN?

Aktuell steigen wir nicht nur unbehelligt in den Flieger, wir ignorieren auch die tatsächlich verursachten Kosten und stehlen uns, wenn überhaupt, mit Kompensationszahlungen aus der Verantwortung. Der oft zitierte Ratschlag, doch einfach ein bisschen weniger zu fliegen und diese Flüge mit ein paar zusätzlichen Euro wiedergutzumachen, ist dabei viel zu kurz gegriffen. Denn erstens kann die Zahlung die ausgestoßenen Treibhausgase nicht mehr zurückholen, sie bleiben in der Atmosphäre. Zweitens wiegt eine Kompensationszahlung niemals den verursachten Klimaschaden auf. Drittens werden solche Zahlungen nur von einer verschwindend geringen Menge an Flugpassagieren geleistet.[116] Und viertens sind viele Kompensationsprojekte gar nicht zielführend. Im Detail: Wer für seinen Flug eine Kompensationszahlung leistet, unterstützt Projekte rund um Klimaschutz und erneuerbare Energien. Damit soll der Schaden, den der Flug verursacht, wieder behoben (und das Gewissen bereinigt) werden: Jene Menge an CO_2, die der Flug verursacht hat, soll anderswo wieder eingespart werden. Zu solchen Projekten zählen zum Beispiel die Erzeugung von Solarstrom, um Emissionen zu vermeiden, oder Aufforstungen von Wäldern, um Treibhausgase aus der Atmosphäre zu binden. Nur: Der Flug bleibt für das Klima genauso schädlich – egal, ob mit oder ohne Ausgleichszahlung und dadurch gefördertes Klimaprojekt.[117] Das räumt auch der Anbieter „atmosfair" ein, der ausschließlich Projekte zur Förderung erneuerbarer Energien vorantreibt: Kompensation könne das Klimaproblem nicht lösen, weil sie nichts an den eigentlichen CO_2-Quellen, (Anm. der Autorin: dem emissionsreichen Flugverkehr) ändere. Sie trage aber dazu bei, Fluggäste für die Klimaschädlichkeit bestimmter Aktivitäten zu sensibilisieren. Durch die Umrechnung von Umweltkosten in Geld würde die Ressource Klima nicht länger als frei verfügbares Allgemeingut wahrgenommen.[118] Laut der Klimawandelforscherin Elisabeth Worliczek hat nur ein verschwindend geringer Anteil aller von unterschiedlichen Anbietern durchgeführten Kompensationsprojekte einen Mehrwert. „Es hat sich herausgestellt, dass nur ein verschwindend geringer Anteil der Initiativen sozial verträglich, gewollt und tatsächlich sinnvoll ist", erläutert sie. Sie bezeichnet die meisten Kompensationsprojekte als eine Art Ablasshandel und als klassisches Greenwashing. Nicht selten entstehe dadurch mehr Schaden als Nutzen. „Man braucht nicht zu glauben, seine CO_2-Bilanz durch solche Zahlungen reinwaschen zu können. Aber sie können eine letzte Lösung sein, wenn sie professionell aufgestellt sind, etwas Positives bewirken, sozial verträglich sind und einen tatsächlichen Mehrwert liefern."

Das ist kein leichtes Unterfangen, wie beim kritischen Blick auf Aufforstungsprojekte klar wird: Diese müssen sehr durchdacht und gut begleitet sein, damit sie wirklich den gewünschten positiven Effekt erzielen. Bäume brauchen nämlich sehr lange, um das aufgenommene CO_2 aus der Atmosphäre zu entfernen. Werden sie vorzeitig gefällt oder sterben ab, bringt das wenig. Das Klima muss aber jetzt gerettet werden, nicht erst in der Zukunft. Um das zeitliche Problem in den Griff zu bekommen, werden oft schnell wachsende Baumarten wie Eukalyptus oder Akazien (in den Tropen und Subtropen) oder Pappel und Weide (in heimischen Gefilden) angebaut. Das bringt allerdings ein neues Problem mit sich: Solche Baumarten brauchen wegen ihres schnelleren Wachstums vergleichsweise viel Wasser. Das wiederum kann den Grundwasserspiegel absenken. Schnell wachsende Baumarten produzieren außerdem Holz, das sich nicht als Baustoff, sondern nur als Brennholz eignet. Durch die Verbrennung entsteht dann wiederum das, was eigentlich ausgeglichen werden soll: CO_2. Aufforstungsprojekte in Form von Monokulturen entwickeln außerdem eine viel geringere Artenvielfalt als naturnahe Wälder. Je weniger divers die Baum- und die im Wald lebenden Tierarten sind, umso anfälliger ist der Wald wiederum für Schädlinge und Trockenheit. Je mehr Bäume krank sind und gefällt werden müssen, umso weniger CO_2 können sie speichern.[119]

Unterstützenswerte Baumpflanzprojekte haben mehrere Merkmale. Erstens: Sie verwenden für die Region standortgerechte Pflanzen. Zweitens: Die lokale Bevölkerung ist eingebunden, das heißt, vor Ort fühlt sich jemand verantwortlich für das Projekt. Und drittens: Die Initiativen werden fachkundig begleitet, damit die Jungbäume auch wirklich zu stabilen Wäldern wachsen können, die naturnah bewirtschaftet werden.[120] Wichtig ist auch die Antwort auf die Frage: Wie überprüfen die Anbieter von Kompensationsprojekten, ob die geförderten Projekte nicht sowieso – also auch ohne Kompensation – durchgeführt worden wären?[121] Letztendlich gilt: Am besten für das Klima ist es, gar nicht zu verreisen und somit auch keine Emissionen freizusetzen. Ganz nach dem Gedanken: Die „nachhaltigste" Reise ist die, die nicht angetreten wird. Am zweitbesten ist es, ein emissionsärmeres Verkehrsmittel wie den Zug zu wählen. Ein Flug mit Kompensationsausgleich ist nur die drittbeste Wahl. Und birgt die Gefahr des Rebound-Effekts: Wer Kompensationszahlungen als Rechtfertigung dafür sieht, noch öfter zu fliegen, schadet dem Klima mehr, als er es schützt.[122]

WANN WIRD FLIEGEN ENDLICH UMWELTFREUNDLICHER?

Die vielfach ausgesprochene Hoffnung von Reisenden, die sich ein Leben ohne Fernreisen einfach nicht vorstellen können: Neue Technologien werden es schon richten! Immerhin wird laufend daran geforscht und es gibt sogar schon erste Erfolge. Einer Recherche des ZDF zufolge soll das Fliegen in 30 Jahren in Europa 75 Prozent weniger CO_2, 90 Prozent weniger Stickoxide und 65 Prozent weniger Lärm verursachen als heute.[123] Der Anteil an „grünen" Ersatz-Treibsoffen für Kerosin soll auf europäischen Flügen bis 2050 bei über 60 Prozent liegen. Da diese Alternativen aktuell noch sehr teuer sind, würden die Flugpreise folglich um einiges ansteigen.[124] Ist das Um-die-Welt-Jetten erst einmal nicht mehr so klimaschädlich und vielleicht sogar noch zeitsparender, dann können wir beruhigt weiterfliegen – oder? Vielleicht heben wir dann sogar viel öfter ab! Was im ersten Augenblick wie eine erlösende, greifbar nahe Zukunftsmusik erklingt, entpuppt sich beim näheren Hinschauen als wenig realistisch. Zwar arbeiten Forschung und Wirtschaft tatsächlich fortlaufend an technischen Innovationen. Es sind ganz unterschiedliche Maßnahmen, an denen getüftelt wird, von kürzeren Flugrouten, optimierten Triebwerken, aerodynamischen Flugzeugformen bis zu Elektromotoren oder Hybridantrieben. Was bahnbrechend klingt, ist im Detail betrachtet eher ernüchternd. Flugzeuge mit alternativen Antriebsformen dürfen aus technischen Gründen vom Gewicht her nicht zu schwer sein und haben deshalb, grob zusammengefasst, recht geringe Sitzplatzkapazitäten und Reichweiten.[125] Propagiert werden in letzter Zeit auch synthetische Kraftstoffe namens „e-Fuels". Sie werden aus elektrisch gewonnenem Wasserstoff und Kohlendioxid hergestellt.[126] Kommt der dafür benötigte Strom aus Wind- oder Sonnenenergie, gelten sie als CO_2-neutral.

Jedoch müssen sie extrem energieaufwendig produziert werden, sind weitaus teurer als konventionelles Kerosin und deshalb noch lange nicht flächendeckend einsatzfähig und bezahlbar.[127] Von der Luftfahrtindustrie unabhängige Institutionen wie die Mobilitätsorganisation VCÖ bleiben daher mit ihrer Einschätzung auf dem Boden der Tatsachen: Die möglichen Einsparungen durch leicht veränderte Flugrouten und neue Technologien sind demnach minimal. Vor allem, wenn man die vorhergesagten Wachstumsraten des Flugverkehrs berücksichtigt.[128]

Allein der technische Fortschritt wird uns also kaum retten. „Auch deshalb nicht, weil der Klimawandel in größere Fragen rund um das Ökosystem, den Ressourcenverbrauch und das Wachstumsparadigma eingebettet ist", erklärt die Klimawandelforscherin Elisabeth Worliczek. Die Fixierung auf noch nicht bestehende Zukunftstechnologien ist für sie beunruhigend. Oft würden unter anderem auf EU-Ebene Ziele gesetzt, es fehle aber an konkreten Plänen zur Umsetzung. „Auf neue, noch nicht existierende Technologien zu setzen ist in unserem System sehr stark verankert, aber gerade in der Luftfahrt könnte man durch mehr Steuern und weniger Subventionen viel mehr lenken."

Auch der Nachhaltigkeitsforscher Niko Paech kritisiert das Propagieren von Zukunftsszenarien wie diese als „fast schon religiöse Fortschrittsgläubigkeit". Dabei beruft man sich seiner Ansicht nach auf einen Fortschritt, der noch gar nicht verwirklicht ist und dessen Vorhandensein in der Zukunft nicht beweisbar ist. „Beim Fliegen werden Handlungen mit der Begründung ausgeführt, dass diese eigentlich gar nicht schädlich sein dürften – wenn nur der technische Fortschritt schon eingetreten wäre, der sie ökologisch reinigt." Dieses Glaubenssystem werde von Politik, Wirtschaft und Wissenschaft aufrechterhalten, weil der Glaube an Fortschritt auch Hoffnung erzeuge. Das sei „Unaufgeklärtheit" und „reine Religiosität". Es ist ihm zufolge schlichtweg unbeweisbar, dass Flugzeuge jemals mit Wasserstoff, Elektroantrieb oder auf andere Weise existieren werden, die den Flugverkehr ersetzen könnten, den es heute gibt – und der noch ansteigen wird. Nicht einmal beim Verkehr am Boden gelinge uns eine derartige Substituierung. „Es ist abstrus, sich einen Flugverkehr vorzustellen, bei dem Menschen bezahlbar und in großen Quantitäten befördert werden können, ohne gigantische ökologische Schäden zu verursachen", sagt Paech. Er findet: In einem Rechtsstaat dürfe man die Beweislast nicht umkehren. Sondern die Beweislast liege bei denjenigen, die behaupten, dass so etwas möglich sei. Hinzu kommt: Selbst wenn es in ferner Zukunft weniger klimaschädliche Urlaubsflüge gibt, müssen sie auch bezahlbar sein. Würde tatsächlich beides eintreten – umweltfreundliche Flüge zum Top-Preis –, bestünde noch immer die Gefahr eines finanziellen Rebound-Effekts. Das heißt: Die Menschheit würde vielleicht gerade wegen der möglicherweise nur relativen Klimafreundlichkeit und zugleich finanziellen Leistbarkeit noch öfter in den Flieger steigen. Das wiederum könnte die durch die technischen Entwicklungen eingesparten Umweltbelastungen schmälern oder zunichtemachen. Ganz zu schweigen von sogenannten materiellen Rebound-Effekten: Denn auch neue, klimafreundlichere Flugzeuge müssen erst gebaut werden – und das kostet Ressourcen. Paech: „Jeder Eingriff in die Physik, um eine neue technologische Möglichkeit zu schaffen, bedeutet, die Entropie zu erhöhen. Das wiederum heißt, das physische Gefüge, das uns umgibt, in einen höheren Grad von Unordnung zu versetzen."

Somit hat jede neue Technologie immer auch Schattenseiten, weil sie nicht aus dem materiellen Nichts geschöpft werden kann. Außerdem stellt sich die Frage: Wenn wir irgendwann umweltfreundlich und vielleicht sogar schneller von A nach B fliegen könnten – woher würden wir überhaupt die Kapazitäten für ein noch exzessiveres Reise-Dasein nehmen? Und damit sind nicht unbedingt die zeitlichen Ressourcen gemeint. Sondern vielmehr die körperlichen, seelischen und geistigen. Fliegen, Unterwegssein und die Auswirkungen der Zeitumstellung sind anstrengend für den Organismus. Aber viel mehr als das: Wir leben schon jetzt relativ abgekoppelt von uns selbst, mit einem Bein stehen wir sozusagen stets in der verheißungsvollen Fremde, die uns ein Erlösen von den Problemen des Alltags verspricht. Wir spüren uns kaum selbst, sind ständig im Außen und rasen im Eiltempo durch etwas, das wir unser Leben nennen, das in Wirklichkeit aber vielmehr ein Abarbeiten von Kontakten, Aufgaben und Listen ist. Verlieren wir uns endgültig in Raum und Zeit, wenn wir die Erde noch schneller und öfter umrunden und uns damit immer mehr von uns selbst entfremden?

WIE HÄUFIG DÜRFEN WIR DENN ÜBERHAUPT NOCH FLIEGEN?

Auch dieser Frage weichen wir gerne aus. „Ich versuche, weniger zu fliegen – und wenn, dann zahle ich eine Kompensation", liest oder hört man oft von sogenannten Greenfluencern, die einen „nachhaltigen" Lebensstil propagieren. Andernorts werden Tipps gegeben, wie man möglichst „umweltschonend" fliegt: Etwa durch das Buchen von Direktflügen, weil so die kerosinverschwenderischen Zwischenstopps vermieden werden. Oder, indem man sich im atmosfair Airline Index (AAI) die klimaeffizientesten Airlines heraussucht. Auch, indem man zumindest auf unnötige Kurzstreckenflüge verzichtet und bei längeren Flugreisen so lange wie möglich vor Ort bleibt, um zumindest die lokale Wirtschaft zu unterstützen. Sogar die Praxis, die eigene Trinkflasche mit ins Flugzeug zu nehmen und dadurch Plastik zu sparen, gilt in manchen Kreisen als „nachhaltig". Auch klimaneutrale Flughäfen sollen das Fliegen ein Stück weit umweltfreundlicher machen. Sie verwenden zum Beispiel Energiesparlampen, Ökostrom und Elektroautos. Was durch technische Maßnahmen nicht möglich ist, wird in den Plänen mancher Flughäfen kompensiert.[129] Die österreichischen Flughäfen wollen ihre CO_2-Emissionen bis zum Jahr 2050 auf null reduzieren.[130]

All diese Schönfärberei verleitet uns dazu, mit kleinen Einschränkungen weiterzumachen wie bisher – und das glattgebügelte Gewissen fliegt mit, während der Magen das vegane, klimafreundliche Bordmenü verarbeitet. Auch die öffentlichkeitswirksame Strategie mancher Reisejunkies, zusätzlich zu ihren vielen Flügen auch noch ein, zwei längere Bahnreisen pro Jahr mitzunehmen – was sich gut auf ihren Blogs und Instagram-Kanälen macht –, ist zu hinterfragen. Denn fliegen, sagt die Klimawandelforscherin Elisabeth Worliczek, dürfte man als Europäerin oder Europäer eigentlich gar nicht mehr. „Die Frage rund ums Fliegen erübrigt sich, wenn wir auf unser persönliches CO_2-Budget schauen – und dabei nehme ich mich als Privatperson und Klimawandelforscherin nicht aus." Laut Pariser Klimaziel soll die Erderwärmung im Vergleich zum vorindustriellen Niveau auf deutlich unter zwei Grad Celsius begrenzt werden. Um das zu erreichen, dürfte jeder Mensch auf der Welt nur mehr rund zwei Tonnen CO_2 pro Jahr emittieren. EU-Bürgerinnen und -Bürger konsumieren mit acht bis neun Tonnen pro Jahr durchschnittlich vier Mal so viel CO_2. Der weltweite Durchschnittsverbrauch liegt bei rund vier Tonnen CO_2 pro Jahr, also immer noch doppelt so hoch wie das berechnete Maximum. Zum Vergleich: Bei einem Langstreckenflug hin und retour werden rund fünf Tonnen an CO_2-Äquivalenten in die Luft geblasen. Auch hier gilt wieder: Auf den exakten Zahlen herumzureiten, ist wenig sinnvoll. Fakt ist aber: Wir verbrauchen pro Kopf viel mehr CO_2 als uns zustünde, wenn man das verbleibende CO_2-Budget gleichmäßig auf die Weltbevölkerung verteilen würde. „Jede Europäerin und jeder Europäer, die oder der ein paarmal außerhalb des eigenen Kontinents war, hat dieses Budget für den Rest seines oder ihres Lebens schon längst ausgeschöpft", bringt es die Klimawandelforscherin auf den Punkt. Dabei sind die historischen Emissionen noch gar nicht miteinbezogen, die sich seit Beginn der Industrialisierung vor allem im globalen Norden angesammelt haben.

Durch das Weglassen von Flügen könnten wir unser persönliches CO_2-Konto am schnellsten und einfachsten minimieren. Elisabeth Worliczek plädiert dafür, am automatischen Reflex anzusetzen, wenn der nächste Flug im Raum steht – etwa ein Wochenendtrip im Billigflieger. Das heißt, den „Schnell mal buchen"-Mechanismus kurz zu stoppen, innezuhalten, sich selbst eine innere Schranke aufzuerlegen und sich zu fragen: Will ich das jetzt wirklich? Ist es für mich persönlich tatsächlich der absolute Mehrwert, um mich zu entspannen oder beruflich weiterzukommen, wenn ich diesen Flug buche? Ist es überhaupt notwendig? Oder bietet es sich nur an, weil es billig oder einfach möglich ist? Dabei gehe es nicht um einen Verzicht, sondern um das Hinterfragen der Notwendigkeit. „Wir leben in einer sich zunehmend globalisierenden Welt, in der ein gewisser Grad an Mobilität immer bestehen bleiben wird. Aber sich gerade als Vielfliegerin oder Vielflieger diesen inneren Zwischenstopp zu setzen, könnte einen Großteil der unnötigen Flüge reduzieren und damit einen positiven Klimaeffekt erzielen", findet Elisabeth Worliczek. Nicht nur das: Wer weniger fliegt, profitiert auch gesundheitlich, denn häufiges Fliegen strengt körperlich an.

Dem Nachhaltigkeitsforscher Niko Paech zufolge ist Fliegen kein Grundbedürfnis, sondern „dekadenter Luxus". Demnach ist es ein großer Unterschied, ob wir ökologisch falsch handeln, um menschliche Grundbedürfnisse zu erfüllen, oder um in den Urlaub zu fliegen. Ein Kohlekraftwerk in Indien zu bauen sei beispielsweise ökologisch ruinös. Was aber, wenn es dazu dient,

Krankenhäuser zu betreiben und damit die gesundheitliche Versorgung sicherzustellen? Oder um mit dem erzeugten Strom Grundnahrungsmittel verfügbar zu machen und die Beleuchtung von Schulen zu gewährleisten? „Umgekehrt ist noch niemand verhungert, erfroren oder erkrankt, wenn er keine Urlaubsreise mit dem Flugzeug antreten oder als Schülerin keinen fremden Kontinent besuchen konnte."[131] In solchen Fällen liegen die sozial und ökonomisch begründbaren Einsparungspotenziale Paech zufolge möglicherweise bei über 90 Prozent. Sie seien kurzfristig umsetzbar. Und: Sie könnten nicht an der Finanzierung teurer Substitute scheitern, weil sie in ersatzloser Unterlassung bestünden.[132] Wer fliege, müsse beweisen, dass es angemessen sei und gute Gründe dafür gebe – aber die gebe es nicht. Die Vielfliegerei bezeichnet er als Privileg, das „seit weniger als einem historischen Augenaufschlag" existiert. Dieser noch vor Kurzem als „science-fictionartig wahrgenommene Luxus" werde heute als Normalität dargestellt. Paech formuliert klar und deutlich, was so viele von uns nicht hören wollen: „Beim Fliegen kann der Richtwert nur bei null liegen." Er hat auch gleich das passende Rechenbeispiel zur Veranschaulichung parat: Wer heute 90 Jahre alt werde und zum Lebensende von sich behaupten möchte, verantwortbar und global gerecht gelebt zu haben, dürfte in seinem gesamten Leben nicht mehr als 90 Tonnen CO_2 verursacht haben. Die eigene Bilanz zu ermitteln, ist heute dank diverser CO_2-Rechner ein Leichtes. „Wie jemand diese 90 Tonnen umsetzt, sollte ihm selbst überlassen bleiben", findet Paech. Gleichzeitig weist er darauf hin: Ein- oder zweimal im Leben ein Flugzeug zu besteigen, könne man vielleicht durch eine vegetarische Lebensweise, eine sehr kleine Wohnung oder den Verzicht auf ein eigenes Auto noch ausgleichen. Mehr Flugreisen seien rein physikalisch aber nicht drin, so Paech. „Wir können die Physik und auch die ökologischen Grenzen nicht einfach nach Belieben biegen, wie Uri Geller das einst mit den Löffeln gemacht hat. Die Richtschnur ist die individuelle CO_2-Bilanz. Alles andere ist Selbstbetrug, das sollte endlich offen ausgesprochen werden." Und wenn wir jetzt alle auf den Zug umsteigen und nie wieder ein Flugzeug betreten? Das ist auch nicht die komplette Lösung. Denn erstens würde das Bahnsystem total überlastet, zweitens könnten wir Reisen dann nie und nimmer im selben Ausmaß betreiben.

Genau das ist das Stichwort: „Wir sind zu mobil", sagt Paech, „wir müssen die Mobilität reduzieren. Wir müssen die pro Menschenleben zurückgelegten Kilometer reduzieren." Das hört niemand gerne. Und doch ist etwas dran, wenn der Postwachstumsökonom erklärt, dass wir nicht für jede Handlung einen Ersatz schaffen können. Postwachstum hat auch etwas mit Genügsamkeit und Sesshaftigkeit zu tun. Paech: „Wenn wir diese Suffizienz im Mobilitätsbereich nicht umsetzen, sind wir nicht zu retten."

Dazu noch einige eigene Gedanken: Weniger zu konsumieren und weniger mobil zu sein wird häufig mit Verzicht gleichgesetzt. Unser aktuell gepflegter Lebensstil zwingt uns jedoch zu Entbehrungen auf einer viel elementareren Ebene: Wir geben unseren Anspruch auf genügend Zeit und weniger Stress, saubere Luft, eine intakte Umwelt und eine enkeltaugliche Zukunft auf. Gerade eine bewusste, gewollte Reduktion hat das Potenzial, enorm viel zu erreichen. Wenn wir uns dazu aufmachen, in Zukunft achtsamer, bewusster und umsichtiger unterwegs zu sein, reisen wir zugleich langsamer, gemächlicher und klimaschonender. Damit einher geht, dass wir im Inneren einen Gang herunterschalten, der Welt und den Menschen in den besuchten Ländern mit Würde begegnen und uns selbst dabei selbst wieder näherkommen. Und zwar ohne das Gefühl zu haben, verzichten zu müssen. Sondern mit der Gewissheit, enorm viel an Entschleunigung, Gelassenheit, emotionalem Reichtum, Erdung und Lebensfreude dazuzugewinnen.

FLIEGEN, UM DIE WIRTSCHAFT ZU „RETTEN"?

Ein häufiger Einwand in der Flugdebatte: Tourismus stellt einen der weltweit größten Wirtschaftszweige dar. Die dramatischen wirtschaftlichen Auswirkungen eines globalen Flugrückgangs auf touristisch stark geprägte Länder hat die Corona-Pandemie vor Augen geführt. Cornelia Kühhas, Expertin für nachhaltigen Tourismus, plädiert grundsätzlich dafür, bewusst zu reisen und seltener ins Flugzeug zu steigen, meint aber: „Das Fliegen ganz abzuschaffen löst unsere Probleme nicht, weil so vieles andere damit verbunden ist, zum Beispiel die wirtschaftliche Grundlage vieler Menschen." Die Klimawandelforscherin Elisabeth Worliczek spricht von einem Dilemma. „Tourismus bringt einerseits Wohlstand und zerstört andererseits viel. Eine einfache Lösung gibt es nicht." Nachhaltige Tourismuskonzepte würden zwar in einigen Regionen existieren. Der klimaschädigende Effekt von Flügen bleibe aber bestehen.

Der Tourismusforscher Harald Friedl vertritt eine ähnliche Ansicht: Die Ethik des Reisens wird seiner Meinung nach ab absurdum geführt, wenn man sich dabei auf nur einen Aspekt, etwa die ökologische Verträglichkeit, beruft. „Würden wir als Klimaschutz-Maßnahme alle Flugreisen von heute auf morgen streichen, gäbe es in vielen Urlaubsregionen keine Einnahmen mehr und damit verbunden womöglich soziale Unruhen", sagt er. Auch das sei nicht „nachhaltig" und eine Art „Ökofaschismus". Soziale und ökologische Verträglichkeit sind seiner Meinung nach direkt miteinander verschränkt. Neben dem Klimawandel ist auch die Umverteilung von Teilhabe und Vermögen ein Thema. Seine Überzeugung: Man könne die Natur nicht gegen die Kultur aufwiegen. Denn erst die Kultur ermögliche es uns, die Ressourcen der Natur überhaupt zu nutzen. „Der Wert, den wir Ressourcen zuschreiben, entsteht erst über die Kultivierung der Natur", erklärt Friedl. Radikale Lösungen würden seiner Ansicht nach stets unerwünschte Folgeprobleme erzeugen, weil die Welt komplex sei und wir ein System niemals als Ganzes denken könnten. Deshalb sei ethisches Handeln als lernendes Verhalten zu verstehen. „Wenn man nicht sagt: Ich will das Richtige machen, sondern: Ich will das Bessere machen." Laut dem Tourismusforscher sollte das Ziel nicht sein, die Globalisierung abzuschaffen. Vielmehr gehe es darum, deren extreme Form, nämlich die Beschleunigung und Auslagerung von Kosten an andere Menschen und die Umwelt, zu beenden. Er verweist auf eine Aussage des indischen Revolutionärs und Pazifisten Mahatma Gandhi: „Die Welt hat genug für jedermanns Bedürfnisse, aber nicht für jedermanns Gier." Der Postwachstumsökonom Niko Paech eröffnet in der Debatte rund um den Wirtschaftsfaktor Tourismus eine weitere Perspektive: Man kann seiner Meinung nach nicht alles mit der Schaffung von Arbeitsplätzen rechtfertigen. Immerhin würden auch Kriege durch die Rüstungsindustrie Jobs kreieren, deshalb seien sie noch lange keine gute Sache. Die Argumentation „Wir müssen wegen der Arbeitsplätze den Planeten zerstören" greift ihm zufolge nicht. „Denn wenn der Planet zerstört ist, helfen auch die Arbeitsplätze nichts."

WEITERE ÖKOLOGISCHE AUSWIRKUNGEN DES REISENS

Unbestreitbar ist: Mobilität, und hier vor allem das Fliegen, ist innerhalb des Tourismus das größte Umweltproblem. Aber Reisende müssen nicht nur irgendwie an den Urlaubsort kommen, sondern auch irgendwo übernachten und irgendetwas essen. Deshalb verbrauchen wir auch vor Ort Ressourcen: Der Bau von Parkplätzen, Hotels und Thermenanlagen frisst wertvolle Flächen. Dadurch werden Böden versiegelt.[133] Werden Wiesen und Felder zubetoniert, asphaltiert oder gepflastert, hat das enorme Auswirkungen auf das Ökosystem: Regenwasser kann weniger gut versickern, um die Grundwasservorräte aufzufüllen. Versiegelte Böden sind zudem nicht in der Lage, Wasser zu verdunsten, und können somit im Sommer die Luft nicht kühlen. Auf Beton und Asphalt wachsen außerdem keine Pflanzen, die Schatten spenden und als Wasserverdunster wirken könnten.[134] Der Bau von touristischer Infrastruktur verschließt aber nicht nur Flächen, sondern verändert auch das Landschaftsbild. Weil viele von uns großen Wert auf idyllische, panoramareiche Ausblicke und in die Naturlandschaft eingebettete Unterkünfte legen, werden in alpinen Regionen genauso wie an Stränden überdimensionale Hotelkomplexe hingeklotzt, die wie Fremdkörper inmitten der üppigen Natur wirken. Das führt zum nächsten Dilemma. Von der morgendlichen Dusche bis zur Schwimmrunde im Pool: Tourismus verbraucht Unmengen an Wasser. Gerade in Regionen mit Wasserknappheit kann das aber zum Problem werden. Wasser aufzubereiten ist aufwendig, es mit Tankschiffen oder Tankwagen heranzukarren, ist teuer. Touristinnen und Touristen werden in Gebieten mit Wassermangel zur Konkurrenz der Einheimischen. Denn diese benötigen Trinkwasser und Wasser, um ihre Felder zu bewirtschaften.[135] Auf der indonesischen Ferieninsel Bali beansprucht die Tourismusindustrie 65 Prozent des vorhandenen Wassers für sich, so die lokale Nichtregierungsorganisation IDEP Foundation. Der Verein „I'm an Angel" gibt an, dass Touristinnen und Touristen in Luxusresorts durchschnittlich 2000 bis 4000 Liter Wasser verbrauchen.[136] Der hohe Wasserverbrauch auf Bali hat zur Folge, dass der Grundwasserspiegel sinkt, Salzwasser ins Grundwasser einsickert und sich die Wasserqualität verschlechtert. Reisbauern mangelt es an Wasser und von Hand gegrabene Brunnen trocknen aus.[137]

Und das führt uns zur Ernährung: Oft befinden wir uns auf Reisen an Orten mit wenig Landwirtschaft und geringer lokaler

Lebensmittelproduktion. Der Klassiker: Das Frühstücksbüfett präsentiert sich in Hülle und Fülle, obwohl das besuchte Eiland zu sandig oder gebirgig für die Bewirtschaftung von Feldern ist. Auch wenn Bäuerinnen und Bauern in fruchtbaren Regionen Gemüse, Getreide oder Obst anbauen, heißt das nicht, dass die regionalen Produkte den Weg in die Küchen der ansässigen Hotels und Restaurants finden. „Vielmals sind die verwendeten Lebensmittel nicht aus der Region und werden eingeflogen", erklärt Cornelia Kühhas. Egal, ob im Land hergestellt oder importiert: Lebensmittel sind meist verpackt, oft in Plastik. Damit sind wir beim Müll, denn auch den verursachen wir Reisende en masse. Vierzehn Prozent der weltweiten Siedlungsabfälle sollen von Touristinnen und Touristen verursacht sein. Das Institut für Abfallwirtschaft der Universität für Bodenkultur (BOKU) in Wien hat elf beliebte Urlaubsdestinationen, darunter Dubrovnik und Teneriffa, im Hinblick auf Müll analysiert. Dabei kam heraus, dass pro Gast bis zu zwei Kilogramm Müll pro Nacht produziert werden. Darunter ist nicht nur normaler Alltagsmüll. Einberechnet ist auch die Tatsache, dass in Hotels Handtücher und Bettwäsche öfter gewaschen oder Geräte wie Föhn und Fernseher früher ersetzt werden als in einem normalen Haushalt. Vor allem Inseln haben aber Schwierigkeiten damit, Müll zu entsorgen. Die Plastikbecher der Strandbars landen daher oft auf einer Mülldeponie oder müssen mit dem Schiff weggebracht werden.[138]

Kurzum: So wie wir jetzt reisen, zer-reisen wir die Welt – wir zerreißen sie regelrecht. Die 1979 getätigte und viel zitierte Aussage „Der Tourist zerstört, was er sucht, indem er es findet" des Schriftstellers Hans Magnus Enzensberger ist nach wie vor gültig. Wir übertreiben die Suche nach den globalen Natur- und Kulturschätzen des Planeten mittlerweile so maßlos, dass unsere Reisen eine zerstörerische Invasionskraft entfalten und uns von uns selbst entfremden. Dabei scheinen wir zu vergessen, dass wir selbst Teil dieser grandiosen Natur sind, die wir mit Füßen treten und regelrecht niedertrampeln. „Sobald es um Urlaub geht, gönnt man sich etwas Gutes, und die bis dahin gemachten Vorsätze sind weg", beschreibt es Cornelia Kühhas. „Das liegt vermutlich daran, dass man sich gerade im Urlaub nicht mit vermeintlichen Einschränkungen beschäftigen möchte." Dabei sei verträglicher Tourismus ihrer Einschätzung nach überhaupt nicht mit Einschränkungen verbunden. Im Gegenteil: Er stehe für Qualität, etwa in Form von intakter Umwelt, zufriedenen Mitarbeiterinnen und Mitarbeitern und damit verbunden gutem Service für die Touristinnen und Touristen. Warum handeln wir klima- und umweltschädigend, wenn uns die (Um-)Welt doch eigentlich am Herzen liegt? Warum fliegen wir tausende Kilometer um den Erdball, um die schroffen Bergspitzen Patagoniens oder die tropische Inselwelt der Philippinen abzulichten, wenn wir genau diese Paradiese dadurch gefährden? Fühlen wir uns überfordert? Ist es Unwissen, Egoismus oder einfach nur Verblendung? Und, vor allem: Welchen Lösungspfad könnten wir beschreiten? Ist es gar möglich, unsere Gehirne auf ein klima- und umweltfreundlicheres Verhalten umzuprogrammieren?

EIN ERKLÄRUNGSVERSUCH FÜR UNSER WIDERSPRÜCHLICHES HANDELN

Im Interview für dieses Buch erklärt der Postwachstumsökonom Niko Paech genauer, warum wir in vielen Belangen, die für eine verträgliche Entwicklung wichtig sind, widersprüchlich handeln. Wir Menschen tendieren dazu, unser Gewissen zu beruhigen: Eines der ersten Dinge, die uns in der Schule beigebracht werden, ist die Strichrechnung. Wir lernen, zu addieren und zu subtrahieren. „Dieses Saldieren ist auch eine Kulturtechnik.

Schon im Altertum mussten entstandenes Unrecht oder ein verlorener Krieg in irgendeiner Weise getilgt werden", führt Niko Paech aus. „Das Tilgen von Unrecht, das Wiederherstellen von Gerechtigkeit, ist immer eine Frage des Saldierens und der Kompensation." Die Schuld werde durch eine Handlung aufgehoben, die der Schuld entgegengerichtet sei. Das gelte auch im zwischenmenschlichen Bereich: Wer eine Handlung ausführe, die schuldhaft und nicht zu verantworten sei, erzeuge nach innen oder nach außen gerichtet eine Dissonanz. Dann habe man zwei Optionen: Man könne die Handlung entweder unterlassen. „Das wäre eine ursachenadäquate Tilgung des schuldhaften Handelns", sagt Paech. Oder, das sei die bequemere Möglichkeit, man führe die Handlung weiter oder erneut aus. Zusätzlich mache man aber etwas Ausgleichendes, damit im Saldo ein als gerecht empfundenes Gleichgewicht herauskomme. Von Dissonanz spricht man in der Psychologie insofern, als wir Menschen uns stets bemühen, unangenehmen Zuständen der Spannung auszuweichen. Diese entstehen etwa, wenn zwei Überzeugungen, Gedanken, Werthaltungen oder Einstellungen im Widerspruch zueinander stehen. Oder aber, wenn unser Denken mit unserem tatsächlichen Handeln nicht vereinbar ist.

Um innere Spannung zu vermeiden und unser inneres Gleichgewicht zu bewahren, versuchen wir, unser Verhalten und unsere Entscheidungen zu rechtfertigen, oder wir passen unsere Einstellungen dem Verhalten an.[139] Die nach innen gerichtete Dissonanz gehöre Paech zufolge zu den Unabänderlichkeiten des Menschseins. Denn Menschen könnten sich im Gegensatz zu Tieren oder Pflanzen kritisch reflektieren. Daraus resultiere, dass wir Schuld auf uns lüden, ein schlechtes Gewissen hätten und spüren würden, dass wir verantwortungslos handeln. Wir seien mit uns selbst nicht im Einklang. Um unser psychisches Gleichgewicht wieder herzustellen, würden wir kompensatorische Handlungen ausführen. Die nach außen gerichtete Dissonanz stehe in Kontext mit unserer individuellen Umgebung: Wir seien soziale Wesen und würden unsere Handlungen und unser Selbstbild danach ausrichten, welche Reaktionen wir in dem für uns relevanten Umfeld erkennen würden. „Wir beobachten unsere Mitmenschen quasi dabei, wie sie uns selbst beobachten", erklärt Paech. „Wer durch sein Verhalten als nicht mehr anschlussfähig gilt, kann versuchen, das auszugleichen. Im Mittelalter ist man deshalb häufig in die Kirche gegangen oder hat einen Ablass geleistet. Und wenn ich heute meinen Nachbarn beleidige oder seine Hecke beschädigt habe, stelle ich ihm vielleicht einen Kasten Bier hin. Auf diese Weise habe ich eine kompensatorische Handlung vorgenommen."

DIE SYMBOLISCHE KOMPENSATION

Der moderne Mensch ist so gebildet wie nie zuvor – und lebt zugleich so verschwenderisch wie nie zuvor. „Wir können perfekt reflektieren, dass unser Handeln ökologisch ruinös ist und die Überlebensfähigkeit der menschlichen Zivilisation gefährdet", erklärt Niko Paech. Trotzdem würden wir oft Handlungen ausführen, die der Umwelt schaden. Etwa, weil sie bequem oder verführerisch seien. Oder weil sie einen bestimmten Wert oder Nutzen bei uns erzeugen würden. Er bezeichnet es als „effiziente Moral", wenn wir im Bewusstsein der ökologischen Konsequenzen weiterhin in Flugzeuge steigen, während wir unser inneres Gleichgewicht durch eine günstige, symbolische Kompensationsmaßnahme wiederherstellen. „Menschen buchen Kreuzfahrten, kaufen SUVs und fliegen in die Karibik. Dann gehen Sie in den Bio-Supermarkt und kaufen einen Demeter-Brühwürfel und meinen, sie hätten damit wieder ein moralisches Gleichgewicht erreicht." Aber: Die Welt könne an Heuchelei sterben. „Das sieht man besonders gut an Kreisen der besonders gebildeten, grün wählenden Mittelschicht. Auch diese Menschen fliegen, verursachen mehrere Tonnen CO_2, um dann darauf zu achten, vegane Mahlzeiten einzunehmen. Das ist lächerlich, wenn man die ökologischen Effekte beider Handlungen miteinander vergleicht." Solche Kompensationsformen haben laut dem Nachhaltigkeitsforscher etwas sehr Eigentümliches: Um das Gleichgewicht wiederherzustellen, könne die Kompensation auf einer symbolischen Ebene stattfinden. „Sie muss weder in derselben Währung noch in derselben physischen Dimension erfolgen wie das, was zu kompensieren ist", sagt Paech. Die Ökosphäre kenne aber keine Symbole, sondern nur Quantitäten und Substanzen. In diesem Zusammenhang erzählt der Wissenschaftler gern folgende Anekdote:

Ein Junge klaut der Oma einen halben Apfelkuchen aus der Vorratskammer. Weil er ein schlechtes Gewissen hat, beichtet er seine Tat dem Pfarrer. Der sagt aber nicht: „Besorge dir Mehl, Äpfel, Hefe und Staubzucker und backe den halben Kuchen nach." Das wäre eine physisch adäquate, gleichwertige Kompensation, eine Tilgung der Schuld gewesen. Der Geistliche trägt dem Buben stattdessen auf: „Bete zehn Vaterunser." Der Junge fragt sich: „Was hat das Aufsagen eines Vaterunsers mit einem physischen Objekt namens Apfelkuchen zu tun?" Danach betet er nicht zehn, sondern zwanzig Vaterunser. Bei der nächsten Gelegenheit schleicht er wieder in die großelterliche Vorratskammer und holt sich die andere Hälfte des Apfelkuchens – die symbolische Kompensation, die ihm ein reines Gewissen verschafft, hat er ja bereits erbracht.

MIT KLEINEN SCHRITTEN TORPEDIEREN WIR GROSSE VORHABEN

Reisen und Fliegen sind heute für eine privilegierte Gruppe der globalen Bevölkerung selbstverständliche Bestandteile ihres Lebens geworden. Deshalb lohnt es sich, zu hinterfragen, wie uns eingeübte Alltagsmuster am Umdenken hindern und worin das Potenzial für Veränderung liegt. In diesem Kontext spricht auch der Umweltpsychologe Sebastian Seebauer von einer „mentalen Buchhaltung" in unserem Kopf, die uns zu Rechtfertigungsprozessen verleitet. Wir unternehmen kleine Schritte, indem wir öfter mit dem Fahrrad fahren und uns die Zähne mit Holzzahnbürsten putzen. Damit zeigen wir uns selbst und anderen, dass wir ökologisch bewusst leben. In der Folge bilden wir uns ein, es spreche nichts dagegen, eine Fernreise zu buchen. „Wir denken, damit unsere guten Vorsätze erfüllt zu haben, und gönnen uns an anderer Stelle etwas, das der Umwelt mitunter viel mehr schadet", erklärt der Umweltpsychologe. Das gibt uns das Gefühl: Ich habe schon meinen Beitrag geleistet. Auch die britische Studie „‚Green' on the ground but not in the air" aus dem Jahr 2017 zeigt: Wer sich Sorgen um das Klima macht, eine umweltfreundliche Einstellung hat und sich im eigenen Haushalt „nachhaltig" verhält, hat nicht automatisch die Neigung, freiwillig auf Urlaubsflüge zu verzichten oder kürzere Flugstrecken zu wählen.[140] Wir sehen uns einerseits als offene, neugierige, naturverbundene Weltbürgerinnen und -bürger. Andererseits handeln wir vielleicht gerade deshalb klimaschädigend – weil wir Freundinnen und Freunde im Ausland besuchen, fremde Kulturen kennenlernen oder die letzten Wildnisparadiese erkunden wollen – und widersprechen uns somit selbst. Ein Dilemma, aber ein lösbares.

Dafür ist es wiederum nötig, die Fakten zu registrieren, den Werte-Widerspruch anzuerkennen und in eine Diskussion mit uns selbst einzusteigen. „Man sollte sich als Konsumentin oder Konsument darüber klar werden, wo man seinen Beitrag leistet und wo man sich umwelt- und klimaschädlich verhält", empfiehlt Sebastian Seebauer. Das geht am einfachsten mit einem CO_2-Rechner. Dort sieht man genau, wie viel CO_2-Ausstoß die einzelnen Handlungen der eigenen Lebensführung verursachen. Kennt man erst einmal die ungefähren Werte, kann man sich fragen: In welchen Bereichen liegen meine größten Belastungen? Und welcher Schritt kann etwas daran ändern? Was möchte ich mir Gutes tun? Und wo kann ich trotzdem ansetzen? „Es ist legitim, dass jeder für sich selbst überlegt, wo er einsparen und sich etwas gönnen möchte, aber das braucht Ehrlichkeit", sagt Seebauer. Worauf es dabei ankommt: Insgesamt so zu handeln, dass man in Summe etwas für die Umwelt tut. Am meisten bewirken können wir bei unseren Entscheidungen neben dem persönlichen Konsumverhalten in den Bereichen Wohnen inklusive Heizen, Essen inklusive Fleisch und bei der Mobilität inklusive Fliegen.[141]

GEWOHNHEITEN ÜBERDENKEN UND NEUE STRATEGIEN FINDEN

Es gibt einen weiteren Grund für unser klimaschädigendes Verhalten: Wir klammern uns gern an Gewohnheiten fest. Wir brauchen fixe Abläufe, um unseren Alltag zu gestalten. So trinken wir immer aus demselben Kaffeehäferl oder stellen die Gießkanne immer an dieselbe Stelle im Garten. Wir suchen in derselben Flugsuchmaschine nach einem günstigen Flug oder übernachten bevorzugt in einem Haus derselben Hotelkette. Das hilft uns dabei, durchs Leben zu gehen, ohne bei jeder kleinsten Herausforderung wieder alles neu denken zu müssen. „Auf diese Weise vermeiden wir die mentale Anstrengung, ständig zu hinterfragen, ob diese oder jene Handlung die richtige Strategie ist oder man es auch anders machen könnte", erklärt Sebastian Seebauer. Gewohnheiten, Routinen und fix verankerte Muster sind nicht einfach zu durchbrechen. Wir können unser Gehirn aber trainieren, manche Dinge ein bisschen anders zu machen. Dafür gibt es einen Trick: Die Chance auf Veränderung ist größer, wenn wir uns zufallende Gelegenheiten dafür nutzen, routinierte Abläufe zu hinterfragen. Wir können demnach größere Ereignisse als Anlass dafür nehmen, auch Kleineres neu auszuprobieren. Ein Beispiel: Eine Freundin lädt uns dazu ein, zwei Monate lang ihre Wohnung in Barcelona zu hüten. Das können wir als Anstoß nehmen, um die Anreise statt mit dem Flugzeug mit dem Zug anzutreten. Durch dieses aktive Ausprobieren haben wir die Möglichkeit, neue Strategien zu finden und bisherige, eingefahrene Abläufe zu verändern. Sich neue Verhaltensweisen anzueignen ist ein Lernprozess. Dazu müssen wir Erfahrungen sammeln, die gelingen können – aber auch scheitern dürfen. Wichtig ist, dass wir überhaupt ins Tun kommen.

Verlaufen Hin- und Rückreise mit der Bahn gut, planen wir vielleicht auch die nächste Reise auf diese klimafreundliche Art. Und die übernächste, und so weiter. Mit der Zeit fühlen wir uns sicher und routiniert darin. Wir wissen, wie solche Zug-Fernreisen zu buchen sind, dass das Umsteigen funktioniert, finden uns auf den Bahnhöfen zurecht und freuen uns vielleicht sogar auf die lange Fahrt, um Musik zu hören oder gedankenverloren aus dem Fenster zu schauen. Noch etwas kommt hinzu: Wir spüren unsere Selbstwirksamkeit. Wir gewinnen die Überzeugung, effektiv klimafreundlich unterwegs sein zu können. Gelingt die Veränderung in einem bestimmten Lebensbereich, fällt es uns leichter, das Verhalten auch auf andere Lebenslagen zu übertragen. In der Psychologie nennt man das den Spillover-Effekt. „Wir können uns bewusst in Situationen bringen, in denen wir Neues kennenlernen, um die erworbenen Fähigkeiten und Erfahrungen auch andernorts einzusetzen", erklärt der Psychologe. Klappt es mit privaten, längeren Zugreisen, spornt uns das vielleicht dazu an, auch beruflich auf die Bahn umzusteigen. Oder umgekehrt: Unsere Firma schreibt vor, geschäftliche Reisen ab sofort nur mehr per Zug anzutreten. Dadurch eignen wir uns gewisse Fähigkeiten und Erfahrungsmomente an: Wir sind mit der Bahn-App vertraut, nutzen die Zeit im Zug zum Lesen oder Arbeiten, ersparen uns den Stau in der Innenstadt, kommen in der Regel pünktlich ans Ziel und haben schon bald Routine darin. Dieses Wissen können wir auch auf den privaten Bereich übertragen. Die nächste Urlaubsreise planen wir dann vielleicht bewusst ebenfalls mit dem Zug. Auch die Corona-Pandemie könnte als eine Gelegenheit betrachtet werden, um ein Umdenken und Andersmachen anzukurbeln. Sie hat viele Menschen regelrecht dazu gezwungen, ihr eigenes Reiseverhalten (vorübergehend) umzugestalten. Alternativen mussten her. Plötzlich war der Heimaturlaub wieder im Trend und das Salzkammergut en vogue. Oft schien es aber mehr eine Notlösung gewesen zu sein als ein vollständiger Ersatz der bisher gelebten Urlaubsmodelle. „Trotzdem hat die Pandemie in dem Sinn gewirkt, dass wir Neues ausprobiert haben", ist Sebastian Seebauer überzeugt. „Wir haben erkannt und erforscht, welche Erholungsräume wir im unmittelbaren Umfeld haben. Jetzt kann zumindest niemand mehr sagen, dass er das nicht kennt oder ausgetestet hat – allein das ist schon etwas wert."

UNSER SYSTEM IST KLIMASCHÄDIGEND ANGELEGT

Dass wir oft gegen unsere Einstellung oder Vorsätze agieren, liegt auch an dem System, in das wir eingebunden sind: Wir leben in Strukturen, die klima- oder umweltfreundliches Handeln nicht gerade begünstigen. Unsere Städte, das Konsummodell und das Mobilitätsangebot fordern nicht unbedingt zu umwelt- und klimaschonendem Verhalten auf – im Gegenteil. Konsumintensiv und damit meist umwelt- und klimaschädlich zu handeln ist die vorherrschende soziale Norm. Das ist keine Entschuldigung, aber ebenfalls Teil der Realität. Das klassische Beispiel dafür ist, bevorzugt eine Flug- statt einer Zugreise zu buchen. Das ist meistens billiger, die Dichte an Angeboten ist höher und die Anreise dauert kürzer. Außerdem ist ein Flug in der Regel viel einfacher zu organisieren als eine grenzüberschreitende Zugreise. Zumindest bewegt sich im Moment in Europa einiges, um Städte direkter und schneller per Schiene zu verbinden. Für Reisende sollen Fernzüge künftig außerdem einfacher zu buchen sein und günstiger werden.[142] Dass wir aber aktuell noch in einem auf Klimaschädigung angelegten System leben und gleichzeitig ständig mit den Bedrohungen der Klimakrise konfrontiert sind, kann uns in eine Art Schockstarre versetzen. Was soll die oder der Einzelne da schon tun? Sind wir als Individuen machtlos? Können nur „die da oben" wirksame Entscheidungen treffen? Müssen Wirtschaft und Politik es „richten"? Auch hier kann wieder das Besinnen auf die eigenen Möglichkeiten helfen. Konkret: die Auseinandersetzung mit dem individuellen CO_2-Fußabdruck. Wer beispielsweise auf den CO_2-Rechner schaut, dem wird schnell klar, welchen Anteil die Flugreisen an der persönlichen, jährlichen CO_2-Bilanz haben. Und dass man sehr wohl etwas machen kann, um diesen Anteil zu reduzieren. Aber auch das kann herausfordernd sein, weil man das Gefühl hat, insgesamt auf zu viel verzichten zu müssen, um einen klimafreundlichen CO_2-Fußabdruck zu erreichen. „Die beste Strategie, mit dieser Überforderung umzugehen ist, bewusst einzelne Schritte zu umzusetzen und so erst einmal um eine oder zwei Tonnen herunterzukommen", rät der Umweltpsychologe. „Man muss als Einzelperson nicht den Anspruch haben, auf Anhieb alles richtig zu machen." Gibt es einen Schalter im Kopf, den wir umlegen können, um klima- und umweltfreundlicher zu handeln? „Ich denke, jeder Mensch möchte umweltfreundlich sein", sagt Sebastian Seebauer. „Warum wir diesen Schalter nicht umlegen, liegt an den starren Strukturen unseres Umfelds und unserer Gewohnheiten. Die alltägliche Situation, in der wir handeln, spielt oft eine viel stärkere Rolle als unsere Umweltwerthaltungen."

Um auch diesem Dilemma zu entkommen, können wir uns unterschiedlicher Methoden bedienen. Eine davon ist das sogenannte verhaltensnahe Feedback. Das heißt nichts anderes, als unmittelbar nach einer Handlung ein Ergebnis oder eine positive Veränderung zu registrieren. Wer beispielsweise eine Reise statt im Flugzeug oder Auto bewusst im Zug antritt, erfährt mittels CO_2-Vergleichsrechner in Sekundenschnelle, wie viele Emissionen er oder sie dadurch eingespart hat. Was wir also aktiv tun können: Überlegen, wie wir unsere Reisen gestalten wollen, um möglichst zeitnah ein positives Feedback zu bekommen. Diese Art Rückmeldung muss nicht immer nur auf Zahlen oder Fakten basieren. Wir können auch mit anderen Menschen mit ähnlicher Einstellung ins Gespräch gehen, von unseren Erfolgen erzählen, uns austauschen und dadurch in unserem Tun bestätigt werden. Indem wir die Auswirkungen unserer Handlungen unmittelbar erfahren, lernen wir. „Wir sehen, wie gut etwas funktioniert. Das animiert, um weiterzumachen und Neues auszuprobieren", erklärt Sebastian Seebauer.

Eine weitere Methode, um umwelt- und klimabewusster zu handeln: sich Verbündete suchen. Denn wir Menschen erleben unsere eigene Wirksamkeit in der Gruppe viel intensiver. „Es motiviert uns, wenn wir das Gefühl haben, aus eigenem Antrieb etwas schaffen zu können", erklärt der Umweltpsychologe. Einzeln ist das viel schwieriger als im Verbund mit anderen. Wenn wir uns in einer passenden Gruppe engagieren, finden wir uns dort mit unseren eigenen Werthaltungen wieder, das stärkt die soziale Identität. Gemeinsam mit Gleichgesinnten etwas zu unternehmen wirkt deshalb wie ein „Turbobooster für die eigenen Überzeugungen". Beispiele für solche Gruppen reichen von Online-Gruppen in „sozialen" Medien über Flugfrei-Plattformen wie „Stay Grounded" bis zum „grünen Reisestammtisch" im Beisl ums Eck. Zusätzlich haben wir es in der Hand, unser eigenes soziales Umfeld zu schaffen, in dem wir aktiv werden können. Das kann eine Wandergruppe im eigenen Ort sein, eine vegetarische Frühstücksrunde, in der über Konsumverhalten, Müll, Mobilität und Reisen diskutiert wird oder einfach nur ein Treffen mit Freundinnen und Freunden, die auch gerne klimafreundlich reisen, um sich auszutauschen oder Pläne zu schmieden. Wer sich machtlos fühlt oder mehr tun will, kann sich lokalen, nationalen oder globalen Bewegungen anschließen – von Umweltorganisationen bis zu „Fridays for Future".

Egal, ob man sich mit anderen Menschen unterhält oder im größeren Ausmaß engagiert: Im Grunde führt alles dazu, Bewegung ins Getriebe zu bringen, sich Gehör zu verschaffen, neue Perspektiven sichtbar zu machen, voneinander zu lernen und auf diese Weise etwas zu bewirken. Kurz gesagt: politische Meinungsbildung direkt an der Basis zu betreiben. Der Psychologe Sebastian Seebauer bezeichnet das als die beste Art, umweltfreundlich zu handeln, weil wir letztendlich auch durch unser Wahlverhalten und den direkten Druck auf die Politik bestimmen, welche Entscheidungen im Großen getroffen werden. Die Klimawandelforscherin Elisabeth Worliczek geht noch weiter und warnt sogar davor, sich nur in kleinen, persönlichen Klimaentscheidungen zu verzetteln, die im Endeffekt wenig Wirkung haben – aber das Gewissen beruhigen: Es könnte weitaus effektiver sein, sich für veränderte Rahmenbedingungen einzusetzen. „Wir Menschen verfügen nur über ein gewisses Maß an Aufmerksamkeit.

Jede und jeder von uns hat nur eine geringe Kapazität und Bereitschaft, die Dinge anders als gewohnt zu machen, sonst würde uns der Alltag überfordern." Sich auf den persönlichen Fußabdruck zu konzentrieren sei zwar wichtig, weil man bei der Veränderung am besten bei sich selbst ansetze, aber man laufe dabei Gefahr, das große Ganze aus den Augen zu verlieren. „Bevor wir uns alle damit auseinandersetzen, woher der Brokkoli im Einkaufskorb kommt, könnten wir uns fragen: Für welche Bewegungen, die Zugang zur Politik haben, kann ich mich einsetzen? Welchen Einfluss habe ich darauf, wie Supermarktketten agieren? Auf welche Stellschrauben kann ich einwirken, um umweltfreundliche Entscheidungen für alle Menschen leichter zu machen?" Alles andere sei ein Kampf gegen Windmühlen. „Wer nicht über den eigenen Alltag hinausgeht, wird ein Leben lang zuschauen müssen, dass sich systemisch nichts verändert."

6

WIE WACHSEN WIR BEIM REISEN INNERLICH?

„Reisen ist die Sehnsucht nach dem Leben."
Kurt Tucholsky

Diese Geschichte spielt in einem Land, in dem es viele Plätze gibt, bestimmt Tausende: Dorfplätze, Marktplätze, Stadtplätze, Versammlungsplätze, Verliebtenplätze, verwaiste Plätze. Jedes noch so kleine Dorf hat einen Platz, manchmal türmt sich davor ein weißes Kirchlein auf, manchmal ein Brunnen. Oder der Platz ist umrundet von Tavernen und Stühlen. Diese weißen oder blauen Sessel, auf denen alte, vom Wind geformte Männer sitzen und stundenlang in ein Brettspiel vertieft sind. Oder Familien mit Kindern, die braungelocktes Haar haben und mit ihren lauten Stimmen dem Platz Lebendigkeit verleihen. Oder fein herausgeputzte Touristinnen und Touristen, denen man am Grad der Hautbräunung ansieht, wie kurz oder lange sie schon an diesem Ort sind. Manchmal ziehen Arbeiter in Latzhosen vorbei, die Esel an der Leine führen. Die Gassen im Dorf sind eng und haben so viele Stufen, dass schwere Dinge wie Steine und Zement nur mithilfe dieser Lastentiere transportiert werden können, wenn eines der halb verfallenen Steinhäuschen wieder zu neuem Leben erweckt werden soll.

Die von mir besuchte Insel befindet sich in Griechenland, mitten im tiefblauen Nirgendwo der Ägäis. Ich habe mich, wie so viele Reisende, aufgemacht, um etwas zu finden, das mir im Trubel des heimischen Alltags abhandengekommen ist. Das, wonach ich beim Unterwegssein suche, traut sich nach und nach zurück ans Tageslicht. Durchs Alleinsein, durch Begegnungen, durch die räumliche Distanz zu Österreich und der winzigen Alltagswelt, in der kleine Dinge manchmal so groß werden, dass nur mehr eines hilft: die Flucht ergreifen. Eines Abends erlebe ich einen Moment der inneren Heilung. Nach dem Sonnenuntergang ergreift mich Sehnsucht nach dem Dorfplatz am obersten Rand des kleinen Bergdorfs, in dem ich ein weiß getünchtes Häuschen bewohne. Die Pflastersteine des Platzes sind abgeschliffen von den vielen Schritten, die jahrein, jahraus auf sie gesetzt werden. Vermutlich stammen die Steine von den mächtigen Berggipfeln, die das Dorf mal schützend, mal bedrohlich umgeben.

Vor dem kleinen Geschäft am Platz stapeln sich Obst- und Ge-
müsekisten mit Tomaten, Melonen und Zucchini. Linkerhand des
Eingangs sitzt eine Frau, schwarz gekleidet, kurzes, graues Haar.
Meinem Eindruck nach ist sie mit diesem Platz verwurzelt, als
wäre sie dort angewachsen. Wann immer ich vorbeischlendere,
sehe ich sie niedergelassen auf einer Bank, den Blick auf den offe-
nen Platz gerichtet. Oder sich erhebend und voll beladene Kisten in
das kleine Geschäft schleppend. Jemand hat mir erzählt, sie sei in
ihren Achtzigern. Seit ihrem 17. Lebensjahr soll sie in diesem Ge-
schäft arbeiten. Und noch keinen einzigen Tag in ihrem Leben, so
heißt es, habe sie sich je freigenommen und ihre Arbeitsstätte am
Dorfplatz für längere Zeit verlassen.

Gestern Abend also komme ich aus dem Geschäft der alten
Frau, die tagein, tagaus ihre Augen auf den Dorfplatz richtet, und
will mich auf den Heimweg machen. Da lacht mir ein bekanntes
Gesicht entgegen. Sonia, Yogalehrerin aus Frankreich mit Zweit-
haus auf dieser Insel, sitzt aufrecht auf einem der weißen Stühle vor
einer Taverne und winkt mich herbei. „Ich wollte dich anrufen und
fragen, ob wir gemeinsam etwas essen", beginnt sie das Gespräch,
„aber ich wusste nicht mehr, wo das Kärtchen mit deiner Nummer
war." Wir hatten uns am Tag zuvor beim großen Wassertank ken-
nengelernt, an dem man sich entsalztes Meerwasser zum Trinken
holen kann, um den Kauf von Plastikflaschen zu vermeiden. Ich
greife mir einen Stuhl. Bei Auberginensalat und Kartoffeln mit Zie-
genkäse machen wir diesen Platz drei Stunden lang zu unserer Hei-
mat. Wir öffnen einander unsere Herzen, tauschen uns so intensiv
aus, dass ich danach erschöpft bin von der Fülle an Worten, Gesten
und Gefühlen, die uns umgeben wie eine dichte Wolke. Der Platz
dient als Kulisse. Wir sind so vertieft, dass wir kaum wahrnehmen,
was rundherum passiert, wer kommt und wer geht.

Immer wieder gesellt sich Stefanos zu uns, der Wirt. Sanfte Au-
gen, grauer Bart. Wir reden über den Duft von Jasmin, der an

manchen Ecken im Dorf zu vernehmen ist. „Ich mag den zarten Geruch der Blüten, der sich in der Luft ausbreitet, wenn ich an einem Jasminstrauch vorbeikomme", schwärmt Stefanos. „Aber wenn ich eine einzelne Blüte vor der Nase habe, dann ist mir dieser Duft auf einmal viel zu intensiv." Seine Worte lassen meine Gedanken kurz abschweifen. Manche Dinge sind unendlich verführerisch. Aber wenn wir sie genauer betrachten, wenn wir ihnen näherkommen, dann verursachen sie Unbehagen. Dieser Mann in meinem Leben, von dem mich jetzt vier Landesgrenzen und ein Meer trennen, bin ich seine Jasminblüte? Für Sonia ist der Duft von Jasmin eine schöne Kindheitserinnerung. „Meine Großmutter kommt aus Tunesien, in ihre Briefe hat sie stets getrocknete Jasminblüten gestreut", erzählt sie. Da sitzen wir also. Drei Menschen aus drei Ländern. Auf diesem Platz, in einem kleinen Dorf, das wie eine weiße Verheißung auf einem großen Felsen im Meer haftet. Wir unterhalten uns über eine Pflanze mit zarten, weißen Blüten, als gäbe es auf dieser Welt in genau diesem Moment nichts Wichtigeres. Gibt es auch nicht.

* * *

Ich schreibe diese Verbundenheit, das intensive Erleben des Jetzt der Aura des Dorfplatzes zu. Hier kommen die Leute seit Jahrhunderten zusammen. Hier haben sich Freud' und Leid abgespielt. Wie viele Dorfbewohner haben sich hier vielleicht zum ersten Mal geküsst? Und wie viele haben sich gestritten und sind wutentbrannt in entgegengesetzte Richtungen davongestampft? Wie viele Male haben sich Menschen an den Händen genommen und beim Tanz ihre Beine über die Pflastersteine geschwungen? An diesem Abend bewegt sich niemand im Takt. Früher wurde öfter getanzt, versichert Stefanos. Ein paar Treppen weiter unten steht sein Wohnhaus. Er kalkt es gerade frisch. „Wenn ich damit fertig bin, dann werde ich hier auf diesem Platz tanzen, das verspreche ich euch." Vermutlich wird sich niemand darüber wundern, die Leute kennen einander.

WENN DAS „NEBENSÄCHLICHE"
ZUR HAUPTSACHE WIRD

Noch ein Gedanke kommt mir beim Rückblick auf die Momente am Dorfplatz: Vielleicht erfüllt uns beim Reisen das scheinbar Nebensächliche, nicht die großen Sehenswürdigkeiten. „Das Wesentliche findet sich im Verborgenen", heißt es auch. Woran könnte das liegen? Und was bedeutet das gerade in Bezug auf das Reisen? Ein Versuch, sich dieser Frage philosophisch anzunähern: Möglicherweise ist das Unerwartete oft wichtiger als das Erwartete – es scheint uns wertvoller. „Vielleicht ist das Reisen gerade auch die Expedition zum Unerwarteten", so die Einschätzung des Philosophen Peter Vollbrecht. So wie damals auf dem griechischen Dorfplatz: Die innere Erhellung konnte sich nur deshalb entfalten, weil ihr viel Raum im Innen und im Außen offengehalten wurde. Es gibt aber auch ganz andere Reisen – geplant bis ins letzte Detail, mit fixen Vorstellungen und Bildern im Kopf, ohne Raum und Zeit für Unvorhergesehenes, Überraschendes. Das liegt mitunter daran, dass die Reiseindustrie auch das Sicherheitsbedürfnis der Menschen befriedigen muss. „Deshalb kann das Unerwartete heutzutage nur mehr eine marginale Rolle spielen. Wenn es innerhalb einer durchstrukturierten Reise plötzlich auftritt, dann bleibt es ganz besonders hängen, weil es eigentlich das ist, wonach wir suchen", vermutet Peter Vollbrecht.

Eine gänzlich andere Perspektive: Wer sagt, dass zwischenmenschliche Begegnungen etwas Nebensächliches sind? Vermutlich nehmen wir sie nur deshalb als Begleiterscheinung wahr, weil das Bild von der Sehenswürdigkeit im Sinne eines Monuments, Museums oder Gebäudes zu stark vor unserem inneren

Auge verankert ist. In der Folge richten wir unser Verhalten vor allem an diesem Bild aus und weniger an alldem, was wir darüber hinaus erleben (könnten). Außerdem werden Begegnungen mit anderen Menschen von der Werbeindustrie weitaus weniger propagiert.[143] Sie sind in unseren Urlaubs- und Reiseimaginationen weniger lebendig. „Echte" Begegnungen kann man eben nicht vorplanen oder buchen. Wenn wir sie erleben, treffen sie uns manchmal mitten ins Herz – geradeso, als wären wir verliebt. „Wenn wir solche Begegnungen erfahren, fühlen wir uns als Touristinnen und Touristen weniger entfremdet. Wir schauen nicht mehr nur von außen, sondern bekommen einen Einblick durch jemanden vor Ort. Das ist ein ganz anderer Zugang, ein anderes Wissen, das man dadurch gewinnt", erklärt die Psychologin und Sinnforscherin Tatjana Schnell. Wenn sich Menschen aus unterschiedlichen Kulturen einander öffnen, merken sie: Wow, wir sind gar nicht so verschieden. „Das ist ein starkes Erlebnis von Zugehörigkeit – eine der vier Facetten von Sinn-Erleben." Begegnungen auf Reisen haben zudem ein anderes Gewicht als jene, die wir zu Hause machen. Das liegt daran, dass wir daheim meistens Menschen aus unseren üblichen Kreisen treffen, die uns sehr ähnlich sind. Eine Reise kann gewissermaßen einen Ausbruch ermöglichen und damit das Einnehmen neuer Perspektiven. Sogar wenn wir beim Reisen auf ähnlich gesinnte Reisende treffen, erscheinen uns die Begegnungen oft als besonders. Auch dafür gibt es eine Erklärung: Wir sind beim Reisen dem Alltag enthoben, wir erleben anders. Im gewohnten Umfeld nehmen wir oft das wahr, was als relevant erscheint, um unser System nicht zu überlasten. In neuen Situationen schauen, riechen und hören wir viel genauer hin, weil das Neue immer auch eine Gefahr darstellt. Beim Reisen sind wir demnach aufmerksamer. Das kann dazu führen, dass wir Menschen auf einem Insel-Dorfplatz anders begegnen als im Büro oder am Fußballplatz.

WAS IST UNS EINE BESICHTIGUNG WERT?

Bleiben wir beim Thema Sehenswürdigkeiten. Was halten wir überhaupt einer Besichtigung für würdig? Laut Duden ist eine Sehenswürdigkeit „etwas wegen seiner Einmaligkeit, außergewöhnlichen Schönheit, Kuriosität o. Ä. besonders Sehenswertes, was nur an einem bestimmten Ort zu finden ist und deshalb besonders für Touristen von besonderem Interesse ist". Jeder kennt die Klassiker wie den Eiffelturm in Paris, den Stephansdom in Wien oder die Freiheitsstatue in New York. Nicht unbedingt alle dieser „Highlights" haben wir persönlich vor Ort betrachtet. Alle wissen wir aber, dass diese Gebäude und Bauwerke es würdig sind, gesehen zu werden. Das impfen uns unzählige Reiseführer, Fernsehbeiträge, Erzählungen von Freundinnen und Freunden, Instagram-Accounts, Bildbände und Plakate ein. Was sehenswert ist, gibt uns demnach unser gesellschaftliches Umfeld vor. Und was berichten Reiserückkehrer und Weltenbummlerinnen, nachdem sie tatsächlich vor einer Sehenswürdigkeit gestanden sind? Die einen schwärmen. „Wunderbar! Da solltest du auch hin!" Die anderen murren. „Gar nicht so spektakulär! Schaut viel kleiner aus als auf den Fotos!"

Wie kann es sein, dass die einen von ein und derselben Sehenswürdigkeit entzückt sind, die anderen enttäuscht? Warum ist für den einen der Besuch eines historischen Bauwerks so beglückend, während die andere noch Jahre später von der gemeinsamen Tasse Kaffee mit einer oder einem Einheimischen schwärmt? Welche Faktoren bestimmen, was wir als bereichernd empfinden, was uns beim Reisen innerlich aufblühen lässt und uns das Gefühl gibt, in die Fülle des Lebens einzutauchen? An diesem Punkt liefert die Sinnforschung die nötigen Antworten. Ihr zufolge stellt sich stets die Frage, welche Bedeutung wir den Dingen zuschreiben. „Wer mit dem persönlich wichtigen Ziel reist, an

Historisches und Kulturelles anzuknüpfen, für den kann es eine ganz besondere Erfahrung sein, eine bestimmte Sehenswürdigkeit wirklich vor Augen zu haben", erklärt die Psychologin und Sinnforscherin Tatjana Schnell. In diesem Fall ist der Besuch der Attraktion nicht einfach nur etwas, das auf einer Liste abgehakt wird. Es ist vielmehr wirklich eine Begegnung. „Dafür braucht es aber eben diese innere Bedeutung und Offenheit, wahrscheinlich auch eine gewisse Vorbereitung", ergänzt Schnell. Aus den jeweiligen Bedeutungen, die wir unseren Urlaubswünschen zuschreiben, ergeben sich die Erwartungen. Was die größte Attraktion im Urlaub ist und was als nebensächlich gilt, ist also keine objektive Wahrheit, sondern ganz individuelles Empfinden. Wer sinnstiftend und erfüllend reisen möchte, der ist folglich eingeladen, sich vorab zu fragen: Welche Eindrücke und Erlebnisse auf einer Reise bedeuten mir tief im Inneren wirklich etwas? Wie viel Raum und Zeit möchte ich für Unerwartetes bereithalten? Mit wie viel Neugierde und Offenheit tauche ich in das ein, was mir da entgegenkommt?

ERHOLUNG ODER ENTFALTUNG?

Reisen wird oft mit innerem Wachstum und Weiterentwicklung in Verbindung gebracht. Unterwegs zu sein bedeutet aber nicht prinzipiell, sich persönlich weiterzuentwickeln. Es kommt darauf an, aus welchen Motiven heraus und auf welche Art wir unterwegs sind. Nicht jede Reise muss eine Reise auf der Suche nach Sinn und persönlichem Weiterkommen sein. Wir Menschen reisen auch, um einfach nur abzuschalten, Stress zu reduzieren, uns zu erholen und eine angenehme Zeit zu verbringen. Sind das die alleinigen Reisemotive, passiert der Sinnforscherin Tatjana Schnell zufolge Erholung, aber kein inneres Wachstum. Nur weil jemand nach Tunesien oder Südafrika fliege und dort touristischen Aktivitäten nachgehe, heiße das nicht, dass diese Person als eine andere zurückkomme. Und doch sind Reisen, die der Erholung wegen geschehen, wichtig. „Auch sie haben ihre Berechtigung", meint Schnell. Studien zeigen, dass es zu einer physiologischen Erholung, körperlicher Regeneration, geringerer Ausschüttung von Stresshormonen und Rekalibrierung kommt, wenn wir uns eine Auszeit gönnen. Der springende Punkt dabei ist aber nicht das Reisen an sich. Man muss nicht zwingend in ein Flugzeug steigen oder weit wegfahren, um sich zu erholen. Ausschlaggebend ist, sich aus dem Alltag und seinem Umfeld herauszunehmen. „Es geht darum, außerhalb des Alltags zu sein und – wo auch immer – nicht in die täglichen Aufgaben und Verpflichtungen eingebunden zu sein", erklärt Tatjana Schnell. Fernab von daheim ist das Abschalten natürlich leichter. Erholung kann aber auch ganz ohne Urlaub, in den eigenen vier Wänden, gelingen. Dafür müssen wir uns jedoch dem Gesundheitspsychologen Gerhard Blasche zufolge mehr bemühen. Wir müssen quasi aktiver etwas zur Erholung beitragen, um uns nicht vom Alltag einholen zu lassen.[144] Sich ausreichend zu erholen – wo und wie auch immer –, kann zumindest eine Grundlage für inneres Wachstum schaffen. Das liegt daran, dass unsere Ressourcen wiederhergestellt werden, wenn wir uns regenerieren. Auf körperlicher Ebene wirkt sich das zum Beispiel positiv auf Blutzucker, Sauerstoff oder das chemische Gleichgewicht aus. Auf psychischer Ebene führt Erholung zum Beispiel dazu, dass wir uns selbst positiver bewerten und motivierter sind.[145]

HÄLT DER SELBSTERFAHRUNGSTRIP, WAS ER VERHEISST?

Wenn wir uns mit Themen wie innerem Wachstum oder Selbstverwirklichung befassen, kommt zwangsläufig vor allem eine

Art des Reisens in den Sinn: der „Selbsterfahrungstrip". Dabei bricht man bewusst mit dem Vorhaben auf, sich selbst ein Stück weit näherzukommen. Mittlerweile haben findige Touristikerinnen und Touristiker unzählige Angebote konzipiert, um Menschen einen Urlaub zu ermöglichen, der sie wieder mehr mit sich selbst in Verbindung bringt. Egal, ob Yoga-Retreat auf Bali oder begleitete Wanderreise in die marokkanische Wüste: Hier steht das eigene Seelenheil im Vordergrund. Alles bestens – ist somit die ideale Form des Reisens gefunden? Mitnichten. Bestimmt liegen in diesen Reiseformaten wertvolle Ansätze. Aber wenn Selbsterfahrungsreisen wieder nur darauf hinauslaufen, von nach Erfüllung haschenden Konsumierenden konsumiert zu werden, verfehlen sie dann nicht ihren eigentlichen Zweck? Wenn es nur darum geht, sich mit schicken Yoga-Klamotten (made in China?) auf eine endlos lange Flugreise nach Bali zu begeben, um sich vor Ort mit Gleichgesinnten aus derselben Reiseblase zu vereinen, einer amerikanischen Yoga-Lehrerin ein paar Asanas nachzuturnen, in einem Öko-Resort mit Bambus-Klopapier zu nächtigen und nebenbei ein paar Fotos für den Instagram-Account zu schießen – welche Art von Selbsterfahrung ist dann überhaupt möglich? „Das Verrückte ist: Solche Reisen werden als etwas unglaublich Positives dargestellt. Man kann herunterfahren und zu sich kommen – aber das Ganze geschieht oft auf dem Rücken anderer", befindet die Sinnforscherin Tatjana Schnell. Auch wenn Tourismus zahlreiche positive Effekte, wie zum Beispiel das Generieren von Einkommen für Menschen vor Ort, mit sich bringe: Solche Angebote würden in vielen Fällen kein Reisen auf Augenhöhe mit den Menschen vor Ort ermöglichen und außerdem dem Klima schaden. „Es kann nicht sein, dass wir es uns beim Reisen so gut wie möglich gehen lassen, wenn das letztlich dazu führt, dass es anderen dadurch schlechter geht", fasst die Psychologin zusammen. Keine Frage: Yoga und Meditation sind wunderbare Mittel, um sich mit sich selbst zu verbinden. Ob das im Viersterne-Resort auf Bali sein muss oder nicht auch in einem Kloster in Österreich möglich ist, soll jede und jeder für sich selbst entscheiden. Im Grunde geht es bei Achtsamkeitsaufenthalten um den inneren Fokus, nicht um das Außen.

Der Meditationslehrer Christoph Köck hat 17 Jahre lang in einem thailändischen Kloster gelebt und dazu eine kurze Anekdote parat: „Bevor ich als junger Mann in Asien zum Mönch wurde, habe ich im buddhistischen Zentrum in Scheibbs an einem Meditations-Retreat teilgenommen. Ich erinnere mich noch, bei der Gehmeditation unentwegt daran gedacht zu haben, wie toll es wäre, doch endlich in Asien zu meditieren. Dabei war ich doch schon mittendrin in der Meditation." Seiner Einschätzung nach ist der Wunsch nach einem authentischen Meditationserlebnis in Asien nicht selten von falschen Vorstellungen geprägt. Die Qualität der Lehre sei dort oft nicht sehr hochwertig. Viele Zentren würden zwar westliche Reisende aufnehmen, aber hätten wenig Sensibilität für deren Probleme beim Meditieren oder im Sein. Er spricht von einem „Mythos der asiatischen Weisen". Auch im Westen könne man viele gute Lehrerinnen und Lehrer finden und dabei weniger kulturellem Ballast ausgesetzt sein. Noch ein eigener Gedankengang: Gerade beim Meditieren geht es unter anderem darum, Mitgefühl für sich selbst und für alles andere Lebendige zu erlangen. Inwiefern ist das überhaupt noch möglich, wenn bereits die Art der Reise uns abverlangt, unser Mitgefühl abzuschalten und Realitäten auszublenden? (siehe Kapitel 4) Letztendlich ist es auch so: Nur weil wir uns nach Selbstfindung sehnen, haben wir noch lange nicht das Recht, sie auf Kosten anderer oder der Umwelt zu erlangen. „Wir können Handlungen, die ökologisch zerstörerisch sind, nicht damit rechtfertigen, dass sie ja auch Vorteile haben", formuliert es der Postwachstumsökonom Niko Paech in einem ähnlichen Zusammenhang. Er fragt: „Was bedeutet Humanismus, wenn wir jede noch so schädliche Tat damit rechtfertigen, dass sie ja auch Nutzen bringt?" Seiner Meinung nach ist es wenig aufgeklärt, eine bestimmte Handlung allein und einseitig mit dem damit gemachten persönlichen Gewinn zu begründen. Wichtiger sei es, Vorteile und Nachteile abzuwägen und einen Maßstab der Verhältnismäßigkeit anzulegen.

INNERLICHES WACHSTUM BRAUCHT DIE HERAUSFORDERUNG

Nicht wenige Menschen wünschen sich auf Reisen nicht nur Erholung, sondern auch innere Entfaltung. Darum wollen wir uns anschauen, welche Bedingungen inneres Wachstum benötigt. „Es gibt innere und äußere Umstände, die unserem Wachstum als Mensch zuträglich sind", befindet der Psychotherapeut Christoph Köck. Auf die inneren Begebenheiten haben wir einen direkten Einfluss. Aber auch auf die äußeren – indem wir uns fragen: Welche Lebenssituationen suche ich und strebe ich an? Prinzipiell gilt es aber, erst einmal die Frage zu klären: Habe ich überhaupt eine Vorstellung davon, warum es erstrebenswert ist, als Mensch zu wachsen? Wer das bejaht, setzt voraus: Im Leben gibt es etwas zu lernen. Ich kann es positiv mitgestalten – auch wenn ich gewisse Umstände nicht beeinflussen kann. Um so weit zu kommen, muss man erst einmal anerkennen, dass wir Menschen gewissermaßen konditioniert sind. Im Laufe des Lebens verfestigen wir emotionale Muster, Verhaltensweisen und Gedankenabläufe. Wollen wir das Leben aktiv mitgestalten und wachsen, dürfen wir uns immer wieder fragen: Was davon hält mich fern von Wohlbefinden, Klarheit und Sinnhaftigkeit? Bin ich gefangen in Verhaltensweisen oder Gedankenmustern, die mich nicht gerade glücklicher und zufriedener machen? Und umgekehrt: Was – im Außen oder Innen – empfinde ich als zufriedenstellend oder sinnstiftend? Oder: Wobei bekomme ich das Gefühl, etwas für mich zu lernen?

„Wir sind alle konditioniert. Aber wie wir sind, ist nicht unveränderlich. Wir können daran arbeiten", erklärt Christoph Köck. Genau dafür braucht es die Fähigkeit, bewusst und reflektiert zu sein. Das heißt, in einer bestimmten Situation quasi von außen auf sich selbst zu blicken und sich zu fragen: In welcher Situation bin ich gerade? Wie geht es mir dabei? Und wie kann ich damit umgehen? Wenn es schwierige oder belastende Situationen sind, können wir dadurch lernen, Vertrauen gedeihen zu lassen und außerdem die Fähigkeit aufbauen, damit umzugehen.

„Gleichzeitig ist es für inneres Wachstum wichtig, Fertigkeiten zu entwickeln, um das Gute, Heilsame in sich selbst zu stärken."

Dass Wachstum immer auch Herausforderung bedeutet, findet auch die Sinnforscherin Tatjana Schnell. Es geht darum, die eigenen Potenziale und Stärken zu nutzen, sich die Bewältigung von Erschwernissen zuzumuten und sich auf Neues einzulassen. „Genau durch dieses Einlassen auf Neues kann überhaupt Wachstum geschehen", erläutert Schnell. Wachstum bedeute immer eine Entwicklung hin zu einem anderen Zustand. Dafür müsse unser Gleichgewicht erst einmal durcheinandergebracht werden. Somit gelangten wir auf eine geistige Ebene, die wir als besser oder interessanter wahrnehmen würden. Diesen Zustand herbeizuführen und anzunehmen sei eine Herausforderung. Und die sei mit Anstrengung verbunden. Denn nur wenn wir in schwierigen Situationen gefordert seien und uns anstrengen müssten, könnten wir unsere Autonomie und Kompetenz überhaupt entfalten und innerlich reifen. „Wir merken: Wow, ich bin autonom, kompetent und womöglich erlebe ich auch noch eine neue soziale Einbindung an Orten der Welt, an denen ich noch nie war." Zur Erklärung: Autonomie, Kompetenz und soziale Einbindung sind der

Sinnforscherin zufolge die drei psychologischen Grundbedürfnisse eines jeden Menschen. Sie uns selbst zu erfüllen, tut uns sehr gut – egal, ob auf Reisen oder anderswo.

REISEN IM SINNE VON WACHSTUM IST HARTE ARBEIT

Wenn man Reisen als „sich auf den Weg machen und woanders wieder ankommen" versteht, ist das nicht nur angenehm, sondern auch Arbeit – das zeigt schon der Ursprung des englischen Begriffs „travel". Er stammt vom französischen Wort „travail". Und das bedeutet „Arbeit". Dieser Begriff wiederum kommt vom lateinischen „trepalium" – der Bezeichnung für ein dreizinkiges Folterinstrument.[146] In diesem Sinne verstandenes Reisen soll, darf und muss demnach sogar auch mit Anstrengung verbunden sein. Man tritt aus der Komfortzone heraus, überschreitet seine eigenen Grenzen und ist immer wieder gefordert, auf sein Herz zu hören und es offen für Neues zu halten. Auch der Autor Stefan Zweig hatte beim Reisen einen Hang zum Unbehaglichen: „Darum lieber das Unbequeme, das Lästige, das Ärgerliche dazu: es gehört zu jeder richtigen Reise, denn immer liegt ein Widersinn zwischen dem Komfortablen, dem mühelos Erreichten und dem wirklichen Erleben. Alles Wesentliche im Leben, alles, was wir Gewinn nennen, wächst aus Mühe und Widerstand, aller wirkliche Zuwachs an Weltgefühl muß irgendwie an ein Persönliches unseres Wesens gebunden sein."[147] Im fundamentalen Gegensatz dazu steht die „Bequemokratie" von heute, wie es der Postwachstumsökonom Niko Paech bezeichnet. Gemeint sind damit unter anderem all jene, die fröhlich konsumierend um die Welt jetten, den Rollkoffer stets griffbereit.[148] Für sie ist es selbstverständlich, jederzeit per Knopfdruck ein Flugticket zu buchen, ein Hotel zu reservieren, ein Taxi zu rufen und sich kurzerhand zu vertschüssen.

Ist der Flieger einmal ausgefallen oder streikt das WLAN, endet das Vergnügen.[149] Prompt folgen Beschwerden. Bei nächster Gelegenheit wird per Facebook aller Welt mitgeteilt, wie unzumutbar die Umstände seien, wie schlecht das Service, wie wenig das Zimmer sein Geld wert. „Inmitten organisierter Hilflosigkeit verlieren Konsumhypochonder schnell die Fassung. Jede Lücke oder Verzögerung innerhalb einer Rundumversorgung, die sich als Normalzustand etabliert hat, wird lautstark als Zumutung beschimpft", echauffiert sich Niko Paech in seinem Buch „All you need is less".[150]

WIE KÖNNEN WIR BEIM UNTERWEGSSEIN DIE SEELE NÄHREN?

Wenn wir beim Reisen nicht nur unser Konsumbedürfnis stillen, sondern auch die Seele nähren wollen, könnten wir vom Philosophen Peter Vollbrecht lernen. Er führt seit vielen Jahren philosophische Reisen durch. Was bedeutet das? „Ein Reisen, das versucht, die bereiste Welt zu verstehen", erklärt er. In kleinen Gruppen werden literarische oder historische Schauplätze bereist, etwa der „Zauberberg" aus Thomas Manns gleichnamigem Roman im Schweizer Davos oder auch Franz Kafkas Prag. Vor Ort hält Peter Vollbrecht philosophisch-literarische Vorträge, leitet intensive Gesprächsrunden oder thematische Spaziergänge und Wanderungen. Bei solchen Reisen bewegt man sich nicht nur körperlich, sondern auch intellektuell.[151] Der Philosoph ist überzeugt: Wer um des Verstehens willen unterwegs sei, nähre die eigene Seele. Das sei heilsam. Erst die Bereitschaft zu verstehen bringe die wahrgenommene Fremdheit in die eigene Nähe. Denn die Seele umfasse nicht nur das Eigene, sondern auch einen Hauch von draußen. „Diesen hat man früher als das Göttliche bezeichnet, das haben wir jetzt abgeschafft und durch die Menschheit selber ersetzt", schildert der Philosoph. Gerade das Reisen sei eine wunderbare Möglichkeit, in den großen Gesprächsraum der Menschheit einzutauchen. Deshalb plädiert er dafür, statt auf konsumierendes Reisen, das uns die Dinge wie in einem Schaufenster erleben lässt, auf begegnendes Reisen zu setzen. Denn die Seele, die in der philosophischen Tradition gleichgesetzt ist mit Vernunft, ernähre sich aus dem Gespräch. Das schönste Gespräch ist seiner Ansicht nach das philosophische. Und zwar deshalb, weil man sich mit Menschen „unterhält", die schon lange tot sind – etwa mit Literaten wie Thomas Mann oder Franz Kafka. Oder mit den großen Philosophen der Antike, die uns unser Welt- und Menschenbild gezimmert haben. Etwa der antike Reiseschriftsteller Pausanias, der uns die archäologischen Stätten so schildere, wie sie einst gewesen seien. „Das heißt: Die Stimme ist da, die Seele spricht noch. Deshalb ist es ein Gespräch, das über die Lebensgrenzen hinausgeht." Die Seele sei unkörperlich, feinstofflich, habe nichts mit einer bestimmten Raum-Zeit-Stelle zu tun. „Beim Reisen verlassen wir unsere Raumstelle. Wir geben der Sehnsucht unserer Seele nach, an vielen verschiedenen Orten sein zu können und Verschiedenes in uns aufzunehmen."

SICH SELBST VON AUSSEN BETRACHTEN

Welche Erklärung hat der Philosoph dafür, dass wir beim Reisen auch etwas über uns selbst erfahren wollen? Ganz einfach: Das Reisen ermöglicht es uns, von außen auf das eigene Leben zu schauen. Das ist wichtig, weil wir Menschen uns fortlaufend unser eigenes Leben erzählen. Um das überhaupt tun zu können, brauchen wir den Blick von außen. Das ist eine herausfordernde Angelegenheit – eben weil es unser eigenes Leben ist. Dieses Ansinnen kann umso besser gelingen, je öfter wir eine Außenposition bezogen haben. Und die finden wir leichter, wenn wir uns nicht in unserem üblichen Umfeld befinden. Nicht nur das räumliche

Fortbewegen, auch unser Denkvermögen hilft uns, in unserem Gehirn eine Außenansicht zu zeichnen. „Unser Denken hat die Fähigkeit, die Dinge sozusagen von außen zu sehen, von einem anderen Standpunkt aus zu betrachten. Dadurch entsteht eine Verobjektivierung, eine Multiperspektive", erläutert der Philosoph. Er verwendet die Metapher des Reisens gern als eine existenzielle: „Wir sind von Geburt an unterwegs, um uns unsere Geschichte zu erzählen. Somit sind wir in unserem ganzen Leben Reisende." Wenn wir tatsächlich reisen und uns an einem anderen Ort aufhalten, haben wir zusätzlich die Möglichkeit, aus der geografischen und kulturellen Entfernung auf unsere Heimat zu schauen und zu sehen: Was an ihr ist spezifisch? Was unterscheidet sie von diesem oder jenem Ort? Das gibt uns die Option, einen neuen Erzählfaden in unser Leben einzubringen. „Durch die Verobjektivierung unserer eigenen Persönlichkeit wird sozusagen unser Narrativ reicher", legt der Philosoph dar. Das Einfädeln neuer Narrative sei eine der faszinierendsten Eigenschaften des Reisens. Das gelinge etwa durch Begegnungen, Bekanntschaften oder durch das bloße Dortgewesensein. „Dafür muss man aber wirklich auch dort sein", bekräftigt Vollbrecht. Im Grunde müsse der Mensch immer ein Stück weit woanders sein, um bei sich selbst sein zu können.

WEITET SICH DER GEIST MIT JEDEM KILOMETER?

Warum aber müssen wir für die Reise zu uns selbst oft so große Umwege machen? Muss man sich unbedingt geografisch wegbegeben, um „sich selbst näher zu sein"? Kann man sich nicht auch selbst finden, wenn man einfach nur vor die eigene Haustür tritt? Durch einen Wald mit leuchtendem Herbstlaub spaziert? Dabei der Natur begegnet? Woher kommt die Annahme, anderswo auf der Welt könnten wir uns selbst näher kommen als in der eigenen Heimat? Peter Vollbrecht denkt zurück an seine Kindheit: „Als junger Bub hatte ich eine ungeheure Faszination für Weltkarten. Ich bin mit dem Finger die Flüsse und die Berge entlanggefahren, da wo es dunkelbraun wird, da, wo es weiße Gletscherteile gibt. Meine Vision war: Da möchte ich auch einmal hin." Die Vorstellung, an die Enden der Welt zu gelangen, sei eben etwas Faszinierendes. Viele Menschen würden ja auch nach Neuseeland reisen, um sich „am Ende der Welt" zu fühlen. „Ist es eine Landnahme? Vielleicht", befindet Vollbrecht. „Womöglich ist es ein Abdruck unseres imperialen Raumverhältnisses, dass wir Räume beherrschen wollen und deswegen in die Ferne schweifen." Es gehe nicht nur darum, andere Kulturen kennenzulernen. Sondern auch darum, Räume zu vereinnahmen: die Weite Patagoniens erleben oder den unendlich groß scheinenden Kontinent Australien. Beim Reisen dehnen wir uns räumlich aus. Erhoffen wir uns, dass sich deshalb auch unser Geist ausdehnt? Jedenfalls ändert sich beim Unterwegssein unser Empfinden für Raum und Zeit, so der Sozialwissenschaftler Christoph Hennig. Wir bewegen uns anders als daheim im Alltag, unser Bewegungsraum scheint sich gar grenzenlos auszudehnen. Auch zur im Alltag oft „knappen" Zeit nehmen wir ein entspannteres Verhältnis ein.[152]

ÄUSSERE UMSTÄNDE ODER INNERE HALTUNG?

Die Sinnforscherin Tatjana Schnell antwortet auf die Frage, ob wir für die Öffnung und Entdeckung unseres Selbst notwendigerweise in fremde Welten eintauchen müssen: Es sei schwer, die in die Reiseerlebnisse eingebetteten Wachstumsprozesse durch etwas zu ersetzen, das sich direkt vor der eigenen Tür abspielt. Auch Studien würden zeigen, dass Reisen offener machen könne. „Ganz anderen Weltanschauungen und Lebensstilen zu begegnen kann dazu führen, dass Menschen, die daheim eher eng leben, sich öffnen und dadurch auch ihr Zuhause und ihren Alltag anders wahrnehmen", befindet Tatjana Schnell. Andererseits: Kann es sein, dass es nicht auf die äußeren Umstände ankommt, sondern auf die innere Haltung? Laut der Psychologin eine berechtigte Frage: „Platon hat einst geschrieben: Wenn man mit dem, was man hat, nicht zufrieden ist, wird man auch mit dem, was man sich wünscht, nicht zufrieden sein." In die Reisewelt eingebettet bedeutet das: Wer sich schon daheim auf nichts Neues einlässt, wird es wohl auch im Urlaub eher nicht tun. Wer sich zu Hause der persönlichen Weiterentwicklung verschließt, wird auf Reisen nicht die große Erleuchtung erleben. Auch Alain de Botton widmet sich diesem Thema in seinem Klassiker „Die Kunst zu reisen". Glücklich sein, so der Philosoph, könne man nicht buchen. Das Glück hänge allein von unserer inneren Zufriedenheit ab.[153] „Wenn wir innerlich unzufrieden sind, hilft uns auch kein Fünf-Sterne-Hotel mit Abholdienst durch einen Chauffeur."[154] Der Persönlichkeitspsychologe Willibald Ruch bezeichnet die Tugend der Dankbarkeit als eine prinzipielle, innere Haltung, die zufrieden macht (siehe Kapitel 3). Er erinnert sich an lange Spaziergänge in seiner Kindheit, als die Familie noch kein Auto hatte. Sie führten über Hügel und durch Wälder und ihm erschlossen sich auf diese Weise neue Gebiete. Heute, nach vielen Jahren des Unterwegsseins, stellt er folgende Frage in den Raum: Wie sehr muss sich ein Ort von der eigenen Umgebung unterscheiden, damit wir ihn als interessant empfinden? Und: Wie viel von der wahrgenommenen Fremde können wir überhaupt verkraften? Dabei erinnert er sich an eine sehr vielseitige und intensive Vortragsreise durch Taiwan. „Irgendwann bin ich dabei an einen Punkt gelangt, an dem meine persönliche Kapazität, für diese eine Reiseerfahrung noch mehr aufnehmen zu können, erschöpft war", erzählt er. Seine Wahrnehmung: Der Mensch braucht Erfahrungen außerhalb der eigenen Lebenswelt, aber es kann auch ein Zuviel geben.

Im Zuge all dieser Überlegungen dürfen wir anerkennen, dass die äußere Umgebung einen erheblichen Einfluss auf uns hat – und wir diesen Umstand bewusst nutzen können. Etwa die Farben, Gerüche und das Stimmengewirr eines lebendigen Markttreibens in Italien oder Griechenland, die etwas in uns auslösen. Oft packt uns die Sehnsucht nach dem Meer, wo uns ein Strandspaziergang innerlich durchlüftet und der Blick im Rausch der Brandung versinkt. Oder wir wandern beschwingt über Wiesenwege und Almen. Allein das Anschauen von Naturszenen macht uns gelassener und der Körper produziert Glückshormone, wie der Gesundheitsforscher Roger Ulrich herausgefunden hat.[155] Unser „Urlaubsglück" stellt sich ein, wenn wir über einen längeren Zeitraum hinweg Sinnesreize wie warmen Sand unter den Füßen oder die Sonne auf der Haut erleben, die zu positiven Empfindungen führen. Die angenehmen Stimmungen mehren sich, rufen ein Glücksgefühl hervor und knüpfen an ähnliche Erinnerungen an. Durch diesen Rückkoppelungseffekt fühlen wir uns noch wohler, und finden uns vielleicht sogar in einem Flow-Zustand von innerer Harmonie und Zufriedenheit wieder.[156] Wenn wir uns ins Außen begeben, um innerlich zu gedeihen, sollten wir dabei aber verstehen: Warum brauche ich das jetzt? Oder: Was genau tut mir daran eigentlich gut? „Wenn ich weiß, dass ich mir eine Auszeit aus meiner gewohnten Umgebung nehme, eben weil ich davon profitiere, kann so ein Aufenthalt sehr sinnvoll sein", befindet der Psychotherapeut und Achtsamkeitsexperte Christoph Köck. Im Grunde gehe es um die Motivation, mit der man eine Reise antrete. „Am Strand zu liegen und sich zu sonnen ist nicht verwerflich. Aber es ist hilfreich, dabei den inneren Anspruch zu haben: Ich tue das, weil es mir in einem tieferen Sinne guttut." Ob man dazu nach Thailand fliegen muss oder im Nachtzug an die Ostsee reist, ist eine andere Frage.

DIE SEHNSUCHT NACH EINEM ANDEREN LEBEN

Reisen, um sich selbst zu finden – klingt das nicht zu banal? Könnte es nicht auch genau umgekehrt sein: Wir reisen, um uns von uns selbst abzulenken? Um zu flüchten, wie in Kapitel 1 beschrieben? Von der Weltreise zum Sabbatical, um danach als digitale Nomadin oder digitaler Nomade nirgendwo und überall zu sein? Alle Optionen zu haben? Viele Leben gleichzeitig zu leben? Aber: Kann man überhaupt innerlich zur Ruhe kommen, wenn man immer in Bewegung ist? Unentwegt auf der Suche nach dem nächsten großen Trip? Peter Vollbrecht vermutet, dass viele junge Menschen die Phasen des Erwachsenenlebens heute strecken, ihre Kindheit verlängern, indem sie von einer Weltreise zur nächsten hüpfen. Durch diese Lebensweise – oft wohnen die Heimkehrerinnen und Heimkehrer zwischendurch wieder bei ihren Eltern – entstehe ein spezielles mentales Setting. „Darin liegt die Tendenz, sich tatsächlich der Welt nicht mehr so auszusetzen, wie es frühere Generationen vielleicht gemacht haben", findet er. Echte Entscheidungen müssen nicht mehr getroffen werden. Man muss sich nur noch fragen: Will ich das nächste Mal nach Kambodscha oder nach Thailand? Und vor Ort: Soll ich mir nächste Woche ein Flugticket für die nächstgelegene Insel kaufen oder doch lieber mit dem Bus nach Bangkok fahren? „Diese Entscheidungen sind nie existenziell. Wirkliche Entscheidungen werden nicht gemacht: Welches Narrativ stelle ich mir für mein Leben vor?"

Dieses Reisen, um das Erwachsenwerden noch um ein paar Jährchen hinauszuschieben, lässt sich durchaus kritisch hinterfragen. Aus einem ganz anderen Blickwinkel betrachtet überlegt der Philosoph: „Die junge Generation weiß, dass ihre Eltern und Großeltern diese Welt extrem mit Umweltgiften belastet haben. Und dass die Zeit kommen wird, in der wir nach unserer ‚Party' nur mehr am Aufräumen sind. Was bleibt den jungen Leuten an Spielraum übrig?" Demnach könnte es verlockender sein, sich hingebungsvoll ins Weltgetümmel zu werfen, anstatt von langer Hand eine ohnehin ungewisse Zukunft nach Schema F zu planen. Man führt lieber jetzt gleich ein Leben in Saus und Braus, statt sich mühselig im „richtigen" Leben orientieren zu müssen, nur um im Alter angesichts des Scherbenhaufens der Welt die Hände über dem Kopf zusammenzuschlagen. Die Frage ist dabei: Was ist das richtige Leben? Vielleicht ist es für Vielreisende genau das: ständig unterwegs zu sein und nicht den Lebensentwürfen ihrer Eltern und Großeltern zu folgen. Vielleicht ist auch das eine existenzielle Entscheidung, zu sagen: Ich reise, also bin ich. Reisen ist ja auch immer eine Möglichkeit, das Leben zu wechseln, einen neuen Lebensraum zu betreten, jemand anderer zu sein. „Diese Sehnsucht ist für uns Menschen etwas Grundlegendes", sagt Vollbrecht. Im Alltag geben wir ihr wahrscheinlich nicht genug Raum, weil uns Gewohnheiten wichtig sind und wir nur schwer aus der Komfortzone kommen. Die Sehnsucht nach einem ganz anderen Leben habe sich auch in der Literatur niedergeschlagen, nämlich in den Utopien, einem beliebten literarischen Genre des 16. bis 18. Jahrhunderts. Im Grunde genommen handle es sich dabei um Reise- und Raumutopien. Etwa wenn in einer Geschichte ein Seemann zurück in seine Heimat komme und von einer fernen Insel berichte: „Stellt euch vor, wie die da leben. Sie sind vernünftig, sie haben kein Eigentum, sie sind alle gleich. Ich habe auf dieser Insel ein ganz anderes Leben gesehen. Eines, das viel gerechter und vollkommener ist als hier bei uns." Die Sehnsucht des Menschen, dass alles im Leben anders sein könnte, hat etwas mit Freiheit zu tun: Sich etwas vorstellen zu können, in der Möglichkeitsform zu reden, erweitert die eigene Welt. „Vielleicht ist das Reisen ein Konjunktiv unseres Lebens."

Wie kann uns das nun gelingen: Dass das Reisen unsere Seele nährt und uns mehr inneren Reichtum schenkt? Welche Erfahrungen beim Reisen sind es, die unser Innenleben mit wertvollen Nährstoffen versorgen? Die uns innerlich wachsen lassen? Unter welchen Voraussetzungen ermöglicht uns das touristische Herumtreiben ein Eintauchen in eine andere Welt, um auch von innen heraus neue Wege zu gehen? Und: Lässt sich das Ganze auch so praktizieren, dass wir der Umwelt und dem Klima dabei möglichst wenig schaden?

AUF DAS HERZ HÖREN UND SICH ERLAUBEN, ZU FÜHLEN

Oft scheuen wir uns beim Reisen davor, „hinaus" in die „Wirklichkeit" zu gehen. Wir schwelgen im Luxus, wir planschen in verchlorten Pools und lassen uns bedienen. Wir sind geblendet von den vielen Inszenierungen und tauchen erst gar nicht tiefer ein. Wir bezahlen viel Geld, wir vergeuden viel Zeit, während wir uns für „Must-sees" wie die berühmte, niemals zu Ende gebaute Sagrada Familia in Spanien oder den Pariser Eiffelturm anstellen. Wir warten brav und artig, weil wir uns erhoffen, dass sich beim Betreten einer Kirche oder beim Emporfahren auf einen Turm endlich die heiß ersehnte Erfüllung ausbreitet. Während wir uns die Füße in den Bauch stehen, zieht da draußen das Leben an uns vorbei. Wir knallen uns den Urlaubskalender mit Terminen, Zwischenstopps und der Abarbeitung unserer *bucket list* voll, als wären wir noch immer am Arbeitsplatz, müssten noch immer Aufgaben für andere erfüllen, pflichtbewusst, zielstrebig und auf Quantität gedrillt. Wir verspüren den Drang, möglichst viele befriedigende Erlebnisse in den Urlaub hineinzuquetschen. Damit setzen wir die Optimierung unserer Freizeit im Urlaub fort.[157] „Viele tappen in diese Falle, weil sie durch den arbeitstäglichen Druck so weit konditioniert sind, dass sie es als solches zum Teil nicht mehr wahrnehmen", schreibt der Tourismusphilosoph und -psychologe Hans-Peter Herrmann.[158]

Dabei vergessen wir allzu oft, dass beim Reisen nur ein einziger Termin von Bedeutung ist: Der, den wir mit unserem Herzen vereinbaren. Denn letztendlich sind es nicht die Zahlen und Fakten, die uns bereichern. Es ist egal, wie viele Länder wir in welcher Zeit abgegrast haben und wie viel Wissen wir über die einzelnen Reiseziele verinnerlicht haben. Letztendlich bleibt uns ein Gefühl erhalten. Und das speisen wir am nachhaltigsten, wenn wir uns auch in den erlebten Situationen erlauben, innig zu fühlen. „Wohin du auch gehst, geh mit deinem ganzen Herzen", lautet eine Konfuzius-Weisheit. Wir nehmen also am besten unser gesamtes Herz mit auf Reisen. Nicht nur die Leichtigkeit, sondern auch das Schwere, das darin schlummert. Denn vielleicht treffen wir zufällig jemanden, dem wir unser Herz ausschütten können? Oder wir nutzen die Gunst der Stunde und verabschieden uns beim Sonnenuntergang am Strand von belastenden Emotionen? Möglicherweise brauchen wir aber auch unsere Empathie im Gepäck, um einer wildfremden Person aus der Patsche zu helfen? Oder unsere kindliche Freude, um aus vermeintlich kleinen Begebenheiten große Energie zu schöpfen?

„Wenn wir mit unserem Herzen in Verbindung sind, kann uns dies wie ein innerer Kompass durch das Leben führen. Wir spüren intuitiv, was im jeweiligen Moment zu tun ist. Aus der Weisheit des Herzens zu leben hat weniger mit Wollen und Machen zu tun, sondern vielmehr mit Loslassen, mit innerer Gelassenheit und spielerischem Erspüren", schreibt Christa Spannbauer in „Der Stimme des Herzens vertrauen". [159] Wer der Weisheit des Herzens vertraue, wachse weit über sein begrenztes Selbst hinaus. Dann sei man offen, voller Hingabe, absichtslos und im Augenblick. Wie kann es gelingen, das eigene Herz so frei zu machen? Indem man völlig ohne Erwartungshaltung durch die Welt geht. Dazu gehört auch, den Dingen unvoreingenommen zu begegnen – gerade so, als träte man ihnen zum ersten Mal gegenüber. So gibt man die Kontrolle ab, lässt alte Konzepte hinter sich, begegnet den Geschehnissen furchtlos, mutig und öffnet den Raum für Entfaltung. Die eigenen Grenzen zu verlassen und das Schützende hinter sich zu lassen, heiße, sich dem Leben anzuvertrauen, ist die Buchautorin überzeugt.[160] Das Reisen könnte ein gutes Trainingsfeld dafür sein.

WELCHEN SINN SUCHEN WIR IM REISEN?

Wer sich mit seinem ganzen Herzen im Gepäck aufmacht, wird unweigerlich mit der Sinnfrage konfrontiert. So wie wir unser Leben lang auf der ewigen Suche nach dem Sinn sind, sind wir es auch unterwegs. Vielleicht manchmal sogar mehr als sonst, weil wir uns erhoffen, dass sich der Sinn des Lebens durch gehaltvolle Reiseerfahrungen offenbart. Dabei tun sich Fragen auf wie: Warum verbinden wir Reisen mit Sinn? Was bedeutet Sinn überhaupt? Und wie geht das – sinnvoll reisen? Die Sinnforscherin Tatjana Schnell hat diese Fragen in Seminaren mit ihren Studierenden diskutiert. Die Mehrzahl der jungen Menschen war davon überzeugt, dass Reisen in ihrem Leben eine sinnstiftende Wirkung hat. Die Gründe dafür sind unterschiedlich. Was der Sinnforscherin aber auffiel: Die meisten Antworten waren eng verknüpft mit den Dimensionen des Sinns, wie sie die empirische Sinnforschung kennt. Dabei gilt, dass Menschen Sinn unterschiedlich wahrnehmen – als Erfüllung, als Sinnkrise oder nur als abwesend.[161] Wenn Sinnerfüllung vorhanden ist, so speist sich diese aus verschiedensten Sinnquellen. Aufbauend auf qualitativen Studien wurden 26 Sinnquellen identifiziert – auch als Lebensbedeutungen bezeichnet –, die sich in fünf Dimensionen[162] zusammenfassen lassen.[163] Anhand dieser konnten die Studierenden sehr gut erklären, warum das Reisen ihrem Leben Sinn verleiht. Vielen ist es demnach wichtig, sich selbst zu verwirklichen. Anderen geht es darum, ein Wir- und Wohlgefühl zu erleben. Das heißt: Mit Menschen Zeit verbringen, die man gerne mag, und es sich dabei gemeinsam gutgehen lassen. Auch eine dritte Sinnquelle gewinnt zunehmend an Bedeutung: die Selbsttranszendenz. Diese besagt, dass der Mensch im Grunde sich selbst nur verwirklichen kann, indem sein Tun auf etwas oder jemanden im Außen verweist. Dazu gehört etwa, sich in den Dienst einer Sache zu stellen oder in der Liebe zu einer Person aufzugehen.[164] „Sich beim Reisen selbst zu transzendieren heißt zum Beispiel, anderen zu helfen und somit gleichzeitig etwas Gutes zu tun", erklärt Tatjana Schnell. Beispiele für solche Reisen sind ein Workaway-Aufenthalt, Voluntourismus oder auch besonders verträgliche Reiseformen, die Umwelt, Kultur, Menschen und Tiere vor Ort im Blick haben.

Reisen, um Gutes zu tun – das klingt nach dem perfekten Werbeslogan. In Neuseeland auf einem Biobauernhof bei der Kiwi-Ernte zu helfen oder über die Vermittlung einer seriösen Organisation in einem Waisenhaus in Kambodscha mitzuarbeiten, kann durchaus als sinnstiftende Reise angesehen werden. Eindimensional oder rein aus sozialer Perspektive betrachtet ist es das womöglich auch. „Gerade bei der Sinnfrage geht es – im Gegensatz zum Glück – aber stark um den Kontext, in dem wir leben", erklärt Tatjana Schnell.[165] Das heißt: Wenn wir Sinn erleben, dann erfahren wir immer mehr als das, was eigentlich da ist. Wir verfolgen also nicht nur ein Ziel; es muss auch das, was mit der Erreichung des Ziels einhergeht, sinnvoll sein. Was sich kompliziert anhört, bedeutet nicht mehr als: Sinn lässt sich nur sehr schlecht aus der Umgebung herauslösen, in der man lebt. Und so kommen wir wieder zu den neuseeländischen Biobauern, den kambodschanischen Waisenkindern, der damit verbundenen Selbsttranszendenz – und zu dem Wunsch, die eigene Reise mit Sinn zu erfüllen. Betrachtet man das Ganze mehrdimensional und im größeren Zusammenhang, ist so eine Reise insgesamt wahrscheinlich weniger sinnstiftend als angenommen. Denn in den Gesamtkontext eingebettet zeigt sich auch die Tatsache, dass man sehr weit fliegt und dabei sehr viele Treibhausgase in die Luft geblasen werden. Um Teil einer guten Sache zu sein, wird man also automatisch Teil einer weniger guten Sache. „Wenn man sich wirklich die Sinnfrage stellt, muss man sich schon sehr verqueren, um nicht zu merken, wie paradox das eigene Verhalten ist", erklärt die Sinnforscherin. „Wem es nur darum geht, sich gut zu fühlen, der kann ewig auf diese Weise durch die Welt reisen. Dann wird es auch egal sein, ob dabei viel CO_2 produziert wird oder nicht. Wer sich aber die Sinnfrage stellt, der wird es viel schwieriger haben, solche Reisen mit dem eigenen Lebensverständnis zu verknüpfen."

Eine wichtige Facette von Sinn ist Kohärenz. Diese ist gegeben, wenn die eigenen Werte und Handlungen einander nicht widersprechen. Wer beim Reisen sinnvoll unterwegs sein möchte, kann deshalb schwerlich Klimaaktivistin sein und trotzdem nach Patagonien fliegen, um dort zum touristischen Vergnügen Wale zu beobachten. Sich Fragen nach dem Sinn zu stellen bedeutet: Warum tue ich etwas? Und welche Konsequenzen wird es haben? Genau hier liegt der Sinnforscherin zufolge auch der Unterschied zwischen Sinn und Glück. Wer ausschließlich das Glück sucht und sein eigenes Wohlbefinden fördern will, kann und wird so reisen wie bisher. Wer sich aber auf die Suche nach dem Sinn seiner Reisehandlungen macht, der wird ein stärkeres Bewusstsein dafür entwickeln, wie er oder sie wirklich reisen möchte. Vereinfacht gesagt: Wer anders handelt, als es seinen Überzeugungen zufolge eigentlich naheliegend wäre, wird bei genauerem Hinhören und Hineinfühlen einen inneren Widerstand spüren. Der Inkohärenz können wir entkommen, indem wir uns die Sinnfrage stellen. Aber: Wie geht das überhaupt?

WISSEN, WAS UNS WICHTIG IST

Um uns selbst mit Fragen nach dem Sinn zu konfrontieren, müssen wir zuerst herausfinden, was uns wichtig ist. Ein Beispiel: Wem die Umwelt am Herzen liegt, der muss wissen, dass er jemand ist, dem die Umwelt am Herzen liegt. Dafür wird sich diese Person zuvor damit beschäftigt haben, was für sie im Leben wichtig ist. „Heute sind wir aber durch den ständigen Input von Medien – Nachrichten, Videos, Bilder – so abgelenkt, dass innere Auseinandersetzungen wie diese nicht von selbst stattfinden", beklagt Tatjana Schnell. Die eigenen Werte und Prioritäten festzulegen, benötige Raum, Zeit und eine Art Anleitung mit den passenden Fragen. „Wenn wir das ignorieren, leben wir wie ein Spielball der Angebote und Möglichkeiten. Wir begeben uns erst gar nicht auf die Suche danach, was im Leben zählt", bemängelt die Psychologin. Welche Fragen man sich stellen könnte, um sich dem eigenen Lebenssinn anzunähern, hat sie auf ihrer Plattform sinnforschung.org ausgearbeitet. Der Leitfaden „Mein Lebenssinn" dient der Selbstexploration. Er steht öffentlich und kostenlos zur Verfügung. Ursprünglich wurde er als Forschungsinstrument eingesetzt, fand und findet aber auch darüber hinaus großen Anklang. Immerhin ist es einfacher, sich an vorgegebenen Fragen zu orientieren, als selbst Fragestellungen zu formulieren. Tatjana Schnell empfiehlt, die Fragen gemeinsam mit einem nahestehenden Menschen wie zum Beispiel einer guten Freundin oder Therapeutin durchzugehen. „Es ist hilfreich, jemanden zu haben, der sagt: ‚Lass dich darauf ein – auch, wenn du keine einfachen

Antworten findest oder auf schmerzhafte Widersprüche stößt"",
weiß die Psychologin. Die Unterstützung erleichtere es, sich tatsächlich auf die Themen einzulassen. Dieses Einlassen führe zu einer inneren Klärung. „Es ermöglicht, seine eigenen Prioritäten zu finden. Dass es auch wehtun kann und anstrengend sein mag, sollte man vorher wissen. Aber auch, dass das normal ist und dazugehört."

IM HIER UND JETZT LEBEN

Wir wollen also mit dem ganzen Herzen reisen und gleichzeitig einen Sinn erkennen. Wie wachsen wir beim Reisen noch? Indem wir im Moment leben. Erst so kommen wir in den legendären Flow-Zustand, der uns von innen antreibt und leuchten lässt. Im gegenwärtigen Augenblick präsent zu sein, ist auch eine der fünf Säulen der japanischen Lebensauffassung „Ikigai", die für den Lebenssinn steht. Wer „Ikigai" betreibt, hat bereits die Freuden und den Sinn des Lebens gefunden und geht darin auf.[166] Zentral für die fünfte Säule („Im Hier und Jetzt sein") ist der Begriff „ichigo ichie". Er bedeutet übersetzt „ein Moment, ein Treffen" und stammt aus der Tradition der Teezeremonie. Gemeint ist damit das Anerkennen der Tatsache, dass jede Begegnung mit Menschen, Dingen oder Ereignissen flüchtiger Natur ist. In Anbetracht dessen ist alles im Leben einmalig, nichts wiederholt sich wirklich – und ist daher besonders schätzenswert.[167] Wenn wir im Moment ganz präsent sind, egal ob bei einer japanischen Teezeremonie (die man übrigens auch in Österreich erleben kann), beim Wandern, beim Abendessen auf einem griechischen Dorfplatz oder beim Meditieren, öffnen wir unseren inneren Raum. Dass wir diesen Flow-Zustand nicht mittels Kippschalter ein- und ausschalten können, liegt auf der Hand. Vielleicht hilft ein genauerer Blick auf die Meditationspraxis, um zu verstehen, wie diese als sehr angenehm und nährend empfundene Selbstvergessenheit überhaupt in uns reifen kann: Flow ist die Frucht der Praxis. „Es ist natürlich schön, das einmal zu erleben. Aber viel wichtiger ist, dass einem das Meditieren nicht nur nützlich ist, wenn man diesen Flow erfährt", erklärt der Psychotherapeut und Meditationslehrer Christoph Köck. Mit anderen Worten: „Der Flow ist eine Frucht, die man ernten kann oder die einem zufällt, wenn man praktiziert." Manche Menschen kommen nie oder nur erst nach langer Zeit in einen Flow-Zustand. Trotzdem können sie vieles aus einer Meditation herausziehen. Etwa die Fähigkeit, Gedanken loszulassen, auch schwierige Dinge auszuhalten und damit umzugehen oder heilsame Qualitäten zu entwickeln.

Wer schon einmal flow-ähnliche Bewusstseinszustände erlebt hat, der weiß: Die Selbstbefangenheit schwindet nach und nach. Die uns ständig umgebenden Fragen danach, wer oder was wir sind, was wir wollen, was uns fehlt oder wovor wir Angst haben, verabschieden sich durch das vollkommene Einlassen auf die gegenwärtige Erfahrung. Diese Selbstvergessenheit überhaupt zu ermöglichen, gelingt nicht allen Menschen gleich gut. Oft schieben sich Sorgen, Ängste und Irritationen in den Vordergrund. „Um sich wirklich einlassen zu können, ist es hilfreich, ein tiefes Interesse an dem zu entwickeln, was gerade passiert", empfiehlt Köck. Dabei ist es egal, ob man meditiert, durch eine fremde Stadt flaniert, im See seine Bahnen zieht oder in ein Gespräch vertieft ist. Wenn man die Herausforderung annimmt, wirklich in seinem ganzen Wesen wach zu sein, sich selbst anzunehmen, zu öffnen und auf die gegenwärtige Situation einzulassen, nimmt einen das so gefangen, dass die Wahrscheinlichkeit des Flow-Zustands steigt. Das nährt die Seele ganz ähnlich wie bei jenen Reisen, auf denen wir uns selbst herausfordern oder verwirklichen, erklärt die Sinnforscherin Tatjana Schnell. Flow verlange allerdings ein gewisses – richtiges – Maß an Anspannung, sogar

Stress. „Bei beiden – einem Flow-Erleben zuhause und dem auf einer Reise – befinden wir uns in einem guten Gleichgewicht zwischen Anforderungen auf der einen Seite und eigenen Fähigkeiten oder Aufmerksamkeit auf der anderen Seite. Das kann als positiv stressend erlebt werden: Ich erfahre, wozu ich fähig bin, was ich leisten kann."

DIE HEILENDE KRAFT DES GEHENS

Auch das Pilgern kann uns dazu inspirieren, beim Reisen mehr in uns einzukehren und uns auf einen selbstvergessenen, flow-ähnlichen Zustand einzulassen. Beim Pilgern, genaugenommen beim monotonen Gehen über Stunden, Tage oder Wochen hinweg, ist man ebenfalls ganz im Moment. Man ist auf sich allein gestellt und ein Raum für bisher Unterdrücktes kann sich öffnen. Der Effekt ist wissenschaftlich bewiesen: Dank dieser Monotonie kann das Gehirn negative Erfahrungen besser verarbeiten, weil die neuronalen Strukturen neu organisiert werden. Zu diesen Erkenntnissen gelangte eine Befragungsstudie aus dem Jahr 2013, die von Tatjana Schnell und Sarah Pali an der Universität Innsbruck durchgeführt wurde. Dafür wurden Menschen vor und nach ihrer Pilgerreise sowie erneut vier Monate nach ihrer Rückkehr interviewt. Unter anderem kam dabei heraus, dass die meisten Menschen pilgerten, um persönliche Klärung zu finden. Durch das Pilgern verschwanden die Krisen vollständig und der Lebenssinn nahm zu.[168] Zum symbolischen Wert des Pilgerns gesellt sich die Kraft des Gehens. Und beim Gehen wiederum ist das Ausschlaggebende die Monotonie. Hinzu kommt die Deprivation – also ein Entzug – von Reizen. Das Gehirn muss jetzt nicht mehr in einer Tour einzelne Informationen verarbeiten. Der übliche gebahnte, sehr zielorientierte Denkweg weicht einem Zustand, in dem Dinge an die Oberfläche geraten, denen man mit viel Ruhe und Raum begegnen kann. Die positiven Effekte des Gehens, auch das hat die Studie nachgewiesen, lassen sich mit in den Alltag nehmen. Denn die dadurch neu geknüpften neuronalen Strukturen bleiben auch längerfristig bestehen. Und so berichteten Pilgerinnen und Pilger auch noch vier Monate nach ihrer Rückkehr, dass die Wirkungen geblieben seien. Pilgern ist außerdem einem Übergangsritual vergleichbar – man streift die eigene Identität ab, erlaubt sich das nackte Menschsein, nimmt sich selbst anders wahr als im Alltag, lässt sich auf das andersartige Erleben ein, macht sich dadurch verletzbar, begegnet seinen Mitmenschen in einer existenzielleren Form und kehrt letztendlich als „anderer Mensch" in ein gleich gebliebenes Umfeld zurück.

7

WAS, WENN WIR DAS REISEN NEU DEFINIEREN?

„Nur Reisen ist Leben,
wie umgekehrt das Leben Reisen ist."
Jean Paul

Treten wir eine gedankliche Reise an und beamen wir uns im Geiste zehn oder 20 Jahre in die Zukunft: Jeder Mensch auf der Welt verfügt über ein lebenslanges Öko-Konto – unabhängig von Verdienst, Status oder Herkunft. Die Höhe ist so bemessen, dass pro Jahr durchschnittlich das Anrecht auf eine Tonne CO_2 besteht. Wer mehr will, muss weitere Emissionsrechte zukaufen, also jemanden finden, der oder die trotz dieses geringen CO_2-Grundbudgets einen Teil davon anbietet, dafür aber einen entsprechend hohen, vielleicht astronomischen Preis verlangen kann. Auf diese Weise können auch die Überreichen kaum mehr mit dem Luxusjet um die Welt düsen, außer sie geben für die erforderlichen CO_2-Rechte ihren Reichtum her. Geld, das uns bis dahin sozial voneinander unterschieden hat, wird dadurch entwertet. Gerechtigkeit im 21. Jahrhundert bemisst sich nicht an der Verteilung des Geldes, sondern des Rechts, knappe ökologische Ressourcen in Anspruch zu nehmen.

Fliegen ist sowieso fast obsolet geworden. Denn Rohöl wurde teurer, der Flugverkehr wurde zu laut, chaotisch, nervig und erreichte irgendwann eine Obergrenze. Die Kapazitäten im Luftraum waren einfach erschöpft. Es ereigneten sich zudem eine Finanzkrise und weitere Virus-Pandemien. All das wirkte sich auch auf das Reiseverhalten aus. Wir haben gemerkt: Der bisherige Reisekult war nur eine kurze Entgleisung der Zivilisation, der keine Zukunft haben konnte. Deshalb haben wir Nachtzüge reaktiviert und Flughäfen stillgelegt. Sie wurden, ähnlich dem ehemaligen Flughafen Tempelhof in Berlin, zu Freizeitanlagen umfunktioniert. Aus manchen Landebahnen sind Urban Gardening-Standorte oder Areale für die Nutzung regenerativer Energien geworden. Neben dem Zug reisen wir mit Begeisterung zu Fuß und mit dem Fahrrad. Das Abenteuer suchen wir nicht mehr zwanghaft am überlaufenen Machu Picchu oder am Mount Everest, sondern in den Wäldern, Bergen, Tälern und Flussauen Europas. Das Gefühl, auf Abenteuer-

lust und Neugierde verzichten zu müssen, haben wir trotzdem nicht. Aber wir sind froh, die Fortbewegung von A nach B in einem ökologisch verantwortbaren Rahmen zu bewerkstelligen und damit enkeltauglich gemacht zu haben. Wir begnügen uns mit einem reduzierten Reisen, das unsere Lebensqualität allerdings steigert, weil wir Eindrücke und Begegnungen entschleunigter und achtsamer ausschöpfen. Wir passen unseren Aktionsradius an das an, was per Fahrrad, Bahn, Segelschiff und zu Fuß erreichbar ist. Wir leben gesünder, die Fettleibigkeit nimmt ab und wir setzen uns für den Erhalt der nahegelegenen Mitwelt ein, statt ihr per Fernreise den Rücken zuzukehren. Wie viele Menschenleben braucht es, kerosinfrei die Schönheit Europas zu erkunden? Jedenfalls mehr als eines – es wird also nicht langweilig. Wenn das Dasein nicht mehr von Schwere, Leistungsdruck und ständiger Flucht vor dem Hier und Jetzt geprägt ist, befreien wir uns von vielen Dingen, die finanziert werden müssen. Wir arbeiten weniger, haben also mehr Zeit, die wir im Sinne von Slow Travel bestens einsetzen können. Wir haben quasi Geld und Rohöl durch Zeit ersetzt, die wir überdies genießen. Manche von uns segeln mit einem Lastensegler bis nach Afrika, andere fahren mit dem Rad entlang der Donau bis zum Schwarzen Meer oder ziehen sich für mehrere Wochen in die Stille eines kleinen Waldhotels zurück.

Woher kam der Sinneswandel? Irgendwann wurde uns bewusst, dass wir Genuss inflationär erzeugten – und er uns damit abhandenkam. Die Abstände zwischen Genusserlebnissen waren minimal geworden und die Genüsse selbst wurden fad und ungenügend. Irgendwann konnten wir gar nichts mehr genießen, weil von allem zu viel vorhanden war und die Reizüberflutung einsetzte. Auf das bewusste Reisen freuen wir uns heute so sehr, wie sich unsere Großeltern über eine Kugel Eis oder einen Geburtstagskuchen freuten. Wir müssen nicht ständig unterwegs sein, denn im Kontext der Nichthäufigkeit empfinden wir das Reisen als besonders üppiges Geschenk. Wir sind nicht länger materiell wohlhabend und unzufrieden, sondern im Herzen reich und zufrieden. Wir wissen, dass sich Genuss erst dann wirklich einstellen kann, wenn er limitiert ist.

* * *

Dieser Einblick in eine von vielen möglichen Zukünften basiert auf den Ideen und Gedankengängen des Postwachstumsökonomen Niko Paech, die er im Interview für dieses Buch teilte. Die daraus formulierte Beschreibung ist eine frei erfundene Zukunft: Wir stellen uns vor, wie etwas vor uns Liegendes sein könnte. In der Zukunftsforschung ist häufig von Utopie die Rede. Damit gemeint ist ein „imaginierter Ort einer wünschenswerten Zukunft, die sich aus gegenwärtigen Hoffnungen, Wünschen, Kritik, Erwartungen, Ängsten und Annahmen speist".[169] Meistens wird etwas beschrieben, das nie erreicht werden wird. Aber auch verwirklichbare Welten lassen sich formulieren, und zwar mithilfe der „konkreten" Utopie.[170] Sie existiert unter der Prämisse, dass wir Zukunft im Sinne unserer Werte und Wünsche selbst mitgestalten können – und wollen. Es ist nämlich eine Fehlannahme, dass Zukunft zeitlich irgendwo in der Ferne liegt und eine lineare Fortschreibung der Gegenwart ist. Unser Gehirn macht uns das nur glauben, weil es Zukunft als etwas zeichnet, das auf Erfahrungen aus der Vergangenheit und Informationen aus der Gegenwart aufbaut.[171]

Vielmehr ist es so: Zukunft existiert nicht und kann deshalb nicht erforscht werden. Aber sie lässt sich auf Basis der Gegenwart in Form von Vorstellungen und Visionen erdenken.[172] „Da wir Menschen der Gegenwart nicht entspringen und uns nicht von ihr trennen können, sind unsere Gedanken über die Zukunft meist sehr eng mit dem Jetzt verknüpft", erklärt die Zukunftsforscherin Elena Artiles Leyes. Trotzdem lässt sich anhand von persönlichen, zeitgemäßen „Zukunftsbildern" vieles interpretieren: Wie wird über Zukunft gesprochen? Welche Ängste und Hoffnungen bestehen? Welche Wünsche und Bedürfnisse sind vorhanden? Welche Themen werden angesprochen? Welche Themen kommen gar nicht vor? Welche Personen(gruppen) werden erwähnt, welche gar nicht? Was dabei herauskommt, wird in der Zukunftsforschung „gegenwärtige Zukünfte" genannt. Sie dienen als Orientierungswissen für eine bessere Zukunftsgestaltung, wo immer es Alternativen braucht. Der dafür verwendete Begriff lässt erkennen: Zukunft existiert in der Mehrzahl. Denn Zukunft ist offen und es gibt eine Vielzahl an möglichen, wahrscheinlichen und wünschenswerten Zukünften.[173]

ZUKUNFT ALS MÖGLICHKEITSRAUM ERKENNEN

Zukunft ist das Ergebnis der Handlungen, die wir heute setzen. Die Zukunftsgenese, also das Entstehen von Zukunft, basiert auf zwei Faktoren: Das Leben verläuft nicht kontinuierlich, sondern es bricht immer wieder mit der Vergangenheit und konfrontiert uns mit neuen Unsicherheiten. Und: Wir haben die Freiheit, unsere Zukunft proaktiv gestalten zu können. Laut der Zukunftsforscherin Aileen Moeck sollten wir uns nicht nur davon lösen, Zukunft als Verlängerung der Gegenwart und als Zielerreichung zu verstehen. Sondern auch davon, Zukunft überhaupt vollumfänglich verstehen zu wollen.[174] „Stattdessen sollten wir Zukunft als einen Raum erkennen", schlägt sie vor. „Denn auch wenn wir nicht wissen können, was morgen kommt, so können wir diesen Raum doch heute schon aktiv gestalten."[175] Auf das Reisen bezogen heißt das: Wir können uns gänzlich neue Utopien stricken, indem wir neue Pfade bauen und erste Schritte darauf setzen. Das ist eine Herausforderung. Denn wir gehen gern in die uns bekannte Richtung und benutzen dieselben vertrauten Wege. „Beim Kreieren einer wünschenswerten Zukunft geht es darum, diese Pfadabhängigkeit zu brechen, indem wir andere Routen einschlagen", sagt die Zukunftsforscherin Elena Artiles Leyes. Was wir jetzt anfangen zu tun, sei später vielleicht irgendwann einmal Normalität. Nur das, was wir erdenken, uns ausmalen und vorstellen können, habe überhaupt eine Chance auf Umsetzung. „Es geht darum, den Möglichkeitsraum auszudehnen", formuliert es Elena Artiles Leyes. Diese Ausdehnung könne man nur erreichen, wenn man sich den im Kopf festgelegten Grenzen annähert, sie erkundet, überschreitet, damit experimentiert, sie verschiebt. Erst dadurch würden neue Ästhetiken geschaffen, etwa in der Modebranche von der „fast fashion" zur Öko- und Secondhand-Fashion.

Auch beim Reisen könnten Zukunftsbilder uns weg vom bisher wenig sozial und ökologisch verträglichen Mainstream und hin zu einer neuen Ästhetik des verträglichen Reisens führen. Wir könnten demnach neue Standards setzen, indem wir aufhörten, uns an die alten zu klammern. „Wenn wir mithilfe von Zukunftsbildern unser Reiseverhalten dekonstruieren, indem wir uns fragen, warum und wie wir bisher reisen, und uns von diesem Punkt aus bewegen, werden wir vielleicht merken: Die Ziele kann ich auch anders als bisher erreichen", erklärt Elena Artiles Leyes. Was nach idealistischem Blick in die Glaskugel klingen mag, bestätigt die neuere Hirnforschung: Wenn wir unser Gehirn mit Begeisterung und deshalb intensiv für etwas bestimmtes benutzen, entwickelt es sich genau in diese Richtung. Beginnen wir also, unsere Lebenswelt positiv zu verändern, setzt das im Inneren weitere Potenziale frei.[176]

ZUKUNFTSBILDER IN BRIEFFORM

In der Zukunftsforschung, die immer eine angewandte Forschung ist, wird häufig ein partizipativer Prozess eingesetzt. Um
Zukunftsbilder zu dekonstruieren, werden eingeholte Informationen aufbereitet und interpretiert. Zum Verständnis: Mit Zukunftsbildern sind in erster Linie die Bilder im Kopf gemeint, die
wir entstehen lassen – im Sinne von etwas, das nicht existiert, das
wir aber trotzdem erforschen und interpretieren können. Um
diese Vorstellungen von möglichen Zukünften sichtbar und
greifbarer zu machen, werden sie mit den Methoden der Zukunftsforschung unter anderem in Texte, grafische Bilder,
Comics oder lebendige Bilder wie Theaterstücke oder Videos
verwandelt.[177] Die Zukunftsforscherin Elena Artiles Leyes hat gemeinsam mit ihren Kolleginnen vom Kollektiv „Futures Probes"
(www.futuresprobes.com) Zukunftsbilder für das Reisen entwickelt. Dafür wurden Menschen aus Deutschland und Spanien
mittels Online-Fragebogen dazu eingeladen, mehr über ihre
Identität, ihre Einstellung zum Tourismus und ihre individuellen
Zukunftswünsche zu verraten. Um die eigenen Reiseutopien
kreativ umzusetzen, sollten sie von einer fiktiven Reise in das
Jahr 2050 einen Brief an Daheimgebliebene formulieren. Statt
eine Prognose abzugeben, wurde also eine „Regnose" ermöglicht.
Die Wortkreation stammt vom Zukunftsforscher Matthias Horx
und bedeutet eine Art imaginierter Rückschau. Dabei springt
man geistig in die Zukunft und fragt sich rückblickend, wie man
dorthin gelangt ist und wie sich der Weg gestaltet hat. Durch die
Regnose tritt man in eine produktive Beziehung zur Zukunft.
Der Wandel passiert durch das Bewusstsein, die Zukunft durch
die eigene Einstellung und die darauf basierenden Handlungen
selbst zu formen.[178]

Ein Auszug aus dem Projekt „Futures Probes" zeigt zwei solcher Zukunftsbilder in Briefform:

„Liebes Schwesterherz,

ich schicke dir sonnige Grüße aus Bali! Es ist erstaunlich, wie sehr sich die Insel seit meinem Auslandssemester im Jahr 2015 verändert hat: McDonalds und all die großen Fast-Food-Ketten gibt es nicht mehr, die Tempelstätten sind nur noch für religiöse Zeremonien geöffnet und der Müll im Meer ist verschwunden, weil Essen nun wie früher in Bananenblättern serviert wird! Auch gibt es nur noch wenig Partytourismus, denn alles ist teurer geworden, seitdem die Menschen für ihre Arbeit fair entlohnt werden. Die Balines_innen können nun – auch wegen erleichterten Einreisebedingungen – an für sie ferne Orte reisen, genauso wie du und ich. Der Stillstand des internationalen Tourismus hat also auch positive Veränderungen mit sich gebracht! Übermorgen trete ich wieder den Heimweg an... Wir sehen uns in ein paar Wochen, wenn ich mit dem ReNewEnergy-Boot sicher im Hafen einlaufe.

Hati hati und alles Liebe!"

„Lieber Vasco,

ich bin die letzten Wochen langsam Richtung Neapel geradelt und habe dabei das Projekt abgearbeitet. Ich habe auf kleinen Campingplätzen und in Gemeinschaftshäusern übernachtet und die Co-Working-Spaces benutzt. Co-Working-Spaces waren am interessantesten, weil ich dort auch Locals für das Projekt interviewen konnte. In Rom konnte ich meiner Wohnungstauschpartnerin die Schlüssel des Berliner Apartments geben und sie hat, glaube ich, Kuchen für dich mitgebracht. Ende März komme ich mit dem Schnellzug zurück, war kein Problem, für das ganze Gepäck ein Abteil zu bekommen..."

KOSMISCH REISEN UND GENUSS ERLEBEN

Aus den sehr persönlichen Formulierungen lässt sich unter anderem erkennen, was die Befragten umtreibt und was sie sich für die Zukunft des Reisens erhoffen. „Wenn man mit der Zukunftsbrille auf diese Briefe schaut, ist klar zu erkennen, dass viele Wünsche sich um sauberen Transport und Verträglichkeit drehen", erklärt die Zukunftsforscherin Elena Artiles Leyes. Viele der Zukunftsbilder beinhalten auch mehr Genuss, mehr Wertschätzung und eine bewusstere Form der Wahrnehmung. Das passt zum Begriff des „kosmischen Reisens", den der Philosoph Klaus Kufeld schon vor einiger Zeit geprägt hat. Dazu wurde er vom Aufklärer, Dichter und Wanderer Johann Gottfried Seume inspiriert, der bei seinem berühmten „Spaziergang nach Syrakus" ab Dezember 1801 das „kosmische Sehen" für sich entdeckte. Weil er sich keine Kutsche leisten konnte und Italien mit all seinen sozialen, wirtschaftlichen und politischen Problemen wahrnehmen wollte, legte er die Strecke von Grimma bei Leipzig bis ins italienische Syrakus auf Sizilien zu Fuß zurück. Dabei traf er auf Chaos, Armut, Schmutz, Verwahrlosung und Misswirtschaft.[179] Seine Erfahrung war: Wer geht, sieht kosmisch mehr – im Sinne von „weltumfassend". In seinem Werk „Mein Sommer 1805" – ein Bericht seiner Fußreise in den Norden – schrieb er: „Wer geht, sieht im Durchschnitt anthropologisch und kosmisch mehr als wer fährt. … So wie man im Wagen sitzt, hat man sich sogleich einige Grade von der ursprünglichen Humanität entfernt. … Man kann niemand mehr fest und rein ins Angesicht sehen, wie man soll…".[180]

Wer langsam unterwegs ist, so wie der Dichter damals, schiebt das Tor zum „kosmischen Reisen" überhaupt erst auf. „Erst durch die Verlangsamung ist eine Erhöhung der Genussfähigkeit möglich", erklärt der Philosoph Klaus Kufeld. Reisen in diesem

Sinne ist nicht nur Konsum, sondern zugleich eine größere Befriedigung des Egos. Allein durch das Mehr-Sehen schlägt man andere Routen jenseits touristischer, vorgezeichneter Wege ein, die im Grunde nicht erfüllend sind. „Kosmisches Reisen" im Sinne von „kosmischem Sehen" heißt auch, die unmittelbare Nähe wahrzunehmen – die Menschen, die Landschaften, eine Amsel auf dem Baum, eine einzelne Blüte am Wegesrand. Das lässt sich auch im Nebenan erleben, dazu braucht es keinen Fernflug. „So gesehen ist auch der Spaziergang in den Park eine Reise", sagt Klaus Kufeld. Die Corona-Pandemie habe uns vor Augen geführt, dass man „auch im eigenen Land und Umland ähnliche Reiseeffekte erzielen kann wie mit einer Fernreise", findet er. Das extreme Erleben in der Fremde müsse man sich deshalb nicht versagen, aber sehr bewusst und gezielt unternehmen. Vielmehr gelte es, die Sinne für das Nebenan, für das Naheliegende zu öffnen. Eine reine Notlösung, entstanden durch pandemiebedingte Reisebeschränkungen? „Ich glaube, viele Menschen werden dabei etwas entdecken", ist der Philosoph überzeugt. „Dass man die eigenen Sinne auch in der Nähe einsetzen kann und den Genuss dabei fördert, ist für viele eine neue Erfahrung." Nicht die geografische Fortbewegung macht also zwingend das Reisen aus, sondern die Art und Weise, wie wir uns durch die Welt bewegen und sie wahrnehmen. Wenn wir genau hinschauen und offen sind für das, was uns begegnet, ermöglichen wir uns selbst das Einnehmen neuer Perspektiven und Blickwinkel.

Der französische Literat Marcel Proust schrieb: „Die eigentlichen Entdeckungsreisen bestehen nicht im Kennenlernen neuer Landstriche, sondern darin, etwas mit anderen Augen zu sehen." Für eine proaktive Zukunftsgestaltung ist es dem Philosophen Klaus Kufeld zufolge hilfreich, das eigene Bild von der Welt zurechtzurücken: Wir müssten uns klarmachen, dass wir Beteiligte in dieser Welt seien. Sie funktioniere nicht abseits von uns, sondern wir seien mittendrin. „Mit diesem Verantwortungsbewusstsein verstehen wir das Reisen als reziprokes Reisen, bei dem wir Geben und Nehmen neu austarieren und dadurch ganz andere Rollen einnehmen", sagt er. Wenn wir das Reisen nicht als einseitiges, egomanisches Geschehen betrachten würden, sondern als wechselseitiges Phänomen, entstünden kommunikative Räume zwischen Reisenden und bereisten Orten und Menschen, die wir entsprechend ausfüllen könnten. Was uns zu der Frage führt: Können wir die Eigenschaften, die wir uns als Reisende zuschreiben – die Offenheit, die Neugierde, das Grundvertrauen –, nicht einfach auch in unseren Alltag integrieren, um uns selbst und anderen näherzukommen?

WIR KÖNNEN UNS SELBST NICHT ENTKOMMEN

Oder umgekehrt: Ist es möglich, das, was wir uns durch einen Ortswechsel zu finden erhoffen, auch in uns selbst auszumachen? Wenn wir, wie in Kapitel 1 beschrieben, davon ausgehen, dass auch wir Reisende gewissermaßen auf der Flucht sind, mögen wir an dieser Stelle genauer hinschauen: Es ist eine unbestreitbare Tatsache, dass wir vor uns selbst nicht flüchten können. Wir können uns selbst nicht entkommen, egal, wie weit wir uns fortbewegen. Wir können uns zwar dafür entscheiden zu reisen, um uns zu erholen, uns abzulenken oder vor der eigenen Bedrückung zu fliehen. Aber wir nehmen dorthin immer uns selbst mit. Der Psychotherapeut und Meditationslehrer Christoph Köck hat in diesem Kontext eine Erzählung parat, die, wie er sagt, vom rauen Humor im Nordosten Thailands geprägt ist. „In der Tradition, in der ich in Thailand Mönch war, konnte man in den Lehrjahren eine Zeitlang in einem Zweigkloster oder einem anderen Kloster verbringen. Mit diesem Wissen kam oft der Gedanke auf, dass es im eigenen Kloster zu laut oder zu betriebsam wäre: Vielleicht kann ich anderswo besser meditieren, weil es ruhiger ist und idealere Bedingungen herrschen? Vor diesem Hintergrund machte bei uns eine Geschichte aus den Siebziger Jahren die Runde:

Ein westlicher Mönch fragt einen einheimischen Mönch: ,Kann ich bitte in ein Zweitkloster gehen? Ich denke, dass ich dort besser meditieren kann.' Die Antwort des Mönchs: ,Dieser Mönch hat Hundekot in seiner Tasche. Er sitzt da und denkt sich: Hier stinkt es, ich muss woanders hin. Er geht mit seiner Tasche an einen anderen Ort, aber dort stinkt es auch. Und er bekommt gar nicht mit, dass er den Gestank in seiner eigenen Tasche mitgebracht hat.'"

Hätte sich der Mönch sich selbst zugewandt, wäre er auf den übelriechenden Hundekot in seiner Tasche gestoßen. Er hätte ihn herausnehmen und seine Tasche reinigen können. Wo auch immer er dann gewesen wäre – der Gestank wäre ausgeblieben. Und damit womöglich auch der Wunsch nach einem Ortswechsel.

DIE REISE ZU UNS SELBST ANTRETEN

Was auch immer die bewussten oder unbewussten Beweggründe für unser überbordendes Reiseverhalten sind: Der Schlüssel zur Veränderung liegt in uns selbst. Denn wenn Reisen für manche von uns eine Glücksdroge, das Haschen nach Status, ein Fluchtversuch oder eine Ersatzbefriedigung ist: Müssten wir dann nicht dort ansetzen, wo die Ursachen liegen? Im eigenen Leben. Das ist eine Einladung, einen Blick auf das ganz persönliche Dasein zu werfen. Was tut uns nicht gut? Womit hadern wir? Welchen unerfüllten Bedürfnissen wollen wir in der Ferne den Weg an die Oberfläche erlauben? Worin liegen die Gründe, dass wir uns in manchen Situationen nichts sehnlicher wünschen, als „einfach nur weg" zu können? Ist es der Job, der uns auslaugt? Acht Stunden am Tag sitzen und kein Sonnenlicht? Der Druck, privat und beruflich zu viel leisten zu müssen? Eine

Beziehung, die wir als unbefriedigend erleben? Fühlen wir uns unfrei und zu wenig selbstbestimmt? Sehnen wir uns nach Lebendigkeit? Oder sind es einfach nur Kleinigkeiten, die uns nerven, langweilen, einengen? Warum ist es uns wichtig, andere mit unseren Reiseerlebnissen zu beeindrucken? Und wer wären wir eigentlich ohne das häufige Unterwegssein?

Es ist jedenfalls spannend, sich auf die Suche nach Antworten zu machen, ohne sich selbst zu bewerten. Reisen kann die eigene Seele heilen. Aber genauso heilsam kann es sein, nicht an einen exotischen Ort zu flüchten, sondern sich erst einmal in sein Inneres zu begeben. Dabei kann man sich zwar nicht mit dem Glanz und Glamour einer Fernreise schmücken, aber diese Bestätigung braucht man dann eventuell gar nicht mehr. Die Reise zu uns selbst ist eine ganz andere Form des Forschens, Interessierens, Weiterkommens und Unterwegsseins, weiß Köck: Sie startet dann, wenn wir beginnen, uns für uns selbst zu interessieren, nicht im narzisstischen, sondern im spirituellen oder existenziellen Sinn. Wie können wir uns auf den Weg machen, mit uns selbst mehr ins Reine zu kommen?

„Indem wir eine grundlegende Haltung von Selbstliebe, Selbstmitgefühl, Selbstachtung und Wertschätzung finden", erklärt der Psychotherapeut. Wir Menschen sind keine homogenen Wesen. In unseren Köpfen wirbeln die verschiedensten Stimmen durcheinander, mal schreiend, mal flüsternd, mal lobend, mal selbstkritisch. Wir wollen gleichzeitig Kuchen essen und abnehmen. Wir wollen gleichzeitig Geld spenden und für unnütze Dinge ausgeben. Wir wollen gleichzeitig in die Ferne reisen und auf einer Klimademo mitmarschieren. Wenn wir aus dem einen Grund etwas tun, meldet sich nicht selten die Stimme im Kopf und sagt uns, warum wir das aus einem anderen Grund besser unterlassen hätten. Es gehört zur Selbsterfahrung, all diese Stimmen in uns zu identifizieren. „Dabei werden wir merken, dass manche dieser

Stimmen nicht unbedingt besonders schlau oder unserem Wachstum und Wohlbefinden nicht zuträglich sind", sagt Köck. So erkennen wir, dass wir allzu oft in den Kreisläufen von Selbstverurteilung und Schuld gefangen sind. Das hilft dabei, eine grundlegende, positive Haltung gegenüber uns selbst und dem Leben einzunehmen. Dabei erfahren wir, dass wir die Welt nicht so ändern können, wie wir sie gerne hätten. Aber wir erleben auch, dass wir auf uns selbst achten und dadurch einen Beitrag zum Zustand der Welt leisten können. „Das wiederum ist nur möglich, wenn es eine gefühlte Erfahrung ist und wir nicht nur wissen, sondern auch spüren, dass wir uns leicht fühlen dürfen." Diese Annäherung an uns selbst ändert nichts an der Tatsache, dass wir unser Ich auf jedem noch so kleinen Schritt, den wir gehen, mittragen. Vielleicht ist es dann aber ein Ich, das mehr mit sich selbst im Reinen ist – und damit auch mit allem, was im Außen geschieht. Reisen verbinden wir oft damit, unsere antrainierten Rollen abzulegen, uns ganz neu zu erfahren, aus der Komfortzone zu kommen und uns mit Situationen zu konfrontieren, die es kreativer zu meistern gilt als in unserem geborgenen Umfeld. Indem wir im Inneren einen Ort der Konfrontation mit uns selbst und in der Folge des Annehmens schaffen, brauchen wir vielleicht nicht mehr vergeblich in der Welt danach suchen.

RÄUME UND INSELN DES SEINS SCHAFFEN

Und doch tun wir es unentwegt. Denn Reisen kann eine Methode sein, um Abstand zu gewinnen. Wir öffnen unseren inneren Raum und gleichzeitig schieben wir den Vorhang zur weiten Welt auf. Wir machen Platz für das, was sonst vernachlässigt wird. „Zu reisen bedeutet auch, sich eine Art psychologischen Raum zu schaffen, den wir definieren, indem wir uns die nächsten Tage oder Wochen nicht gewissen Aufgaben widmen müssen", erklärt der Psychotherapeut Christoph Köck. Das befreit unsere Aufmerksamkeit. Es entbindet uns davon, uns verantwortlich zu fühlen. „Dieser Wegfall ermöglicht eine andere Art des Seins, die uns entspannter und offener macht. Wir sind interessierter daran, uns in der Gegenwart zu finden", sagt er. Sich solche Räume und Inseln des Seins zu schaffen, ist in der heutigen Zeit kein leichtes Unterfangen. Wir checken am Wochenende oder mitten in der Nacht unsere E-Mails, sind ständig am Planen, Organisieren und Tun. „Wir haben immer das Gefühl, dass etwas unerledigt ist. Das schwebt wie eine dunkle Wolke über vielen Menschen", führt Köck weiter aus. Gerade deshalb ist es so wichtig, uns selbst Räume zu ermöglichen, in denen wir uns freier fühlen können.

Diese Überlegungen führen zu der Annahme: Wenn wir im Alltag mehr solche Räume kreieren, reduziert sich dann die Sehnsucht, einmal (oder mehrmals) im Jahr in diesen einen, großen Raum namens „Urlaub" zu flüchten wollen, der noch dazu möglichst perfekt sein sollte? Könnte es womöglich als erlösend empfunden werden, wenn wir jeden Tag einen solchen (Frei-) Raum haben? Ist dann vielleicht auch das Reisen entspannter, weil es nicht mehr eine so enorme Kompensationslast mit sich bringt? „Ja, es ist sehr wichtig, sich zum Beispiel im Mikrokosmos eines Tages oder einer Woche solche Räume zu schaffen und zu schützen", erklärt der Psychotherapeut. Das kann vieles sein, von Yoga über Meditation bis hin zum Waldlauf oder Gitarre spielen. Essenziell ist dabei, das Gefühl zu haben: Hier kann ich meine Aufmerksamkeit ganz meiner inneren Erfahrung schenken. Körper und Geist dürfen sein. Mehr nicht. Das bringt Klarheit. Braucht es dafür einen Ortswechsel, ein Fortbewegen von A nach B? „Das kann ein hilfreiches Mittel sein", sagt Köck, „aber primär geht es meiner Ansicht nach um den Raum – und nicht ums Reisen." Zwingend notwendig ist das Verreisen also nicht, um auf den Inseln des Seins zu schwelgen. Vermutlich tun wir uns aber leichter, das Einrichten solcher Räume aufs Reisen zu delegieren. Mit einem Klick ist das Wegkommen gebucht und wir fahren los. Es braucht paradoxerweise oft mehr Motivation, im Alltag vom Schreibtisch aufzustehen und eine Kurzreise in den nächstgelegenen Wald anzutreten.

DAS UNTERWEGSSEIN ALS LEBENSREISE BETRACHTEN

Neben der Reise zum Ich ist ein weiterer Vergleich eine genauere Betrachtung wert: Die Reise im Sinne von Lebensreise. „Wir reisen nicht unbedingt durch den Raum, aber wir reisen auf jeden Fall durch die Zeit. Da kommen wir nicht aus", sagt Christoph Köck. Das bedeutet: Jeder einzelne Mensch weiß, dass seine Lebensreise ein Ende haben wird. Unsere ganz persönliche Reise ist demnach endlich, auch wenn sie in allen spirituellen Traditionen unaufhörlich weitergeht. Wenn wir uns bewusst der Endlichkeit unserer Lebensreise widmen, tut sich unvermeidbar die Frage auf: Wie möchte ich meinen Weg gestalten? Welchen Reiseproviant packe ich ein? Wie schwer soll mein Rucksack sein? Und was gebe ich auf diesem Weg an andere weiter? „Reisen oder nicht – das alles umfasst Momente unseres Lebens. Die Frage ist: Was machen wir daraus?", sagt Köck. Antworten auf Fragen wie diese zu finden, ist schwer genug. Verstehen wir unser Dasein bewusst als Lebensreise, stellen wir uns womöglich aber noch eine viel herausforderndere Frage: Wer ist das eigentlich, der da reist? „Sich damit auseinanderzusetzen heißt, dass wir anfangen, uns für die Basis unseres Lebens zu interessieren", erläutert Köck. „Meist gehen wir durchs Leben mit dem inneren Bild: Ich bin ich und die Welt ist die Welt. Aber: Wer bin ich eigentlich im Herzen meines Herzens?" Wenn Fragen wie diese dringlicher werden und beantwortet werden wollen, bereiten uns weitere Themen den Weg: Bin ich das, was ich will? Das, was ich denke? Das, was ich fühle? Oder irgendetwas dazwischen? Schwer zu sagen. Der Psychotherapeut und Meditationslehrer hält einen Anker bereit, an dem wir uns festhalten können. „Es geht darum, sich berühren zu lassen von der Tatsache, dass wir überhaupt sind. Und von der Frage: Was möchte ich in einer Welt sein, in der mir eigentlich nicht vorgegeben ist, was sinnvoll ist?" Es gibt zwar unendlich viele gesellschaftliche Leitbilder, Konventionen und Regelwerke für ein vermeintlich sinnerfülltes, gutes Leben. „Im Prinzip haben wir aber die Freiheit, unserem Leben selbst Sinn zu stiften. Wie das gelingt, ist keine leicht zu beantwortende Frage. Aber es ist das, was ein Leben wirklich erfüllt macht."

Damit schließt sich der Kreis vom Reisen als Erkundung der Welt über die Reise zu uns selbst und die Frage, wie wir uns durchs eigene Leben bewegen wollen. Ebensowenig, wie es für den eigenen Lebensweg ein Rezept, einen 10-Punkte-Plan oder einen Leitfaden gibt, liegt für unser Reiseverhalten auch keine abzuarbeitende Checkliste bereit. So wie wir leben, so reisen wir – und umgekehrt. Der Blick nach innen lohnt sich deshalb in jeder Hinsicht. Indem wir uns selbst Fragen stellen und die Antworten mutig auf uns zukommen lassen, können unser Alltags-Ich und unser Reise-Ich voneinander lernen. Und selbst, wenn sich dabei herausstellen sollte, dass wir weder zu den Glücksjunkies noch zu den Alltagsflüchtlingen gehören – selbst, wenn wir einfach nur reisen, um unsere Neugier zu befriedigen, unsere Lebendigkeit aufleben zu lassen, neue Perspektiven einzunehmen, uns mit anderen Menschen zu verbinden oder uns von fremden Reizen inspirieren zu lassen: Die persönliche Bereicherung hat in einem verantwortbaren Verhältnis zu dem Einsatz zu stehen, den wir der Welt dafür abverlangen. Deshalb müssen wir unsere innere Haltung ergründen und uns an ihr wie an einem Kompass orientieren.

ANHANG

INTERVIEWPARTNERINNEN & INTERVIEWPARTNER

Christoph Köck Der Psychotherapeut ist auch Meditationslehrer und hält Vorträge zu Psychotherapie und Achtsamkeitsmeditation. Er hat zuvor 17 Jahre lang als Mönch in der buddhistischen Theravada-Tradition in Klöstern in Thailand und Europa gelebt.

DIin Cornelia Kühhas Die Landschaftsökologin ist Expertin für nachhaltigen Tourismus bei respect_NFI (Naturfreunde Internationale) in Österreich. Dort beschäftigt sie sich außerdem mit Themen wie Entwicklungszusammenarbeit.

Elena Artiles Leyes M.A. Die spanische Politikwissenschaftlerin hat zuletzt in Berlin Zukunftsforschung studiert. Gemeinsam mit dem Kollektiv „Futures Probes" (www.futuresprobes.com) erstellt, sammelt und veröffentlicht sie mögliche Zukunftsbilder – auch im Bereich Tourismus.

Mag. Dr. phil. Elisabeth Worliczek Die Kultur- und Sozialanthropologin sowie Klimawandelforscherin vom „Zentrum für Globalen Wandel & Nachhaltigkeit" an der BOKU (Universität für Bodenkultur) in Wien forscht hauptsächlich in der Region Ozeanien. Sie hat zehn Jahre lang im Südpazifik gelebt und gearbeitet und ist Obfrau der Österreichisch-Südpazifischen Gesellschaft (OSPG).

Ao. Univ.-Prof. Gerhard Blasche Der klinische Psychologe, Gesundheitspsychologe und Psychotherapeut forscht an der Universität Wien zum Thema Erholung. Er ist Autor des Buches „Erholung 4.0. Warum sie wichtiger ist denn je" (Verlag maudrich) und hält Seminare über Themen wie Stressmanagement & Entspannung oder Biofeedback.

Prof. (FH) Mag. Mag. Dr. Harald A. Friedl Der Jurist und Philosoph hat längere Zeit bei den Tuareg in der Sahara verbracht und als Reiseleiter gearbeitet. Heute lehrt der Tourismusforscher u. a. Ethik und Nachhaltigkeit am Institut Gesundheits- und Tourismusmanagement der Fachhochschule JOANNEUM in Bad Gleichenberg.

Dr. phil. Klaus Kufeld Der Politikwissenschaftler und Philosoph ist Gründer des Ernst-Bloch-Zentrums in Ludwigshafen am Rhein. Seit 2018 arbeitet er als freier Autor und Referent. Er brachte das Standardwerk „Die Reise der Utopie" (Fink-Verlag) heraus, zuletzt erschien „Rückkehr zur Utopie. Philosophische Szenarien" (Verlag Karl Alber).

Dr. Nicole Häusler Die Beraterin und Trainerin für Nachhaltigen Tourismus mit regionalem Schwerpunkt auf Südostasien hat Ethnologie und nachhaltige Tourismuswissenschaften studiert. Seit vielen Jahren lebt sie neben Berlin auch in Birma (Myanmar). Zudem wirkt sie als Honorarprofessorin an der Hochschule für nachhaltige Entwicklung Eberswalde.

apl. Prof. Dr. Niko Paech Der Volkswirt und Nachhaltigkeitsforscher ist ein prominenter Vertreter der Postwachstumsökonomie. Er lehrt und forscht an der Universität Siegen im Bereich der Pluralen Ökonomie. Seine eigenen Bücher (Auszug): „Befreiung vom Überfluss", „All you need is less" (beide: Verlag Oekom).

Dr. Peter Vollbrecht Der Philosoph, der fünf Jahre lang in Indien gelebt und gelehrt hat, ist Gründer des „Philosophischen Forums" und leitet philosophische Workshops und Kurse. Er wirkt im Philosophie-Talk „Denkduett" (www.denkduett.de) mit, ist als philosophischer Reiseleiter tätig und hat das Buch „Aufbrechen. Philosophische Inspirationen für Reisende" (Verlag Kraterleuchten) mitverfasst.

Prof. Dr. Tatjana Schnell Die Psychologin ist Universitätsprofessorin an der MF Norwegian School of Theology, Religion and Society, Oslo; Assoziierte Professorin an der Universität Innsbruck und Stellvertretende Leiterin von Innpeace - Forschungszentrum Friedens- und Konfliktforschung. Sie ist auf empirische Sinnforschung spezialisiert (www.sinnforschung.org) und Autorin des Buches „Psychologie des Lebenssinns" (Springer Verlag).

Mag. Dr. Sebastian Seebauer Der Umweltpsychologe arbeitet bei JOANNEUM RESEARCH in Graz. Er forscht am „LIFE – Institut für Klima, Energie und Gesellschaft" zu individuellen Motivationen für klimarelevanten Konsum und Energieverbrauch. Darüber hinaus engagiert er sich für die Plattform www.umweltpsychologie.at.

Prof. Dr. Willibald Ruch Der gebürtige Österreicher ist Professor für Persönlichkeitspsychologie und Diagnostik am Institut für Psychologie der Universität Zürich. Er forscht unter anderem über Persönlichkeit und Charakter, Humor und Dankbarkeit.

LITERATUR

Alcock, Ian, White, Mathew P., Taylor, Tim, Coldwell, Deborah F., Gribble, Matthew O., Evans, Karl L., Fleming, Lora E. (2017): „Green" on the ground but not in the air: Pro-environmental attitudes are related to household behaviours but not discretionary air travel. *Global environmental change, 42* (2017), 136-147. https://doi.org/10.1016/j.gloenvcha.2016.11.005.

Andersen, Sven (2005): *Einführung in die Ethik* (2. Aufl.). Berlin: Walter de Gruyter.

Blasche, Gerhard (2020): *Erholung 4.0. Warum sie wichtiger ist denn je.* Wien: maudrich.

Botton, Alain de (2019): *Die Kunst zu reisen.* München: Süddeutsche Zeitung GmbH.

Butze, Herbert (1962, 1965): *Die Entdeckung der Erde. 5000 Jahre Abenteuer, Reisen und Forschen.* Gütersloh: C. Bertelsmann.

Enzensberger, Hans Magnus (1958): Vergebliche Brandung der Ferne. Eine Theorie des Tourismus. *Merkur, 12.* Jahrgang, Nr. 126, Heft 8, 701-720.

Folkers, Manfred, & Paech, Niko (2020): *All you need is less. Eine Kultur des Genug aus ökonomischer und buddhistischer Sicht* (2. Aufl.). München: Oekom.

Friedl, Harald A. (2012). Globale Tourismusethik: Königsweg oder Utopie? Eine Abenteuerreise vom Wesen des Reisens zum nachhaltigen Tourismus. In: Bechmann, Ulrike, & Friedl, Christian (Hg.), *Mobilitäten. Beiträge von Vortragenden der Montagsakademie 2011/2012,* Reihe Mo/ak Bd. 8 (S. 1-76). Graz: Grazer Universitätsverlag.

Gand, Luise (2020): Der moderne Ablasshandel. In: *Brigitte be green* (Ausgabe 1/2020), S. 48-51.

Geisel, Sieglinde (2008): *Irrfahrer und Weltenbummler.* Berlin: wjs.

Goffman, Erving (2019): *Wir alle spielen Theater. Die Selbstdarstellung im Alltag* (18. Aufl.). München: Piper.

Grimm, Bente, Beer, Henrike, Günther, Wolfgang, Weerts, Birgit, Bollich, Petra, & Kohl, Martina (2009): *Der touristische Klima-Fußabdruck. WWF-Bericht über die Umweltauswirkungen von Urlaub und Reisen* (Neuauflage). Frankfurt am Main: WWF Deutschland.

Hartl, Arnulf, & Geyer, Christina (2020): *Heilkraft der Alpen.* Salzburg-München: Bergwelten.

Haustermann, Martin, Hörmann, Stefan, Konitzer, Viktor, & Volles, Ronja (2020): *All inclusive: Die wahren Kosten einer Reise*. Radolfzell: GNF (Global Nature Fund).

Häusler, Nicole, & Petrich, Martin H. (2014): *Myanmar: Lass uns die Reise beginnen*. Wien: Naturfreunde Internationale. respect – Institut für integrativen Tourismus und Entwicklung.

Hennig, Christoph (1999): *Reiselust. Touristen, Tourismus und Urlaubskultur*. Frankfurt am Main, Suhrkamp.

Herdin, Thomas, & Luger, Kurt (2001): Der eroberte Horizont. Tourismus und interkulturelle Kommunikation. *Aus Politik und Zeitgeschichte, B47/2001*, 6-19.

Herrmann, Hans-Peter (2020). *Tourismus neu denken. Tourismusphilosophie*. München: UVK.

Herrmann, Frank (2016): *FAIRreisen. Das Handbuch für alle, die umweltbewusst unterwegs sein wollen*. München: Oekom.

Heuwinkel, Kerstin (2019): *Tourismussoziologie*. München: UVK.

Honsel, Gregor, & Schröder, Tim (2019): Luft nach oben. *Technology Review* (11/2019), S. 28-35.

Hüther, Gerald, & Hauser, Uli (2018): *Würde. Was uns stark macht – als Einzelne und als Gesellschaft* (4. Aufl.). München: Albrecht Knaus.

Hüther, Gerald (2017): *Was wir sind und was wir sein könnten. Ein neurobiologischer Mutmacher* (8. Aufl.). Frankfurt am Main: Fischer.

Kapeller, Maria (2020): Auf dem Weg zu mir. *active beauty* (04/2020), S. 82-88.

Kapeller, Maria (2021): Umweltschutz beginnt im Kopf. *active beauty* (02/2021), S. 92-95.

Kapeller, Maria (2021): Pflanz mich! *active beauty* (03/2021), S. 94-95.

Kieran, Dan (2013): *Slow Travel. Die Kunst des Reisens*. Berlin: Rogner & Bernhard.

Kufeld, Klaus (2021). *Rückkehr zur Utopie. Philosophische Szenarien*. Freiburg/München: Karl Alber.

Kühhas, Cornelia, Überbacher, Alexandra, & Zotz, Andreas (2014): *Reisen mit Respekt. Tipps für faires Reisen* (3. Aufl.). Wien: Naturfreunde Internationale.

Mogi, Ken (2019): *Ikigai. Die japanische Lebenskunst* (6. Aufl.). Köln: Dumont.

Poetschke, Felix (2019): *Schwerpunkt Fliegen*. In: Schwerpunkt. Das Magazin des Umweltbundesamtes 02/2019.

Reh, Werner, & Fellermann, Arne (2020): *Weniger ist mehr! Sieben Schritte für einen klima- und ressourcenschonenden Luftverkehr.* Berlin: BUND (Bund für Umwelt und Naturschutz Deutschland).

School of Life, The (2018): *Das Leid der Liebe*. München: Süddeutsche Zeitung GmbH.

Schnell, Tatjana (2020): *Psychologie des Lebenssinns* (2. Aufl.). Berlin: Springer.

Seume, Johann Gottfried (1987): *Mein Sommer 1805*. Nördlingen: Greno.

Spannbauer, Christa (2018): D*er Stimme des Herzens vertrauen. Erfüllt und achtsam leben* (Neuausgabe). Freiburg im Breisgau: Herder.

Thaler, Richard. H., & Sunstein, Cass R. (2017): *Nudge. Wie man kluge Entscheidungen anstößt* (7. Aufl.). Berlin: Ullstein.

Toscani, Oliviero (1996): *Die Werbung ist ein lächelndes Aas* (2. Aufl.). Mannheim: Bollmann.

VCÖ (österreichischer Verkehrsclub – Mobilität mit Zukunft) (2020): *Klimafaktor Reisen*. Wien: VCÖ.

Vollbrecht, Peter, & Quarch, Christoph (2019): *Aufbrechen. Philosophische Inspiration für Reisende.* Daun: Legenda Q.

Weidt, Birgit (2008): In der Ferne sich selbst begegnen. *Psychologie Heute* (August 2008), S. 53-55.

Willenbrock, Harald (2021): Wohin geht die Reise? *GEO* (07/2021), S. 28-52.

Zweig, Stefan (1993): *Auf Reisen*. Frankfurt am Main: Fischer.

INTERNETQUELLEN

airliners.de (2021): Zahl der Flugpassagiere ging 2020 weltweit um 60 Prozent zurück. Online unter https://www.airliners.de/zahl-flugpassagiere-ging-2020-weltweit-60-prozent-ueck/58954 (2. August 2021)

Allmaier, Michael (2007): Willkommen in der Diktatur. Online unter https://www.zeit.de/2007/41/Burma (2. August 2021)

AÖF (Arbeitsgemeinschaft österreichischer Verkehrsflughäfen (2019): Österreichische Flughäfen reduzieren ihre CO_2-Emissionen bis 2050 auf Null. Online unter https://www.ots.at/presseaussendung/OTS_20191211_OTS0098/oesterreichische-flughaefen-reduzieren-ihre-co2-emissionen-bis-2050-auf-null-anhaenge (2. August 2021)

atmosfair: CO_2-Fußabdruck meines Flugs berechnen. Online unter https://www.atmosfair.de/de/kompensieren/flug (2. August 2021)

Bruckner, Regina (2020): Warum die neue Flugticketabgabe dem Klima wenig bringt. Online unter https://www.derstandard.at/story/2000113116846/warum-die-neue-flugticketabgabe-dem-klima-wenig-bringt (2. August 2021)

Bucketlist (2016): Your dreams, made possible. Online unter https://bucketlist.org (16. Juli 2021)

BUND (Bund für Umwelt und Naturschutz Deutschland) (o. J.): Luftverkehr: Klimaschädlich und hoch subventioniert. Online unter https://www.bund.net/themen/mobilitaet/infrastruktur/luftverkehr (2. August 2021)

Bundesministerium für Finanzen (2020): Flugabgabe. Online unter https://www.bmf.gv.at/themen/steuern/steuern-von-a-bis-z/flugabgabe.html (2. August 2021)

Carstens, Peter (2019): Massentrend CO_2-Kompensation? So ernüchternd sind die Zahlen wirklich. Online unter https://www.geo.de/natur/nachhaltigkeit/21475-rtkl-flugverkehr-massentrend-co2-kompensation-so-ernuechternd-sind-die (2. August 2021)

Deutsche Welle (2007): Birmas Junta unter Druck. Online unter https://p.dw.com/p/BjPK (2. August 2021)

DLR (Deutsches Zentrum für Luft- und Raumfahrt) (2019): Weltweiter Luftverkehr steigt in den nächsten 20 Jahren um rund 3,7 Prozent jährlich. Online unter https://www.dlr.de/content/de/artikel/news/2019/04/20191216_fast-zehn-milliarden-flugpassagiere-im-jahr-2040.html (2. August 2021)

Erdmann, Elena (2019): Fliegen ohne schlechtes Gewissen? Online unter https://www.zeit.de/die-antwort/2019-06/co2-kompensation-klimabilanz-fluege-faq (25. Mai 2021)

Frankfurter Allgemeine Zeitung (2021): EU-Kommission fordert Kerosinsteuer für innereuropäische Flüge. Online unter https://www.faz.net/aktuell/wirtschaft/klima-energie-und-umwelt/eu-kommission-schlaegt-kerosinsteuer-fuer-inneuropaeische-fluege-vor-17437228.html (2. August 2021)

Frankfurter Allgemeine Zeitung (2020): So viel trägt der Luftverkehr zum Klimawandel bei. Online unter https://www.faz.net/aktuell/wirtschaft/klima-energie-und-umwelt/so-viel-traegt-der-luftverkehr-zum-klimawandel-bei-16935915.html (25. Mai 2020)

Futures Probes (o. J.): Was ist Was der Zukunftsforschung. Online unter https://www.futuresprobes.com/zukunftsforschung (2. August 2021)

Hallwirth, Lena (2019): Urlaub zwischen Meer und Müllberg. Online unter https://science.orf.at/v2/stories/2987012 (2. August 2021)

Henley & Partners (2021): The Henley Passport Index: Q3 2021 Factsheet. Online unter https://www.henleyglobal.com/passport-index (22. August 2021)

Hilt, Kerstin, & Wengel, Andrea (2012/2019): Thomas Cook. Begründer des Massentourismus. Online unter https://www.planet-wissen.de/gesellschaft/tourismus/geschichte_des_reisens/thomas-cook-begruender-des-massentourismus-100.html (16. Juli 2021)

Holy, Mona (2021): CO_2-Ausstoß bei Wohnung, Ernährung & Verkehr: Wo verbrauchst du wie viel? Online unter https://utopia.de/ratgeber/co2-ausstoss-pro-kopf (5. Jänner 2022)

Hosie, Rachel (2017): ‚Instagrammability': Most important factor for millennials on choosing holiday destination. Online unter https://www.independent.co.uk/travel/instagrammability-holiday-factor-millenials-holiday-destination-choosing-travel-social-media-photos-a7648706.html (3. März 2020)

Kapeller, Maria (2019): Spaßbremsen, aufgepasst: Je humorvoller, desto glücklicher. Online unter https://www.derstandard.at/story/2000106299493/spassbremsen-aufgepasst-je-mehr-humor-desto-gluecklicher (2. August 2021)

Kelch, Franziska (2012): Europäischer Kolonialismus. Online unter https://blog.zeit.de/schueler/2012/03/30/kolonialismus (16. Mai 2020)

Körbel, Annabelle (2019): Wer zahlt die Kosten der Mobilität? Online unter https://www.brandeins.de/magazine/brand-eins-wirtschaftsmagazin/2019/mit-leichtem-gepaeck/fliegen-wer-zahlt-die-kosten-der-mobilitaet (2. August 2021)

Kretzschmar, Anne, & Schmelzer, Matthias (2019): Jeder, der fliegt, ist einer zu viel. Online unter https://www.zeit.de/wissen/umwelt/2019-05/flugverzicht-klimapolitik-emissionen-verantwortung-privileg (24. Mai 2021)

Lenzen, Manfred, Sun, Ya-Yen, Faturay, Futu, Ting, Yuan-Peng, Geschke, Arne, & Malik, Arunima (2018): The carbon footprint of global tourism. Online unter https://www.nature.com/articles/s41558-018-0141-x (2. August 2021)

Maier-Albang, Monika (2016): Fährt man hin, fährt man nicht hin? Online unter https://www.sueddeutsche.de/reise/tourismus-und-menschenrechte-faehrt-man-hin-faehrt-man-nicht-hin-1.2930992 (2. August 2021)

Meichsner, Irene (2019): Die Aufteilung der „Neuen Welt" im Vertrag von Tordesillas. Online unter https://www.deutschlandfunk.de/vor-525-jahren-die-aufteilung-der-neuen-welt-im-vertrag-von.871.de.html?dram:article_id=450711 (21. August 2021)

Meyer, Carsten (2020): Aussichten für Flugbranche vorerst düster. Online unter https://www.zdf.de/nachrichten/wirtschaft/corona-luftfahrt-ausblick-100.html (2. August 2021)

Moeck, Aileen (2020): Von der Pro-gnose zur Re-gnose, warum es Zeit für ein neues Zukunftsbewusstsein ist. Online unter https://www.aileenmoeck.com/blog/regnose (2. August 2021)

Most traveled people (2019): On the Road to everywhere. Online unter https://mtp.travel (3. März 2020)

Möller, Hanna (2018): Gute Vorsätze: Warum es so schwer ist, sich zu ändern. Online unter https://medienportal.univie.ac.at/uniview/wissenschaft-gesellschaft/detailansicht/artikel/neujahrsvorsaetze-warum-es-so-schwer-ist-sich-zu-aendern (17. Juli 2021)

Müller-Görnert, Michael (o. J.): Kerosinsteuer: Notwendig und machbar: Online unter https://www.vcd.org/themen/flugverkehr/kerosinsteuer (2. August 2021)

Naturfreunde Vorarlberg (2010/2012): Die Fernwanderung des Johann Gottfried Seume: Von Leipzig nach Syrakus. Online unter https://vorarlberg.naturfreunde.at/berichte-import/2010/die-fernwanderung-des-johann-gottfried-seume-von-leipzig-nach-syrakus (5. August 2021)

Oehy Bubel, Ursula (2016): Gastfreundschaft verstehen. Umgang mit einem Paradoxon. Online unter https://www.feinschwarz.net/gastfreundschaft-verstehen-umgang-mit-einem-paradoxon (16. Mai 2020)

Öko-Institut e.V. (o. J.): Wie wirken Flugemissionen? Online unter https://fliegen-und-klima.de/wie-wirken-flugemissionen.html (2. August 2021)

Presse, Die (red.) (2021): Aung San Suu Kyi: Eiserne „Lady" und umstrittene Freiheits-ikone. Online unter https://www.diepresse.com/5931109/aung-san-suu-kyi-eiserne-lady-und-umstrittene-freiheitsikone (2. August 2021)

Presse, Die (red.) (2020): Der österreichische Reisepass ist der siebent-„mächtigste". Online unter https://www.diepresse.com/5748273/der-osterreichische-reisepass-ist-der-siebent-machtigste (17. Juli 2021)

Presse- und Informationsamt der Bundesregierung (2019): Fliegen wird teurer. Online unter https://www.bundesregierung.de/breg-de/themen/klimaschutz/luftverkehrsteu-er-1681874 (2. August 2021)

Riegert, Bernd (2021): EU-Kommission legt Klima-Gesetzentwürfe vor – und will sich „fit für 55" machen. Online unter https://www.dw.com/de/eu-kommission-legt-klima-gesetzentw%C3%BCrfe-vor-und-will-sich-fit-f%C3%BCr-55-machen/a-58243847 (5. Jänner 2022)

RP Online (2015): Was ist Reichtum? Zukunftsforscher fordert neue Definition. Online unter https://rp-online.de/panorama/deutschland/was-ist-reichtum-forscher-fordert-neue-definition_aid-21626673 (17. Juli 2021)

Salzburger Nachrichten (2016): Flugticketsteuer wird bis 2018 halbiert. Online unter https://www.sn.at/wirtschaft/oesterreich/flugticketsteuer-wird-bis-2018-halbiert-873730 (2. August 2021)

Schaidreiter, Raffaela & Sill, Tamara (2022): Bahnpläne: „Schritt in die richtige Richtung". Online unter https://orf.at/stories/3241146 (3. Jänner 2022)

Schmitt, Tanja (2021): Luftfahrt will E-Fuels einsetzen. Online unter https://www.next-mobility.de/luftfahrt-will-e-fuels-einsetzen-a-1022450/ (8. Jänner 2022)

Schnurr, Nico (2019): „Das ist ein Rückfall in die Barbarei". Online unter https://www.weser-kurier.de/region/niedersachsen_artikel,-das-ist-ein-rueckfall-in-die-barbarei-_arid,1842155.html (2. August 2021)

Sigrist, Annamaria, & Kissel, Ursula (2010): Suu Kyi aus Hausarrest entlassen. Online unter https://p.dw.com/p/Q7iq (2. August 2021)

Spektrum Akademischer Verlag (2000): Lexikon der Psychologie: Ambiguitätstoleranz. Online unter https://www.spektrum.de/lexikon/psychologie/

Stevens, Kylie (2019): Tourists to blame for water shortage across Bali that is threatening the lives of almost 50 million people. Online unter https://www.dailymail.co.uk/news/article-7761323/Tourists-blamed-water-shortage-Bali-threatening-lives-50-million.html (31. August 2021)

Sullivan, Arthur (2020): Der Klimawandel und das Fliegen. Online unter https://www.dw.com/de/der-klimawandel-und-das-fliegen/a-42094220 (17. Juli 2021)

Tourism Concern (2014): The Burma Campaign. Online unter http://www.tourismconcern.org.uk/burma (2. August 2021)

Tourism Watch (2010): Burma: Boykottaufruf gelockert. Online unter https://www.tourism-watch.de/de/kurzmeldung/burma-boykottaufruf-gelockert (2. August 2021)

Travelers Century Club (2021): Countries & Territories. Online unter https://travelerscenturyclub.org/countries-and-territories (16. Juli 2021)

Umweltbundesamt (2021): Nachhaltiger Tourismus. Online unter https://www.umweltbundesamt.de/themen/wirtschaft-konsum/nachhaltiger-tourismus (2. August 2021)

Umweltbundesamt (2020): Bodenversiegelung. Online unter https://www.umweltbundesamt.de/daten/flaeche-boden-land-oekosysteme/boden/bodenversiegelung#was-ist-bodenversiegelung (2. August 2021)

Umweltbundesamt (2019): Flugreisen. Online unter https://www.umweltbundesamt.de/umwelttipps-fuer-den-alltag/mobilitaet/flugreisen (2. August 2021)

UN (United Nations) (2019): Membership of principal United Nations organs in 2019. Online unter https://visit.un.org/sites/visit.un.org/files/fs_membership_of_principal_organs_in_2019.pdf (3. März 2020)

UNWTO (World Tourism Organization) (2020): Yearbook of Tourism Statistics dataset – Myanmar: Country-specific: Arrivals of non-resident tourists at national borders, by nationality 2015 - 2019. Online unter https://www.e-unwto.org/doi/abs/10.5555/unwtotfb0104011120152019202007 (2. August 2021)

VCÖ (österreichischer Verkehrsclub – Mobilität mit Zukunft) (2020): Frauen fliegen seltener als Männer – auch bei den Jungen mehr Nicht- und Seltenflieger als Vielflieger. Online unter https://www.vcoe.at/presse/presseaussendungen/detail/vcoe-frauen-fliegen-seltener-als-maenner-auch-bei-den-jungen-mehr-nicht-und-seltenflieger-als-vielflieger (3. Jänner 2022)

VCÖ – (österreichischer Verkehrsclub – Mobilität mit Zukunft) (2019): Im Vorjahr sind CO_2-Emissionen des Flugverkehrs in Österreich massiv gestiegen. Online unter https://www.vcoe.at/presse/presseaussendungen/detail/im-vorjahr-sind-co2-emissionen-des-flugverkehrs-in-oesterreich-massiv-gestiegen (25. Mai 2021)

Wahnbaeck, Carolin (2018): Das können Sie persönlich gegen den Klimawandel tun. Online unter https://www.spiegel.de/wirtschaft/klimawandel-das-koennen-sie-persoenlich-dagegen-tun-a-1240539.html (2. August 2021) weltreise.jetzt (2021): Plane deine eigene Weltreise jetzt. Weltreise planen Schritt für Schritt. Online unter https://weltreise.jetzt (16. Juli 2021)

Widiadana, Rita A. (2013): Neue Studie zeigt: Tourismus ist Hauptursache für Wasserknappheit in Bali. Online unter https://www.fairunterwegs.org/magazin/news/detail/neue-studie-zeigt-tourismus-ist-hauptursache-fuer-wasserknappheit-in-bali (31. August 2021)

World Factbook, The (2021): Cambodia. Online unter https://www.cia.gov/the-world-factbook/countries/cambodia/(17. Juli 2021)

Yoker, Ümit (2020): Geben macht glücklich. Online unter https://www.news.uzh.ch/de/articles/2020/Geben-macht-gl%C3%BCcklich.html (17. Juli 2021)

ZDF (Zweites Deutsches Fernsehen) (2021): Myanmar. Hunderttausende demonstrieren gegen Putsch. Online unter https://www.zdf.de/nachrichten/panorama/myanmar-proteste-putsch-100.html (2. August 2021)

ZDF (Zweites Deutsches Fernsehen) (2019): Fliegen der Zukunft: leiser und umweltfreundlich. Online unter https://www.zdf.de/wissen/nano/190628-flugzeuge-der-zukunft-nano-100.html (2. August 2021)

Zeit Online (2019): 40 Prozent mehr Spenden für CO2-Ausgleich. Online unter https://www.zeit.de/wirtschaft/2019-06/co2-klimaschutzorganisation-atmosfair-spenden-kompensation-treibhausgasemission (2. August 2021)

Zeit Reisen (o. J.): Dr. Peter Vollbrecht, Reiseleiter. Online unter https://zeitreisen.zeit.de/menschen/dr-peter-vollbrecht (26. August 2021)

Zukunftsinstitut (2021): Regnose und Prognose: Wo liegt der Unterschied? Online unter https://www.zukunftsinstitut.de/artikel/zukunftsreport/das-prinzip-regnose (2. August 2021)

ANMERKUNGEN

1 Die legendären Reiseführer von „Lonely Planet" galten lange Zeit als Begleiter für alle, die abseits der Massen durch die Welt gondeln wollten. Doch wenn immer mehr Menschen im selben Reiseführer blättern, wird jeder vermeintliche Geheimtipp schnell zum Massenspektakel. Der Name „Lonely Planet" basiert übrigens auf einem Missverständnis: Der Gründer, Tony Wheeler, hatte sich bei einem Songtext verhört. Er verstand statt „Lovely Planet" die Worte „Lonely Planet" (Quelle: www.lonelyplanet.de). Beim Titel des vorliegenden Buches war es umgekehrt: Er entstand durch einen Tippfehler in einer Chat-Kommunikation mit einer Freundin. So wurde der „einsame" (wieder) zum „schönen" Planeten.

2 Vgl. Hennig, 1999, S. 15

3 Als Touristin oder Tourist gilt klischeehaft eine Person, die sich den ganzen Tag die Sonne auf den Bauch scheinen lässt. Reisenden werden dagegen höhere Absichten nachgesagt, sie umweht der Duft von Intellekt und wahrem Interesse am bereisten Land. Die Grenzen verschwimmen allerdings. Touristinnen und Touristen sind nicht per se „schlecht" und Reisende nicht automatisch „gut". Ein Beispiel: Allein, was den ökologischen Aspekt betrifft, verbraucht die Mallorca-Touristin im All-Inclusive-Resort vermutlich weitaus weniger Ressourcen als der Backpacker, der per Fernflug die Galapagos-Inseln ansteuert, um ein Abenteuer in der „Wildnis" zu erleben.

4 Vgl. Hüther, 2017, S. 44

5 Vgl. Hüther, 2017, S. 19

6 Vgl. Geisel, 2008, S. 9

7 Vgl. Zweig, 1993, S. 259-261

8 Zweig, 1993, S. 261

9 Vgl. Hosie, 2017, o. S.

10 Vgl. Bucketlist, 2016, o. S.

11 Vgl. UN, 2019, o. S.

12 Vgl. Travelers Century Club, 2021, o. S.

13 Vgl. Most traveled people, 2019, o. S.

14 weltreise.jetzt, 2021 o. S.

15 Vgl. Toscani, 1996, S. 15

16 Toscani, 1996, S. 17

17 Vgl. Toscani, 1996, S. 193

18 Vgl. Toscani, 1996, S. 25

19 Vgl. Herdin & Luger, 2001, S. 7

20 Heuwinkel, 2019, S. 195

21 Vgl. Hüther, 2017, S. 47

22 Vgl. Heuwinkel, 2019, S. 200

23 Weidt, 2008, S. 53

24 Vgl. Enzensberger, 1958, S. 713

25 Enzensberger, 1958, S. 713f.

26 Enzensberger, 1958, S. 713

27 Vgl. Hüther, 2017, S. 46

28 Hennig, 1999, S. 172

29 Vgl. Herdin & Luger, 2001, S. 14

30 Vgl. Oehy Bubel, 2016, o. S.

31 Oehy Bubel, 2016, o. S.

32 Vgl. Kufeld, 2021, S. 188

33 Vgl. Friedl, 2012, S. 6

34 Friedl, 2012, S. 6

35 Vgl. Heuwinkel, 2019, S. 146

36 Vgl. Meichsner, 2019, o. S.

37 Butze, 1962/1965, S. 10

38 Vgl. Butze, 1962/1965, S. 10

39 Vgl. Kelch, 2012, o. S.

40 Vgl. Hilt & Wengel, 2012/2019, o. S.

41 Kieran, 2013, S. 183f.

42 Vgl. Friedl, 2012, S. 1f.

43 Hüther& Hauser, 2018, S. 97-99

44 Vgl. Thaler & Sunstein, 2017, S. 18-55

45 Vgl. Hüther& Hauser, 2018, S. 71

46 Vgl. Möller, 2018, o. S.

47 Vgl. Andersen, 2005, 2f.

48 Vgl. Andersen , 2005, 2f.

49 Vgl. The Henley Passport Index, 2021, S. 2-6

50 Vgl. Die Presse, 2020, o. S.

51 Vgl. The Henley Passport Index, 2021, S. 3

52 Vgl. The World Factbook, 2021, o. S.

53 Vgl. Sullivan, 2020, o. S.

54 Vgl. Kretzschmar & Schmelzer, 2019, o. S.

55 Vgl. Reh & Fellermann 2020, S. 2

56 Vgl. VCÖ, 2020, S. 22

57 Vgl. Haustermann, Hörmann, Konitzer, & Volles, 2020, S. 4 u. 18-21

58 Vgl. Herrmann, 2020, S. 107

59 Vgl. RP Online, 2015, o. S.

60 Vgl. Yoker, 2020, o. S.

61 Vgl. Herdin & Luger, 2001, S. 14

62 Vgl. Herdin & Luger, 2001, S. 8

63 Herdin & Luger, 2001, S. 8

64 Vgl. Spektrum Akademischer Verlag, 2000, o. S.

65 Vgl. Vollbrecht & Quarch, 2019, S. 47

66 Vgl. Deutsche Welle, 2007, o. S.

67 Vgl. Allmaier, 2007, o. S.

68 Vgl. Allmaier, 2007, o. S.

69 Vgl. Sigrist & Kissel, 2010, o. S.

70 Vgl. Tourism Watch, 2010, o. S.

71 Vgl. Die Presse, 2021, o. S.

72 Vgl. UNWTO (World Tourism Organization), 2020, o. S.

73 Allmaier, 2007, o. S.

74 Vgl. ZDF (Zweites Deutsches Fernsehen), 2021, o. S.

75 Vgl. Allmaier, 2007, o. S.

76 Vgl. Häusler & Petrich, 2014, S. 16f.

77 Vgl. Tourism Concern, 2014, o. S.

78 Vgl. Maier-Albang, 2016, o. S.

79 Vgl. Kühhas, Überbacher, & Zotz, 2014, S. 7

80 Vgl. Herdin & Luger, 2001, S. 14

81 Vgl. The School of Life, 2018, S. 9-13

82 The School of Life, 2018, S. 12f.

83 Vgl. Kapeller, 2019, o. S.

84 Von Greenwashing im engeren Sinn ist die Rede, wenn Unternehmen sich als besonders umweltfreundlich darstellen, ohne entsprechend zu handeln. Oft werden kleine, ökologische Maßnahmen in Szene gesetzt und geschickt vermarktet, die jedoch in der gesamten Umweltbilanz wenig ins Gewicht fallen. Angelehnt daran können auch wir (reisenden) Menschen unser Image „reinwaschen", indem wir unser Verhalten als „grüner" darstellen, als es faktisch ist.

85 Vgl. Umweltbundesamt, 2019, o. S.

86 Vgl. Öko-Institut e.V., o. J., o. S.

87 Vgl. atmosfair, o. J., o. S.

88 Vgl. atmosfair, o.J., o. S.

89 Vgl. Willenbrock, 2021, S. 38

90 Vgl. Grimm et al., 2009, S. 10

91 Schnurr, 2019, o. S.

92 Vgl. Schnurr ,2019, o. S.

93 Vgl. Lenzen et al. 2018, o. S.

94 Vgl. Frankfurter Allgemeine Zeitung, 2020, o. S.

95 Vgl. BUND (Bund für Umwelt und Naturschutz Deutschland), o. J., o. S.

96 Vgl. Poetschke, 2019, S. 16

97 Vgl. Sullivan, 2020, o. S.

98 Wahnbaeck, 2018, o. S.

99 Vgl. VCÖ 2020, o. S.

100 Folkers & Paech, 2020, S. 186

101 Vgl. Zeit Online, o. S.

102 Vgl. Zeit Online, o. S.

103 Vgl. DLR (Deutsches Zentrum für Luft- und Raumfahrt), 2019, o. S.

104 Vgl. airliners.de, 2021, o. S.

105 Vgl. Meyer, 2020, o. S.

106 Vgl. Herrmann, 2016, S. 50.

107 Vgl. Müller-Görnert, o. J., o. S.

108 VCÖ, 2019, o. S.

109 Vgl. Fellermann & Reh 2020, S. 5

110 Vgl. Salzburger Nachrichten, 2016, o. S.

111 Vgl. Bundesministerium für Finanzen, 2020, o. S.

112 Vgl. Bruckner, 2020, o. S.

113 Vgl. VCÖ, 2020, S. 22

114 Vgl. Presse- und Informationsamt der Bundesregierung, 2019, o. S.

115 Vgl. Frankfurter Allgemeine Zeitung, 2021, o. S.

116 Vgl. Carstens, 2019, o. S.

117 Vgl. Erdmann, 2019, o. S.

118 Vgl. atmosfair, o. J., o. S.

119 Vgl. Gand, 2020, S. 49

120 Vgl. Kapeller, 2021, S. 95

121 Vgl. Erdmann, 2019, o. S.

122 Vgl. Erdmann, 2019, o. S.

123 Vgl. ZDF, 2019, o. S.

124 Vgl. Riegert, 2021, o. S.

125 Vgl. Honsel & Schröder 2019, S. 28-33

126 Schmitt, 2021, o. S.

127 Vgl. Willenbrock, 2019, S. 40

128 Vgl. VCÖ, 2020, S. 22

129 Vgl. Körbel, 2019, o. S.

130 Vgl. AÖF (Arbeitsgemeinschaft österreichischer Verkehrsflughäfen), 2019, o. S.

131 Folkers & Paech, 2020, S. 185

132 Vgl. Folkers & Paech, 2020, S. 185

133 Vgl. Umweltbundesamt, 2021, o. S.

134 Vgl. Umweltbundesamt, 2020, o. S.

135 Vgl. Umweltbundesamt, 2021, o. S.

136 Vgl. Stevens, 2019, o. S.

137 Vgl. Widiadana, 2013, o. S.

138 Vgl. Hallwirth, 2019, o. S.

139 Vgl. Spektrum Akademischer Verlag, 2000, o. S.

140 Vgl. Alcock et al. 2017, S. 136

141 Vgl. Kapeller, 2021, S. 92; Vgl. Holy, 2021, o. S.

142 Vgl. Schaidreiter & Sill, 2022, o. S.

143 Wobei das Zukunftsinstitut den Trend des Resonanz-Tourismus vorhergesagt hat. Dabei geht es darum, dass auch Reisende das Bedürfnis nach Beziehung und Begegnung haben. (Quelle: zukunfsinstitut.de)

144 Vgl. Blasche, 2020, S. 152

145 Vgl. Blasche, 2020, S. 34f.

146 Vgl. Kieran, 2013, S. 180

147 Zweig, 1993, 261f.

148 Vgl. Folkers & Paech, 2020, S. 153f.

149 Vgl. Folkers & Paech 2020, S. 154

150 Folkers & Paech 2020, S. 154

151 Vgl. Zeit Reisen, o. J., o. S.

152 Vgl. Hennig, 1999, S. 44

153 Vgl. Botton, 2019, S. 51

154 Botton, 2019, S. 51.

155 Vgl. Hartl & Geyer, 2020, S. 191f.

156 Vgl. Herrmann, 2020, S. 96f.

157 Vgl. Herrmann, 2020, S. 89

158 Herrmann, 2020, S. 89

159 Spannbauer, 2018, S. 125

160 Vgl. Spannbauer, 2018, S. 125f.

161 Eine Sinnkrise bedeutet, sich
schmerzlich nach Sinn zu sehnen.
Die Abwesenheit von Sinn muss
aber nicht in einer Krise resul-
tieren; häufiger noch geht sie mit
einer existenziell indifferenten
Haltung einher: Es ist kein Sinn
vorhanden, er wird aber auch nicht
gesucht oder vermisst.

162 Vertikale Selbsttranszendenz
(Orientierung an einer höheren
Macht), Horizontale Selbsttranszen-
denz (Orientierung am größeren
Ganzen), Selbstverwirklichung
(Orientierung an eigenen Stärken
und Potenzialen), Ordnung
(Orientierung an Struktur und
Sicherheit) und Wir- und Wohl-
gefühl (Orientierung an Selbst-
fürsorge und Gemeinschaft)

163 Vgl. Schnell, 2020, S. 71

164 Vgl. Spektrum Akademischer
Verlag, 2000, o. S.

165 Vgl. Schnell, 2020, S. 33ff.

166 Vgl. Mogi, 2019, S. 11 u. 17

167 Mogi, 2019, S. 88f.

168 Vgl. Kapeller ,2020, S. 82

169 Futures Probes, o. J., o. S.

170 Vgl. Futures Probes, o. J., o. S.

171 Vgl. Moeck, 2020, o. S.

172 Vgl. Futures Probes, o. J., o. S.

173 Vgl. Futures Probes, o. J., o. S.

174 Vgl. Moeck, 2020., o. S.

175 Moeck, 2020 o. S.

176 Vgl. Hüther, 2017, S. 12

177 Vgl. Futures Probes, o. J., o. S.

178 Vgl. Zukunftsinstitut, 2021, o. S.

179 Vgl. Naturfreunde Vorarlberg,
2010/2012, o. S.

180 Seume, 1987, S. 5f.

Leben ist Vielfalt. Reisen ist Vielfalt. In diesem Buch sind bei sämtlichen Personenbezeichnungen stets alle Formen von Menschsein und Geschlechtsidentität gemeint.

www.kremayr-scheriau.at

ISBN 978-3-218-01224-9

Copyright © 2022 by Verlag Kremayr & Scheriau GmbH & Co. KG, Wien

Schutzumschlaggestaltung, typografische Gestaltung und Satz: Christine Fischer
Unter Verwendung einer shutterstock-Grafik (Alexander Baidin)
Reihen-Konzept: Stefanie Jaksch
Lektorat: Paul Maercker
Druck und Bindung: FINIDR s.r.o., Český Těšín